"十四五"职业教育国家规划教材

汽车商务礼仪
（第2版）

主　编　姚　飞　赵珊娜
副主编　苗立忠
参　编　孙　巍　高菲菲

北京理工大学出版社
BEIJING INSTITUTE OF TECHNOLOGY PRESS

内 容 提 要

本书共分为五章，每章由商务礼仪的基础知识和汽车销售人员的礼仪规范组成。本书既有理论知识的支撑，又有汽车销售实践操作的规范流程，是"教、学、做"的理实一体教学。使学生在掌握理论知识的同时，明确现场的实践过程，提高学生的实战能力。

本书具体内容包括：礼仪、商务礼仪、汽车销售礼仪的概述，常规仪态礼仪、汽车销售人员仪态礼仪、常规仪容仪表礼仪、汽车销售人员仪容仪表礼仪，交往礼仪、汽车销售人员交往礼仪，汽车销售人员应注意的其他礼仪。

本书形式新颖、内容精练、体系完善，并配有案例分析、实施与考核、礼仪小故事等模块，供学生课后整理、教师课堂考核使用的同时，使学习过程变得生动有趣。

本书既可作为职业院校学生学习礼仪知识的教科书，也可作为提高自身修养的礼仪用书。

版权专有　侵权必究

图书在版编目（CIP）数据

汽车商务礼仪 / 姚飞，赵珊娜主编 . -- 2 版 . -- 北京：北京理工大学出版社，2019.11（2024.7 重印）
ISBN 978 - 7 - 5682 - 7860 - 7

Ⅰ . ①汽… Ⅱ . ①姚… ②赵… Ⅲ . ①汽车 - 商业服务 - 礼仪 Ⅳ . ① F766

中国版本图书馆 CIP 数据核字（2019）第 243373 号

责任编辑：张荣君	**文案编辑**：张荣君	
责任校对：周瑞红	**责任印制**：边心超	

出版发行 / 北京理工大学出版社有限责任公司
社　　址 / 北京市丰台区四合庄路 6 号
邮　　编 / 100070
电　　话 /（010）68914026（教材售后服务热线）
　　　　　　（010）68944437（课件资源服务热线）
网　　址 / http：// www.bitpress.com.cn
版 印 次 / 2024 年 7 月第 2 版第 7 次印刷
印　　刷 / 定州市新华印刷有限公司
开　　本 / 787 mm × 1092 mm　1/16
印　　张 / 12.25
字　　数 / 327 千字
定　　价 / 39.50 元

图书出现印装质量问题，请拨打售后服务热线，负责调换

前 言

党的二十大报告提出："中华优秀传统文化源远流长、博大精深，是中华文明的智慧结晶。""统筹推动文明培育、文明实践、文明创建，推进城乡精神文明建设融合发展，在全社会弘扬劳动精神、奋斗精神、奉献精神、创造精神、勤俭节约精神，培育时代新风新貌。""培养造就大批德才兼备的高素质人才，是国家和民族长远发展大计。"本书"以项目为引导，以任务为驱动"的教学方式对学生综合能力的培养和提高起着十分重要的作用。在第一版基础上，以党的二十大精神为引领，落实立德树人根本任务，结合中职教育的特点和企业实际工作岗位的真实情况，本着教材是人才培养的重要支撑、引领创新发展的重要基础，紧密对接国家发展重大战略需求，不断更新升级，根据情境化学习的要求，以培养学生熟练掌握汽车行业相关岗位所具备的基础知识和基本技能为目标，采用项目教学、任务驱动、基于工作过程和学做一体化模式进行修订，弘扬劳动精神、奋斗精神、奉献精神、创造精神。

1. 工学结合、任务驱动的原则。以就业为导向，培养学生的实际运用能力，以达到学以致用的目的。

2. 以工作过程系统化、培养综合职业能力为目标的原则。通过典型案例(任务)导入，设计融入职业基本能力、社会能力、专业能力于一体的系统化学习性工作任务。

3. 以学生为主体、教师为引导、符合职业实际的原则。以提高学生综合素质为基础，充分考虑对学生个人能力的提高；在理实一体化的场景中，强调"学中教""做中学"，体现以学生为主体、教师为引导的理念。

4. 以内容为核心，注重形式的灵活性原则。本教材有大量的插图、表格和图片资料，提供了丰富的经典案例，极大提升了教材的趣味性和实用性，可以帮助学生更好地理解和掌握相关知识。

本书主要介绍各种商务交往中需要掌握的汽车销售礼仪、仪态礼仪、仪容仪表礼仪、交往礼仪和汽车销售人员应注意的其他礼仪，如仪式礼仪、会务礼仪、酬世礼仪等。它具体明确了讲规范、讲形象、讲沟通的商务人员应如何"有所为"与"有所不为"。它不仅有助于读者了解汽车商务礼仪的主要环节与基本规范，而且也有助于其内强个人素质、外塑企业形象。第2版在保留上一版主体内容的基础上，本着规范化、简约化、国际化及与时俱进的精神，对各章节进行了必要的调整与增减。

本书由沈阳市汽车工程学校姚飞、鞍山市交通运输学校赵珊娜任主编，辽宁现代服务职业技术学院苗立忠任副主编。另外沈阳市汽车工程学校孙巍、高菲菲参与了教材的编写。为提升本书的创新性与实用性，编写过程中深入企业调研，集采众家之说，参考相关资料和文献。

教材相关信息化教学资源丰富，反映典型岗位及岗位群职业能力要求，符合项目式、案例式、模块化教学要求，项目、案例真实且适于教学。本教材遵从专业课程教学模式与教学方法的改革强化职业教育教学改革的重点。

由于作者水平有限，书中可能会有疏漏和不妥之处，敬请广大读者批评指正，提出修改意见和建议，以便再版修订时改正。

编　者

目录 Contents

第一章 概述 ... 1
- 第一节 礼仪 ... 1
- 第二节 商务礼仪 ... 9
- 第三节 汽车销售礼仪 ... 15

第二章 仪态礼仪 ... 24
- 第一节 常规仪态礼仪 ... 24
- 第二节 表情手势礼仪 ... 29
- 第三节 汽车销售人员常规仪态礼仪 ... 40
- 第四节 汽车销售人员表情动作礼仪 ... 47

第三章 仪容仪表礼仪 ... 56
- 第一节 常规仪容仪表礼仪 ... 56
- 第二节 汽车销售人员仪容仪表礼仪 ... 71

第四章 交往礼仪 ... 87
- 第一节 常规交往礼仪 ... 87
- 第二节 汽车销售人员交往礼仪 ... 121

第五章 汽车销售人员应注意的其他礼仪 ... 144
- 第一节 求职礼仪 ... 144
- 第二节 整车销售核心流程及其礼仪规范 ... 151
- 第三节 试乘试驾礼仪 ... 158
- 第四节 汽车售后服务礼仪 ... 162

附录 ... 177
- 附录Ⅰ 售后服务流程 ... 177
- 附录Ⅱ 世界各国主要节日 ... 184

参考文献 ... 189

第一章 概 述

第一节 礼 仪

学习目标

了解礼及礼仪的基本含义、礼仪的构成要素,熟悉礼仪的特点,掌握礼仪的作用。

素养目标

让自己穿着得体。

礼仪格言

没有经过琢磨的钻石是没有人喜欢的,但是一旦经过琢磨,加以镶嵌之后,它们便生出光彩来了。美德是精神上的一种宝藏,但是使他们生出光彩的则是良好的礼仪。

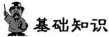

一、"礼"的含义

礼仪是在人际交往中,以一定的约定俗成的程序方式来表现的律己敬人的过程,涉及穿着、交往、沟通、情商等内容。从个人修养的角度来看,礼仪可以说是一个人内在修养和素质的外在表现。从交际的角度来看,礼仪可以说是人际交往中适用的一种艺术、一种交际方式或交际方法,是人际交往中约定俗成的示人以尊重、友好的习惯做法。从传播的角度来看,礼仪可以说是在人际交往中进行相互沟通的技巧。可以大致分为政务礼仪、商务礼仪、服务礼仪、社交礼仪、涉外礼仪五大分支。

何为"礼"?《说文解字》中有云:"礼,履也,所以事神致福也。"即礼反映的是祭祀神灵、祈求福祉的活动。后来由此逐渐演化发展开来,成为人与人之间相互尊重、互相表达敬意的活动。

"礼"有很多含义,大致可归纳为以下几种:

①社会生活中,由于道德观念和风俗习惯而形成的礼节,例如:婚礼、丧礼、典礼等;
②符合统治者整体利益的行为准则,例如:礼教、礼治、克己复礼等;

③表示尊敬的态度和动作，例如：礼让、礼遇、礼赞、礼尚往来、先礼后兵等；
④表示庆贺、友好或敬意所赠之物，例如：礼物、礼金、献礼等。

二、礼仪的概念

1. 礼仪的含义

根据礼仪产生的缘由、内容及其发展变化，礼仪的含义可以表述如下：礼仪是一定社会上层建筑中政治制度的一部分；礼仪是社会统治集团维护社会秩序、协调人际关系的准则；礼仪是介于道德规范和法律规范之间，由社会全体成员约定俗成、共同遵守的行为规范；礼仪是顺利进行人际交往与社会交流的工具；礼仪是一定社会的一种文化现象。

在当今世界经济日趋一体化的现代社会，礼仪内容也日趋"同化"。现代礼仪是维护社会秩序，协调、处理人际关系的准则，是社会全体成员共同约定和遵守的思想和行为规范，是顺利、成功地进行人际交往、社会交流的手段和工具。文明礼仪，不仅是个人素质、教养的体现，也是个人道德和社会公德的体现。作为具有 5 000 年文明史的"礼仪之邦"，讲文明、用礼仪，也是弘扬民族文化、展示民族精神的重要途径。

2. 礼貌、礼节、礼仪的关系

（1）礼貌

礼貌，一般是指在人际交往中，通过语言、动作向交往对象表示谦虚、恭敬和友好的行为。礼貌可分为礼貌语言和礼貌行为两个部分。礼貌语言是一种有声的行动；礼貌行为是一种无声的语言。它体现了时代的风貌与道德品质，体现了人们的文化层次和文明程度。礼貌是一个人在待人接物时的外在表现，它通过言谈、表情、姿态来表示对人的尊重。在不同的民族、不同的时代以及不同的行为环境中，礼貌表达的形式虽然不同，但其基本要求是一致的，即做到诚恳、谦虚、和谐、有分寸。

我国历来十分重视言与礼的统一，有许多关于礼貌的语言，如"己所不欲，勿施于人"、"礼尚往来"、"恭候光临"等。今天我们正在提倡的礼貌语言为五声十个字，即"您好"、"请"、"谢谢"、"对不起"、"再见"。还有关于礼貌的行动，如"微笑、点头、欠身、鞠躬、握手、双手合十、拥抱、接吻"等。在人际交往及工作中，谁恰当地做到了礼貌待人，谁就会收到工作顺利、行动自如、精神愉快的良好效果。

（2）礼节

礼节，是人们在日常生活和交际场合中相互表示尊重、友好的惯用形式。礼节与礼貌的相互关系是相辅相成的，没有礼节，就无所谓礼貌；有了礼貌，就必然伴有具体的礼节，有礼貌而不懂礼节，容易失礼。礼节是向他人表示敬意的各种形式的总称，如鞠躬、点头、握手、举手、注目等，都是礼貌意识的体现。在不同的民族、不同的时代、不同的环境，礼貌表达的形式和要求均不同，但礼貌的基本要求是一致的。礼节又是礼貌的具体表现方式，如中国古代的跪拜、作揖；当今世界流行的点头、握手，欧美国家的拥抱、亲吻，南亚诸国的双手合十，印度等国家的吻手、吻脚，少数国家和地区的拍肚皮、碰鼻子等都属于礼节，是不同国家礼节的表现形式。

（3）礼仪

礼仪是指人们在相互交往中，为了互相尊重，在仪表、仪态、仪容、仪式、言谈举止等方面约定俗成的、共同认可的行为规范。

"礼"是指人们在交往的过程中，要互相尊重、诚恳和善、谦恭和有分寸。比如人们在公共场所遵守秩序，不大声喧哗，尊老敬贤，待人和气，仪表端庄等，都是源于尊重他人、谦恭有分寸的品德品质。

"仪"是指礼的外在表现形式。是"礼"在人们的语言、行为、仪态等方面的具体表现，常常被称为礼貌和礼节。比如，进入别人住宅时要先敲门，得到允许后方才进入；见了师长要问好；欢迎宾客要握手；受人帮助说声"谢谢"，等等，都是对人表示尊重和善意的有礼貌的表现。礼仪的学习过程本身是一个内强素质、外塑形象的过程。一个人在成长过程中，如果只注重自己的道德品质修养，而不注重礼仪、礼貌、礼节的学习，举止就会显得不得体，甚至粗鲁、粗野，就不会被别人认可和接受；相反，如果只注重自己的礼貌、礼节、仪表的学习，而不注重内在道德品质的修养，也会显得虚伪浮华。只有既注重礼节、仪表的学习与修养，又注重良好道德品质修养的人，才能成为真正有教养的人、受欢迎的人。

三、礼仪的特点

礼仪体现的是人与人之间的关系，必须符合特定历史条件下的道德规范和传统的文化习惯，而现代礼仪较之传统礼仪有着明显的特征。

1. 时代性

礼仪作为一种行为规范是会随着时代的发展而发展，随着时代的进步而进步的，不可能一成不变。现代生活具有多元、丰富、多变的特点，所以后人对前人的礼仪规范也没有必要墨守成规。要正视礼仪的变异性、现实性，因此现代礼仪必须是正确反映时代精神、体现新社会的道德规范。

2. 地域性

不同的国家、民族，同一国家的不同地方，也都有着不同的礼仪，有的甚至截然相反。中西礼仪的差距是人所共知的，它基于东方文化和西方文化的差别，呈现了各自的地域特色。

民间有"百里不同风，千里不同俗"的说法，不同的文化背景产生不同的礼仪文化。一个国家，一个地区，一个民族的礼仪规范是在长期的共同生活中逐步形成、积累和发展起来的。由于不同国家、地区、民族，政治、经济、文化等诸因素的特点不同影响礼仪形成，使得礼仪规范不可避免的具有一定的地域性、民族性。

为了与世界各国人民友好往来，新中国成立初期就提出了在外交工作中要"入乡随俗，不强人所难"的礼仪原则。"入乡随俗"是指对别国、别民族的礼仪规范要尊重，"不强人所难"是指本民族、本国礼仪不要强求来访者勉为其难。这个原则充分体现了对别国、别民族历史文化的尊重和宽容，也是我们正确处理各民族、各国家不同礼仪的一个基本立场和原则。

礼仪的地域性这一特点，要求在社交和礼仪活动中，我们既要注意各民族、国家、区域文化的共同之处，又应十分谨慎地处理相互间的文化差异，既要自尊，又要尊重别人，科学恰当地处理礼仪活动中的碰撞问题，把地域差别作为交流、互补的条件。

3. 等级性

礼仪的等级性表现在对不同身份、地位的人士礼宾待遇的不同。在社会生活中，人们往往用长幼之分、男女之别来规范每个人的受尊重程度。而在官方交往中，则要确定有官方礼宾次序，确定官方礼宾次序的主要依据是担任公职或社会地位的高低。这种礼宾次序带有某种强制性，不同的人因此而得到不同的礼宾待遇，但这并不意味着尊卑贵贱，而是现代社会正常交往秩序的表现，反映了各级公务人员的社会身份和角色规范。礼仪的等级性在社会交往中还表现为双向对等性，即在不同地区、不同组织的交往中，双方人员在公职身份和社会地位上要相近，业务性质要相似，以此来表示对对方的尊重。

4. 可行性

切实有效，实用可行，规则简单，易学易会，便于操作，是礼仪的又一大特征。

"礼者，敬人也"，这是礼仪的精义。该怎么样，不该怎么样，就看能不能敬人、敬大多数人，而不能造作，为礼仪而礼仪。所以，社交活动中，既要对礼仪的实质作具体化的规范，又不能无中生有。要促使礼仪简便易行、容易操作，"言之有物、言之有礼"是最佳的选择。

5. 通用性

礼仪作为一种行为准则或规范，是全人类共同的财富。在不同的民族、不同的国度中，一直为不同行业的人们所认同并共同遵守着，这一点从以下俗语、谚语、名人名言中即可窥见一斑：

"君子敬而无失，与人恭而有礼，四海之内皆兄弟也。"（《论语》）

"凡人之所以为人者，礼义也。"（《礼记》）

"有礼走遍天下。"（俗语）

"礼仪经商。"

人无礼则不生，事无礼则不成，国无礼则不守。（孔子）

美德是精神上的一种宝藏，但是使它生出光彩的则是良好的礼仪。

礼貌是人类共处的金钥匙。

由此可见，礼仪作为国家、民族传统文化的重要组成部分，在各国、各族人民中由来已久并广为流传。在日常的生活工作中，遵礼守礼已成为一种普遍的共识。

6. 多样性

礼仪作为一种行为规范，涉及社会生活的各个方面，从而决定了礼仪具有多样性的特点。这种多样性具体表现在以下两个方面。

(1) 礼仪具有鲜明的职业特点

不同的职业具有不同的礼仪规范，各行各业都有自己特定的角色形象，规定礼仪的侧重点也不同。如，汽车销售人员常常代表着一个汽车品牌的形象，具有礼貌的谈吐、得体的衣着、大方的举止、高雅的气质，才会受到客人的瞩目，才会赢得各方人士的信任和支持。

(2) 不同的生活领域具有不同的礼仪规范

随着社会的发展，人们的生活领域也在不断地拓宽，天上、海下、北极、南极都有了人类的足迹。但无论怎样发展，以社会职能为标准都可以划分为三大领域，即社会生活领域、职业生活领域和家庭生活领域。如果我们把社会比作一个大舞台的话，我们每个人都在不同的社会生活领域中扮演着不同的角色。

今后，随着信息技术革命的不断发展，世界各国之间、不同民族之间、不同地域之间的交往与沟通将会日益频繁和密切，饱含文化内涵的礼仪将会更多的相互影响，相互渗透，相互取长补短，一些共同的礼仪将被作为国际公认的行为规范而普遍采用。一些新的普遍受到重视的国际礼仪，实际上就是东西方的文化交融，是国际惯例、人际交往准则、道德行为规范的集合体。只有在不同生活领域中都严格地遵守不同的礼仪规范，才能处处展现最优秀的你，才能具有丰富多彩的人生。

四、礼仪的作用

中国是一个文明古国，素来以温文尔雅，落落大方，谦恭礼让而著称于世。随着社会交往的日益扩大，礼仪在社会交往中的作用日益提高，文明交往成为世界各民族、各地区、各国的共同要求和愿望。礼仪是人类社会文明发展的产物，是人们社会交际活动的准则，它对于扩大社会交往，提高自身修养，促进社会主义精神文明和物质文明建设，具有极大的推动作用。

1. 礼仪的作用

礼仪是人们在社会生活中用以调整、处理相互关系的手段。具体来说，礼仪的作用有以下几个方面：

(1) 礼仪对国家与社会的影响和作用

①有利于弘扬我国优良民族传统文化。新形势下的礼仪教育，既有利于我国优秀文化和传统美德的继承，又为传统文化赋予新的时代内容，对形成适应社会主义现代化建设需要的新的价值观、道德观和行为规范具有重要的推动作用。能使我国优良民族传统文化发扬光大，成为新时期凝聚我国各族人民，齐心协力建设有中国特色社会主义国家的精神力量。

②有利于建立良好的社会秩序。秩序，是指人和事物的一种有规律的活动状态。人类社会和自然界的运动都必须遵守一定的秩序。在茫茫宇宙中，如果没有秩序，各种星球就会在互相冲撞中共同毁灭。人类社会也是如此，如果没有了秩序，无论日常生活，还是生产活动都无法正常进行。

管子曾经指出："礼义廉耻，国之四维，四维不张，国乃灭亡。"一个国家有没有完备的礼仪规范，人们能不能自觉地遵守，是衡量其社会秩序状况的一个重要尺度。

③有利于树立良好的社会风尚。社会风尚也可以称为社会风气，一般是指一定时期社会上人们在日常生活中形成的思想言行方面带普遍性的倾向。

礼仪反映一个民族、一个国家的文明水平、整体素质、整体教养。遵守礼仪、应用礼仪，有助于净化社会环境，提升全体社会成员的精神品位和道德文化素质。当前，我国精神文明建设中有一项重要内容，就是要求全体社会成员"讲文明、讲礼貌、讲卫生、讲秩序、讲道德、心灵美、语言美、行为美、环境美"，这些内容与礼仪的基本要求完全吻合。因此，讲礼仪与社会主义精神文明建设相互配合、相互促进，有利于纠正和克服社会上的不良风气，逐步形成良好的社会风尚。

(2) 礼仪对个人的影响和作用

①有利于培养高尚的道德情操。所谓情操，就是人的感情境界。礼仪不仅仅反映一个

人的交际技巧与应变能力，而且反映一个人的道德情操、精神面貌。因此，通过一个人在社会生活中对礼仪运用的程度，可以察知其教养的高低、文明的程度和道德的水准。

礼仪对人的要求既有内在的修养，又有外在的表现形式。从这个意义上完全可以说，礼仪即教养，有教养才能文明，有道德才能高尚。所以，要培养自己高尚的道德情操，就得知情知礼，所谓"彬彬有礼，然后君子也"，讲的就是这个道理，不懂情、不知礼难以成为道德情操高尚的人。

②有利于培养优雅的气质。优雅的气质是指人的一种吸引人的个性特征。气质本来是心理学的一个概念，指一个人心理活动的动态性特征，是构成个性的组成部分。不同的人具有不同的气质，认识问题、处理问题、待人接物也会因此而有差异。人的气质特性尽管是最稳定的一种心理特征，但是它仍然会在环境的影响下发生一定的变化，具有一定的可塑性。

③有利于培养优美的仪表风度。优美的风度是一个人的德、才、学、识等内在素质，具体通过言谈举止、装束打扮、态度作风反映出来的受人欢迎的整体形象。人们常常用文质彬彬、风度翩翩来形容一个人的风度。人们也都希望自己在与人交往时潇洒大方，不拘束、不呆板，气度不凡，招人喜欢，受人尊敬。

④有利于建立融洽的人际关系。JR人才调查中心一份调查报告显示，中国每100位头脑出众、业务过硬的人士中，就有67位因人际关系障碍而在事业中严重受挫，难以获得成功，他们共同的心理障碍是难以启齿赞美别人。

礼仪的核心是关心人、尊重人。对礼仪的学习有利于培养人们理解、宽容、谦虚、诚恳的待人态度，热情友好、庄重大方、高雅文明的行为举止，与人为善、助人为乐的道德品质。应当说，热情、谦恭、有礼的态度是表现对他人尊重的一种重要方式。

在社会交往中，礼仪不仅可以使人充满自信，胸有成竹，处变不惊，而且能够规范交际行为，更好地向交际对象表达自己的尊重、敬佩、友好与善意，增进彼此的了解与信任，造就和谐、融洽的人际关系。而且，外表的魅力——美丽的容貌、优雅的举止、得体的谈吐、翩翩的风度等，往往有形无形地左右着人际关系的建立与发展。

⑤有利于促进事业的成功。我们每一个人都渴望成功，在争取成功的道路上，礼仪起着促进的作用。社会学家调查表明，形象在一个人的成功因素中占有很大比例。在一般人看来，进行形象设计，只是将人的外形美化，训练形体动作等，但事实上它会让人看起来更诚信，工作效率更高，显得更智慧。北京某外贸公司的一位业务员，为了开展向中东某国的出口业务，潜心了解该国家的民俗礼仪，在去该国推销产品时，尊重该国家的习惯，穿上素服，戴上头巾，不露秀发。在客户应邀来北京谈判时，她又处处注意礼仪，坚持平等互利。每逢节日，便中止谈判活动。这样既与客户建立了友谊，又赢得了客户的信任和尊重，不仅当时签署了上百万元的出口合同，而且以后这位客户的所有进出口业务都找这位女士办理。

"张良纳履"在中国是一个家喻户晓、妇孺皆知的故事。辅佐汉高祖刘邦夺得天下的张良年轻时，有一次步行到下邳桥上，有一老者故意堕鞋桥下，叫他给拾起来。张良二话没说不仅从桥下拾来鞋，而且恭恭敬敬地为老人穿上。老人说："孺子可教矣。"就把《太公兵法》这部奇书交给了张良。中国古代这样的故事很多，如"不耻下问""三顾茅庐"等，都说明待人谦恭有礼，才能得到别人的信任，才能获得广泛的支持，取得事业的成功。

⑥有利于养成良好的行为习惯。良好的行为习惯也是人们获得机会和成功的重要因素。

有一家有名的私营企业，需要招聘一位厨师，由于待遇较高，应聘的人很多。经过几关测试后，留下了三位进行"真刀真枪"的实际操作。考题就是做同一道菜，甲、乙、丙按顺序一个一个地完成。考试完毕后，主考官们认为三个人都很不错，技术上不相上下。只是在整个操作过程中，乙每次清洗完后，都要用手捧水把水龙头冲洗干净，特别是用肥皂洗完手后，水龙头上沾了泡沫，如果不清洗干净，别人使用时会弄脏手。说明了这个人不仅具有好的技术，而且还具有良好的卫生习惯。所以录用了乙。录用的原因看似很简单，但仔细想想，这不仅仅是运气。其实不论在什么岗位，都要具有良好的素质，当机会出现在你面前时，别因小失大，让机遇从你手中不知不觉地消失。

现代文明社会，得体的礼仪使人们充满信任、友爱和欢乐，使民族精神焕发出永恒的魅力。正因如此，礼仪被纳入社会学的学术视野，不仅因为它关系到整个社会的精神文明、社会风气和民族风貌，也关系到提高精神文明建设，发展生产力的层面。宏观上，礼仪与社会生活、文化事业、民族和睦、国际交往有不可忽视的联系，微观上与家庭、同事、亲邻、学友及个人行为密切相关，甚至会影响到人的思想、心态、生活、学习、工作，关系到每个人的事业发展和成就。

五、中国的礼仪变迁

在中国古代，礼仪文明作为中国传统文化的一个重要组成部分，对中国社会历史发展起了广泛深远的影响，其内容十分丰富。礼仪所涉及的范围十分广泛，几乎渗透了古代社会的各个方面。

作为典章制度，它是社会政治制度的体现，是维护上层建筑及与之相适应的人与人交往中的礼节仪式。作为道德规范，它是国家领导者和贵族等一切行为的标准和要求。在孔子以前已有夏礼、殷礼、周礼。夏、殷、周三代之礼，因革相沿，到周公时代的周礼，已比较完善。作为观念形态的礼，在孔子的思想体系中是同"仁"分不开的。他主张"道之以德，齐之以礼"的德治，打破了"礼不下庶人"的限制。到了战国时期，孟子把仁、义、礼、智作为基本的道德规范，礼为"辞让之心"，成为人的德行之一。

在长期的历史发展中，礼作为中国社会的道德规范和生活准则，对中华民族精神素质的修养起了重要作用；同时，随着社会的变革和发展，礼不断被赋予新的内容，不断地发生着改变和调整，中国的礼仪变迁经历了以下五个时期：

1. 形成期

夏朝以前（公元前21世纪前），礼仪起源于原始社会，在原始社会中、晚期（约旧石器时代）出现了早期礼仪的萌芽。整个原始社会是礼仪的萌芽时期，礼仪较为简单和虔诚，还不具有阶级性。人类进入奴隶社会，统治阶级为了巩固自己的统治地位把原始的宗教礼仪发展成符合奴隶社会政治需要的礼制，礼被打上了阶级的烙印。在这个阶段，中国第一次形成了比较完整的国家礼仪与制度。如"五礼"就是一整套涉及社会生活各方面的礼仪规范和行为标准。古代的礼制典籍亦多撰修于这一时期，如周代的《周礼》《仪礼》《礼记》就是我国最早的礼仪学专著。在汉以后2000多年的历史中，它们一直是国家制定礼仪制度的经典著作，被称为礼经。

2. 发展期

春秋战国时期（公元前771～前221年）这一时期，学术界形成了百家争鸣的局面，以孔子、孟子、荀子为代表的诸子百家对礼教进行了研究和发展，对礼仪的起源、本质和功能进行了系统阐述，第一次在理论上全面而深刻地论述了社会等级秩序的划分及其意义。秦汉到清末（公元前221～公元1911年），在我国长达2000多年的封建社会里，尽管在不同的朝代礼仪文化具有不同的社会政治、经济、文化特征，但却有一个共同点，就是一直为统治阶级所利用，礼仪是维护封建社会的等级秩序的工具。这一时期礼仪的重要特点是尊君抑臣、尊夫抑妇、尊父抑子、尊神抑人。纵观封建社会的礼仪，内容大致有涉及国家政治的礼制和家庭伦理两类。这一时期的礼仪构成中华传统礼仪的主体。

3. 融合期

近代以后，礼仪的范畴逐渐缩小，礼仪与政治体制、法律典章、行政区划、伦理道德等基本分离，现代礼仪一般只有仪式和礼节的意思，去掉了繁文缛节、复杂琐碎的内容，吸收了许多反映时代风貌、适应现代生活节奏的新形式。

4. 新发展

新中国成立后，逐渐确立以平等相处、友好往来、相互帮助、团结友爱为主要原则的具有中国特色的新型社会关系和人际关系。

改革开放以来，随着中国与世界的交往日趋频繁，西方一些先进的礼仪、礼节陆续传入我国，同我国的传统礼仪一道融入社会生活的各个方面，构成了社会主义礼仪的基本框架。同时也将世界各民族的礼仪礼节风俗一同带了进来，使文明古国的传统礼仪文化不断发展。如礼炮、交际舞会、名片等都是从欧洲传入我国的。

现在，我国对重大活动、重要事件的仪式、程序及出席人士的安排等都做出了具体规定，日常的行政、经济、文化、军事活动中的各种公务礼仪礼节也在不断得以完善。人们学习礼仪知识的热情空前高涨。随着社会活动的发展及文明程度的提高，各种礼仪更加深入人心，新的礼仪形式不断地出现，交际礼仪、节庆礼仪、人生礼仪等各种新的形式越来越被人们广泛接受，同时，现代科学技术、文化生活也被引入礼仪礼节活动。如电子请柬，网上祭祀，视频婚礼，微信拜年和数字灯光秀、数字音乐、数字影像等，可以创造出独特的视觉和听觉效果，为礼仪礼节活动增添更多的艺术元素。这些现代科学技术和文化生活的引入，不仅丰富了礼仪礼节活动的形式和内容，也为其注入了新的时代气息和文化内涵。许多礼仪从内容到形式都在不断变革，现代礼仪的发展进入了全新的发展时期。

思考与练习

1. 礼仪的含义是什么？
2. 礼仪的构成要素及特点有哪些？
3. 从历史的角度出发，谈谈礼仪在中国的作用。

素养环节

让自己穿着得体

第一次见面，别人是没办法去了解你的内在美的，而你体现在着装上的个性却让人一目了然。如果你穿着得体，那就会给别人留下一个好的印象。注意自己的穿着，不一定要穿上最流行、最时髦的衣服，只要穿着整洁，适合你的性格和体型就可以了。

礼仪小故事

在我国的公共场合，凡是有门的地方，总会有这样的现象，走在前面的人，进去后总要回头看看后面有没有人进门。如果有，他就扶着门让后面的人进去，后面的人进去后，也总是要向扶门的人说声"谢谢"，没有人进门后一甩门扬长而去的举动。令人感动的是，所有的人都这样做。我国的公共场所都有电梯或扶手梯，每一次在扶手梯上都惊奇地发现，无论人多人少，无论结伴而行的人还是情侣，没有并排站在扶手梯上的。不可思议，有些人也会上楼、下楼时站在右侧，空出左边的位置，以便让有急事的人从左侧先行。这是多么为别人着想啊！虽然它不是一项法律，只是人们的生活习惯，非常钦佩这一行为。这一左右现象到处可见到；男的走在左侧，同行的女的走在右侧，怕的是车辆撞上女的；也有小辈走在左侧，长辈走在右侧，主人在左、客人在右。所有这些习惯，都是为了方便照顾对方。

对一个人来说，礼仪是一个人的思想道德水平、文化修养、交际能力的外在表现，对一个社会来说，礼仪是一个国家社会文明程序、道德风尚和生活习惯的反映。

第二节　商务礼仪

学习目标

掌握商务礼仪的含义、商务礼仪的特点、商务礼仪的作用、商务礼仪的重要性。

素养目标

要注意言谈举止。

礼仪格言

"不学礼，无以立。"——孔子

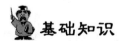
基础知识

一、商务礼仪的含义

商务礼仪是在商务活动过程中，对合作者表示尊重和友好的一系列行为规范，是礼仪在商务活动过程中的具体运用。商务礼仪以礼仪为基础和内容，商务礼仪是在商务活动中，作为指导、协调商务活动中人际关系的行为方式和活动形式，用来约束我们日常商务活动的方方面面。这其中包括仪表礼仪，言谈举止，书信来往，电话沟通等技巧，按商务活动的场合又可以分为办公礼仪、宴请礼仪、专题活动礼仪、涉外礼仪。

商务礼仪的核心作用是为了体现人与人之间的相互尊重。这样我们学习商务礼仪就显得更为重要。我们可以用一种简单的方式来概括商务礼仪，它是商务活动中对人的仪容仪表和言谈举止的普遍要求。商务礼仪以礼仪为基础和内容，它与礼仪有着共同的基本原则：尊重、友好、真诚。商务礼仪的使用目的有以下几种：

1. 提升个人的素养

企业竞争，是员工素质的竞争，进而到企业，就是企业形象的竞争，教养体现细节，细节展示素质。

2. 方便我们的个人交往应酬

我们在商业交往中会遇到不同的人，对不同的人如何进行交往这是要讲究艺术的，比如夸奖人也要讲究艺术，不然的话即使是夸人也会让人感到不舒服。

3. 有助于维护企业形象

在商务交往中个人代表整体，个人形象代表企业形象，个人的所作所为，就是本企业的典型活体广告。一举一动、一言一行，此时无声胜有声。

商务交往涉及的面很多，但基本来讲是人与人的交往，所以我们把商务礼仪界定为商务人员交往的艺术。人们对礼仪有不同的解释。有人说是一种道德修养。有人说礼仪是一种形式美，有人讲礼仪是一种风俗习惯。告诉我们应该怎么做，不应该怎么做。讲一个座次的例子：商务礼仪中的座次。我们都知道来了客人要让座，但不知道哪是上座，一般情况下可能无所谓，但外事活动和商务谈判中就必须要讲究了。所以交往中必须讲究艺术。

二、商务礼仪的特点

1. 现代商务礼仪不断发展变化

不管是商界新手，还是老练的商务领导，都会感到商务礼仪的变化速度很快。旧的不适应时代发展需要的礼仪规范不断被淘汰，新的规范不断出现。原因是社会、政治、经济和科学文化的发展。如果仍然看不到这样的变化和不能规避类似的问题，则会引来不必要的麻烦。因此，如何更好地掌握应用此类新技术设备，相关工作人员需要不断地学习，以更好地去工作。

2. 商务礼仪具有一定的功利性

商务礼仪与家庭礼仪、外事礼仪有一个很大的不同点就是它有一定的功利性。它直接关系着经济利益的实现程度，关系着产品能不能卖得出去，服务有没有人消费，关系到个人的升迁与就业等。有一些企业和工作人员为了眼前的功利而不顾长远的利益，有短视期行为，顾客感到他们在"买前"与"买后"不一样，"买"与"不买"不一样。这也说明企业的不成熟，因此，更应该正确认识和对待商务礼仪的功利性。

3. 商务礼仪越来越人性化

商务礼仪的前提是不论职位高低，人们要互相帮助，互相尊重，充分体现人与人之间的平等。另外，礼仪的恰当与否、能否愉快的进行交流与沟通都是建立在尊重他人的人格、性格，爱护他人的身体健康，尊重他人的文化和习俗等原则的基础之上。

真正成熟的商务人员和商务组织，要将关心人、尊重人、一切为社会为顾客着想的人文精神作为自己的经营理念。这种关心、尊重是发自内心的，是自身素质的体现。

4. 商务礼仪越来越实用化

在追求高效率和经济效益的驱动下，商务礼仪发展的特点是越来越追求实用化和简约化。正在开会的男士看到女士进来需不需要起身迎接呢？答案是并不需要起身。其原因是如果起身会影响工作。这在过去是不可以的，但是在现代商务会议中却是可以的。再如，过去开门、拉门等规则都要基于性别和地位的差别，如今，进出门的规则更趋向实用化。女士如果走在前面，就由女士来开门，不需后面的男士跑过来帮她开门。这说明，随着商务活动节奏的加快与交际的实用性，需要商务礼仪放弃某些基于性别、等级等传统文化形成的礼仪规范，去掉一些繁文缛节和不必要的客套而更加趋向于实用化、高效率，更利于商务交际。伴随着实用化的趋势就是简约化，这成为商务礼仪发展的另一个重要特征。

5. 全世界的商务礼仪逐渐向着趋同化方向发展

尽管世界上各个国家的礼仪规范不尽相同，但是随着世界经济一体化趋势的发展，为了沟通的方便，世界经济的发展不断使世界各国的礼仪规范有一个融合和趋同的过程。人们在商业交往中，经过不断的磨合与交流，慢慢会找到一套适合大家认可的便捷的礼仪规则系统。

中国对世界各国跨国公司和大企业的吸引力越来越大，中国吸引外国直接投资和国际合作越来越多，国际商业活动和商业机会不断增加，人们需要学习、了解更多的商务礼仪。中国经济发展迅速，企业数量成倍增长，第三产业蓬勃兴旺，商务活动日益频繁，人们在商务活动中也需要学习、遵守一些商务礼仪规范，熟悉中国商务礼仪，了解世界其他国家的礼仪和禁忌。

三、商务礼仪的作用

商务礼仪的作用：内强素质，外强形象。具体表述为三个方面：

1. 提高个人素养

商务人员的个人素养是一种个人修养及其表现。如在外人面前不吸烟、不在大庭广众前喧哗。例如佩戴首饰前提是符合身份。四个原则包括：（1）以少为佳，提倡不戴，一般不多于三种，每种不多于两件。（2）善于搭配，如穿无袖旗袍、高筒薄纱手套去参加高级晚宴，戒指应该戴在手套里（新娘除外）。（3）同质同色，色彩和款式要协调。如你要戴一个黄金胸针，穿黑色旗袍，参加酒会。那么，你的戒指或者项链首选黄色，戴金丝边眼镜，这样配起来就会很漂亮，质地、色彩要相同。（4）习俗原则，如配玉坠男戴观音女戴佛；戒指戴左手；戒指戴在食指表示想结婚，戴中指表示已有爱人，戴无名指表示已婚，戴小指表示独身，大拇指不戴戒指。

2. 有助于建立良好的人际沟通

例如秘书接听找老总的电话，先告知对方要找的人不在，再问对方是谁、有何事情。再如拜访别人要预约，且要遵时守约，提前到可能会影响别人的安排或正在进行的事宜。

3. 维护个人和企业形象

商务礼仪最基本的作用是"减灾效应"：少出洋相、少丢人、少破坏人际关系，遇到不知道的事情，最稳妥的方式是紧跟或模仿，以静制动。如西餐宴会上女主人是第一次序，女主人就座其他人才能就座，女主人用餐巾表示宴会开始，女主人拿起刀叉其他人才可以吃，女主人把餐巾放在桌子上表示宴会结束。

四、商务礼仪的重要性

1. 商务礼仪具有较强的沟通作用

商务活动是一种双向交往活动，交往的成功与否，首先取决于沟通的效果如何，或者说，是否取得对方的理解。商务交往实际上是一个交际过程，用传播学的观点看，交际活动实际上是一个人际传播过程，商务人员在推销产品和服务的过程中，不是在交流和传播商业信息。但是由于交往对象的文化背景、观点不同，这使交往双方的沟通有时变得不那么容易，甚至会产生误解，不仅交往的目的不能实现，还会给交往双方所代表的组织造成严重的负面影响。

例如，语言和文化的差异往往会给商务沟通带来障碍，通过商务礼仪的学习和掌握，可以消除差异，使双方相互接近，达到感情沟通，使商业事务顺利进行。可以说，在当今繁忙而又竞争激烈的商业环境里，彬彬有礼的谈吐和举止可以使我们的商务活动更容易被别人接受，从而尽可能避免误解和剧烈冲突的发生。

2. 商务礼仪的形象作用

礼仪的基本目的就是树立和塑造个人及企业的良好形象。这是组织和个人在激烈的市场竞争环境中取胜的因素。所谓个人形象就是个人在公众观念中的总体反映和评价。所谓树立公司的形象的作用，是指在激烈的商务竞争环境中，通过得体而诚挚的商务接待、拜访、谈判、宴请、通信、社交、送礼等活动，为自己树立高效、讲信誉、易于交往、善待商业伙伴的形象。没有谁愿意雇佣一个整天不讲卫生的员工坐在自己的旁边，没有哪一家公司愿意与一个不讲信誉、员工不懂礼貌的公司做生意。

当前，竞争的特点是产品和服务的趋同化趋势，同类公司提供的产品和服务并无太大差别。这就使形象竞争和品牌竞争成为组织制胜的重要战略。形象战略除了企业标志、公关活动、企业文化等要素外，还有一项就是人员差别化，而人员的差别化不光包括专业技能、专业知识和忠诚度，还具有礼仪素质和沟通能力。目前在服务行业的竞争中制胜的法宝是服务态度。令人满意的礼仪成为评价服务水平和提高顾客满意度的重要指标。

3. 商务礼仪的协调作用

在商务活动过程中，有时会碰到购销不畅、谈判不顺利等问题；有时也会碰到与你有敌意的同事或客户等棘手问题，对这些问题处理不当，就会激化矛盾或小事酿成大事，影响企业的形象。而通过一定的商务礼仪的巧妙应用，则可能化解矛盾，消除分歧，相互理解，达成谅解，缓和人与人之间的紧张关系，使之趋于和谐，从而妥善地解决纠纷，广交朋友。在这里，商务礼仪是"一座桥"，起着重要作用。

4. 恰当的礼仪可以更好地帮你赢得机会

一个人的访谈举止影响着别人对他的看法，而这些看法可能会影响一个人的人际关系，甚至会影响他的发展和提升。同样，恰当的举止和优雅的服饰，可以更好地展示自己的优势和长处，赢得更多的机会。对于一个管理者来说，良好的行为举止可以使管理工作更有效，使他的人际关系更加和谐，更加容易得到上级的赏识和下级的理解与支持；对于一个员工来说，则可以让他赢得更多的学习、工作的机会，更易与一个集体融洽地相处，使领导更赏识自己，使个人生活更幸福，也更容易得到升迁的机会；对于一个集体来说，有着良好的礼仪规范就意味着这个集体有着更强的凝聚力和更多的生存和发展机会，更容易做到全员公关，从而树立组织的良好形象。

五、商务礼仪的变迁

商务礼仪的根源还是来自中国礼仪，它只是在基础的礼仪形式上发生了些变化。中国是传承千年的礼仪之邦，举世闻名。相传在3000多年前的殷周之际，周公制礼作乐，就提出了礼治的纲领。其后经过孔子和七十子后学，以及孟子、荀子等人的提倡和完善，礼乐文明成为儒家文化的核心。西汉以后，作为礼乐文化的理论形态，《仪礼》《周礼》《礼记》先后被列入学官，不仅成为古代文人必读的经典，而且成为历代王朝制礼的基础，对中国文化和历史影响的深远，自不待言。随着东亚儒家文化圈的形成，礼乐文化自然成为东方文明的重要特色。

21世纪是文化的世纪，国家与国家、民族与民族的竞争，将会越来越多地在文化领域中展开。文化是民族的基本特征，文化存则民族存，文化亡则民族亡。古往今来，真正灭绝于种族屠杀的民族并不多，而灭亡于固有文化消失的民族却是不胜枚举。中国在世界四大文明古国中，是唯一没有发生过文化中断的国家。在未来的世纪中，中华文明能否自立于世界民族之林的基本前提之一就是能否在吸收先进的外来文化的基础上，建立起强势的本位文化，这无疑是具有战略意义的大事。礼乐文化是中华传统文化的核心，能否将它的精华发扬光大，对于本位文化的兴衰至关重要。

六、商务礼仪与其他社会规范的关系

商务礼仪与其他社会规范的关系要注意三个要点。我们一般称之为文明礼貌三要素：

第一，接待三声。即有三句话要讲，一是来有迎声，就是要主动打招呼。二是问有答声，一方面人家有问题你要回答，另一方面你也不要没话找话，在一些窗口位置有一些话怎么说，如办公室、总机、电话要有预案，就是要事先想好，遇到不同情况怎么办。比如，外部打来电话，打错了，找的不是他要找的单位，我们怎么回答，要有素质地说：先生对不起，这里不是你要找的公司，如果你需要我可以帮助你查一查，这是宣传自己的一个绝好机会。会给人留下很好的印象。三是去有送声，如商店的服务员对顾客。

第二，文明五句。城市的文明用语与我们企业的文明用语是不一样的，作为一个高新技术企业，应有更高的要求，不要随地吐痰、不要骂人，这起点都很低。第一句话是问候语"你好"。第二句是请求语，一个"请"字。第三句是感谢语"谢谢"。我们要学会感谢对方。尤其是对我们的衣食父母。第四句是抱歉语"对不起"。有冲突时，先说有好处，不吃亏。第五句是道别语"再见"。

第三，热情三到。我们讲礼仪的目的是为了与人沟通，沟通是要形成一座桥而不是一堵墙，只讲礼仪没有热情是不行的。

"眼到"。眼看眼，不然的话，你的礼貌别人是感觉不到的，注视别人要友善，要会看，注视部位是有讲究的，一般是看头部，强调要点时要看双眼，中间通常不能看，下面尤其不能看，不论男女，对长辈、对客户，不能居高临下的俯视，应该采取平视，必要时仰视。注视对方的时间有要求，专业的讲法是当你和对方沟通和交流时注视对方的时间，应该是对方和你相处的总的时间长度的1/3左右，问候时要看，引证对方观点时要看，告别再见时要看，慰问致意时要看，其他时间可看可不看。

"口到"。一是讲普通话，是文明程度的体现，是员工受教育程度的体现。讲不好也要讲。方便沟通，方便交际。二是要因人而异，区分对象。讲话是有规矩的（比如男士有急事，找女同事，电话怎么打？）。看对象，比如你去交罚款，对方说"欢迎"你下次再来，你高兴吗？外地人和本地人问路表达有所不同吗？

"意到"。就是意思要到。把友善、热情表现出来，不能没有表情，冷若冰霜。表情要互动（医院里就不能时刻"微笑服务"）。再有就是不卑不亢，落落大方。

在商务交往中如何体现沟通技巧，达到最好的交际效果。沟通要相互理解，是双向的。要讲三个点。第一，自我定位准确，就是干什么像什么；第二，就是为他人定位准确。第三，遵守惯例。比如跳舞，交往中跳舞是联络，国际惯例是异性相请，男士请女士，女士可以选择，女士请男士，男士不可以选择，不会可以走开。

商务礼仪是在商务活动中体现相互尊重的行为准则。商务礼仪的核心是一种行为的准则，用来约束我们日常商务活动的方方面面。商务礼仪的核心作用是为了体现人与人之间的相互尊重。这样我们学习商务礼仪就显得更为重要。我们可以用一种简单的方式来概括商务礼仪，它是商务活动中对人的仪容仪表和言谈举止的普遍要求。

思考与练习

1. 商务礼仪的含义和特点是什么？
2. 商务礼仪的作用和重要性分别是什么？

素养环节

言辞幽默，侃侃而谈，不卑不亢，定会给人留下难以忘怀的印象。没有一个人会喜欢一个言谈粗鄙的人。

礼仪小故事

孔融（152—208年），鲁国人，是东汉末年著名的文学家，建安七子之一，他的文学创作深受魏文帝曹丕的推崇。据史书记载，孔融幼时不但非常聪明，而且还是一个注重兄弟之礼、互助友爱的典型。

孔融四岁的时候，常常和哥哥一块吃梨。每次，孔融总是拿一个最小的梨。有一次，爸爸看见了，问道："你为什么总是拿小的而不拿大的呢？"孔融说："我是弟弟，年龄最小，应该吃小的，大的还是让给哥哥吃吧！"

孔融小小年纪就懂得兄弟姐妹相互礼让、相互帮助、团结友爱的道理，使全家人都感到惊喜。从此，孔融让梨的故事也就流传千载，成为团结友爱的典范。

第三节　汽车销售礼仪

学习目标

了解销售礼仪的含义，汽车销售礼仪的特点、作用及实施汽车销售礼仪的原则。让学生养成良好的职业习惯，掌握汽车销售人员的职业素养，并在实践中得以应用。

素养目标

让自己有风度。

礼仪格言

善气迎人，亲如弟兄；恶气迎人，害于兵戈。——管仲

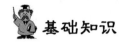 基础知识

一、汽车销售礼仪的特点

所谓汽车销售礼仪是指在汽车销售活动中销售顾问对顾客表示尊敬、善意、友好等一系列道德、规范、行为及一系列惯用形式。它是汽车销售人员的个人的仪表、仪容、仪态、言谈举止、待人接物的准则，是销售人员个人的道德品质、内在素质、文化素养、精神风貌的外在表现。

汽车销售礼仪作为特定环境下的行礼仪式，其符合礼仪自身独具的特征。即规范性、限定性、可操作性、传承性四个特点。

第一，规范性。汽车销售礼仪是销售人员在从事销售活动中待人接物时必须遵守的行为规范。这种规范性，约束着销售人员的仪容、仪表、仪态和行为举止，使其符合汽车销售职场的礼仪规范。比如：各汽车品牌的汽车销售人员的仪容、仪表及着装要求等。

第二，限定性。礼仪通常情况适用于一般的人际交往与应酬。但是，生活中的很多礼仪都受场合、身份、发生的事件的限定，其行礼的仪式也有差别。汽车销售礼仪更是如此。它是在汽车销售过程中对销售人员实施特定的约束，以满足汽车品牌形象和汽车生产企业经营理念的需要。不同汽车品牌文化、不同的业务流程赋予了其品牌销售的特定内涵，这就是汽车销售礼仪所表现的限定性特点。

第三，可操作性。切实有效，实用可行，规则简明，易学易会，便于操作，是汽车销售礼仪的一大特征。它不是纸上谈兵、空洞无物、不着边际、故弄玄虚、夸夸其谈，而是既有总体上的礼仪原则、礼仪规范，又在具体的细节上以一系列的方式、方法，仔细周详地对礼仪原则、礼仪规范加以贯彻，把它们落实到汽车销售活动中，使之"言之有物"，"行之有礼"，不尚空谈。以简便易行、容易操作为第一要旨。

第四，传承性。任何国家的礼仪都具有自己鲜明的民族特色，任何国家的当代礼仪都是在古代礼仪的基础上继承、发展起来的。当然，随着社会的进步、人类文明的积累，礼仪的成果是在扬弃糟粕之上的传承与发展，这就是礼仪传承性的特定含义。汽车销售礼仪更是如此。以奥迪汽车为例，具有百年悠久历史的奥迪汽车，文化积累深厚，不会因国籍、地域文化不同而改变其对品牌服务的标准，而是融入全世界各地文化、礼俗元素之中。奥迪品牌销售礼仪又促进奥迪的发展。

二、汽车销售礼仪的原则

在汽车销售工作中，销售人员要学习、应用销售礼仪，必须要把握具有普遍性、共同性、指导性的礼仪规律。这些礼仪规律，即汽车销售礼仪的原则。掌握这些原则，将有助于更好地学习、应用销售礼仪。汽车销售礼仪的原则包括：

1. 遵守的原则

在汽车销售中，每一位销售人员都必须自觉、自愿地遵守销售礼仪，以礼仪去规范自

己在销售活动中的一言一行，一举一动，使顾客能够感受到优质服务。

2. 自律的原则

从总体上来看，汽车销售礼仪规范是由对待自身的要求与对待他人的做法这两大部分构成。对待自身的要求，需要自我要求、自我约束、自我控制、自我对照、自我反省、自我检点，这就是所谓自律的原则，也是汽车销售礼仪的基础和出发点。

3. 敬人的原则

所谓敬人的原则，就是要求汽车销售人员在从事销售活动中，对待客户既要互谦互让，互尊互敬，友好相待，和睦共处，又要将客户的重视、恭敬、友好放在第一位，这是"客户至上"的具体体现。这一要求比对待个人的要求更为重要，它是汽车销售礼仪的重点与核心。

4. 宽容的原则

宽容的原则是要求销售顾问在汽车销售活动中运用销售礼仪时，既要严于律己，更要宽以待人。要多容忍他人，多体谅他人，多理解他人，而不要求全责备，斤斤计较，过分苛求，咄咄逼人。在汽车销售活动中，要体谅客户发脾气、使性子、刁难、蛮横等自我强烈意识的张扬，要以同理心对待不同于己、不同于众的行为，要以耐心、包容、理解、谅解的心理对待客户。

5. 平等的原则

强调销售人员在汽车销售活动中，不能因年龄、性别、种族、文化、职业、身份、地位、财富以及与自己的关系亲疏远近等方面的差异，就厚此薄彼，区别对待，给予不同待遇，这就是汽车销售礼仪中平等的原则的基本要求。

6. 从俗的原则

"十里不同风，百里不同俗"，特别是从事汽车销售活动的人员，由于工作流动性比较大，经常会遇到不同民族、不同文化背景的顾客。那么，面对异地他乡首先要坚持入乡随俗，这样会使汽车销售礼仪的应用更加得心应手，有助于销售交易结果的达成。

7. 真诚的原则

汽车销售人员的交往礼仪运用基于交往主体对其他客户的态度，如果能抱着诚意与对方交往，那么交往主体的行为自然而然地便显示出对对方的关切与爱心了。要让对方感觉，你十分愿意与他有销售合作上的来往。无论用何种语言表达诚意，行为语言是最好的证明。在通常的情况下，也许有些人会用假话来掩饰自己的企图，但却无法用行为来掩饰自己的空虚。唯有真诚的与人交往，才能使你的行为举止自然得体，与此相反，倘若仅把运用礼仪作为一种道具和伪装，在具体操作礼仪规范时口是心非，言行不一，弄虚作假，投机取巧，或是有求于人时对人特别诚恳，被人所求时铁石心肠，将礼仪等同于"厚黑学"，这样做是有违背礼仪的基本原则的。

8. 适度的原则

讲究礼仪是基于对相处对象的一种尊重的表现。但是，凡事过犹不及，特别是在汽车销售交往中，要考虑时间、地点、环境等条件，对待不同的客户或交往对象，要因人而异。

如果施礼过度或不足，都是失礼的表现。比如，见面时与人握手的时间过长；告别时一次次地鞠躬，不停地感谢，都会让对方觉得反感。礼仪的施行，只要使自己的内心情感表达出来，让对方感受到你的真诚度，就可以了。

三、汽车业销售礼仪的作用

1. 礼仪有助于提高汽车销售人员的自身修养

在汽车销售活动中，销售礼仪往往是衡量一名销售人员对公司及产品的忠诚度、责任感、使命感的准绳。它不仅反映着汽车销售人员的专业知识、技巧与应变能力，而且还反映着销售人员的气质风度、阅历见识、道德情操、精神风貌。因此，在这个意义上，可以说销售礼仪即销售人员的教养在工作中的表现。孔子曰：质胜文则野；文胜质则史，文质彬彬，然后君子。意即：内心品质超过礼仪修养即不注重礼仪修养，则是粗野；而只注重外表修饰而忽略内心修养，则显虚浮，只有既重视内心修养的提高又重视礼仪修养，这样的人才是真正的君子。由此可见，汽车销售人员把握、运用好销售礼仪，有助于提高自身的修养，有助于"用高尚的精神塑造人"，才能真正提高销售人员的文明程度。

2. 汽车销售礼仪有助于塑造良好的个人职业形象

个人职业形象，是一个人仪容、表情、举止、服饰、谈吐、教养的集合，而礼仪在上述诸方面都有其详尽的规范，因此，汽车销售人员学习、运用销售礼仪，有益于销售人员更好地、更规范地设计个人形象，维护个人形象，更好地、更充分地展示汽车销售人员的良好教养与优雅的风度。当销售人员重视了美化自身，客户关系将会更和睦，汽车销售活动将变得更加温馨。

3. 汽车销售礼仪是塑造企业形象的重要工具，有助于提高企业的经济效益

对企业来说，汽车销售礼仪是企业价值观念、道德观念、员工整体素质的整体体现，是企业文明程度的重要标志。汽车销售礼仪可强化企业的道德要求，树立企业的良好形象。汽车销售礼仪是汽车企业的规章制度、规范和道德具体化为一些固定的行为模式，从而对这些规范起到强化作用。

让顾客满意，为顾客提供优质的产品和服务，是良好企业形象的基本要求。汽车销售礼仪能够最大限度地使满足顾客在服务中的精神需求，使顾客获得物质需求和精神需求满足的统一。以礼仪服务为主要内容的优质服务，是汽车企业生存和发展的关键所在。它将通过汽车销售人员的仪容、仪表，服务用语、服务操作程序等，使服务质量具体化、系统化、标准化、制度化，使顾客得到一种信任、荣誉、感情、性格、爱好等方面的满足，会为企业带来可观的经济效益。

4. 汽车销售礼仪有助于促进销售人员的社会交往，改善人们的人际关系

对从事汽车销售的人士而言，拥有丰富的汽车销售礼仪知识，以及能够根据不同的场合提供得体规范的礼仪服务，既能够体现销售顾问服务技巧，又能够体现个人职业素养。所以，汽车销售人员掌握正确的销售礼仪，运用销售礼仪，将会为汽车销售事业助一臂之力。

四、汽车销售人员的职业素养

汽车销售人员的职责是指作为汽车销售人员必须做的工作和承担相应的责任。汽车销售人员是销售的主体，是联系企业和顾客的桥梁和纽带，它既要对企业负责，又要对顾客负责。因此，汽车销售人员的基本职责并非仅限于把企业的产品销售出去，而是承担着多方面的义务与责任。明确汽车销售人员的职责范围，不仅是对汽车销售人员的具体要求，也是挑选、培养汽车销售人员的条件、目标和方向。收集信息、建立沟通关系、销售产品、提供服务、树立形象是汽车销售人员的基本职责。

汽车销售人员是通过销售过程的个人行为，使顾客对企业产生信赖或好感，并促使这种信赖或好感向市场扩散，从而为企业赢得广泛的声誉，建立良好的品牌形象。

汽车销售人员是连接企业与顾客的纽带，他要把企业的产品、服务及有关信息传递给顾客。在顾客面前，汽车销售人员就是企业，顾客是通过汽车销售人员来了解和认识企业的。因此，能否为企业树立一个良好的形象，也就成为衡量汽车销售人员的重要标准之一。建立良好的企业形象，汽车销售人员需要做一系列扎实的努力。首先，要销售自己，以真诚的态度与顾客接触，使顾客对汽车销售人员产生信赖和好感；其次，使顾客对整个买车交易过程满意；再次，使顾客对企业所提供的各种售后服务满意。此外，汽车销售人员还应尽量帮助顾客解决有关企业生产经营方面的问题，向顾客宣传企业，让顾客了解企业。

建立良好的企业形象，也就建立了良好的产品形象，而良好的产品形象是销售活动顺利进行的物质基础。因此，企业形象直接影响顾客的购买行为，它不仅是完成本次购买的条件，也是影响今后购买乃至长期购买的前提。

1. 汽车销售人员的基本职业素质

(1) 业务素质

①具有现代化销售观念。销售观念是指汽车销售人员对销售活动的基本看法和在销售实践中遵循的指导思想。销售观念决定着汽车销售人员的工作目标和工作态度，影响着销售过程中的各种销售方法和技巧的运用，也最终影响着企业和顾客的利益。在销售活动中，汽车销售人员要摒弃"以企业为中心"的传统销售观念，树立和坚持"以顾客为中心"的现代销售观念。

②具有丰富的专业知识。汽车销售人员应当掌握的专业知识是非常广泛的，专业知识的积累关系着素质、能力的提高。汽车销售人员应具备的专业知识包括企业知识、产品知识、维修技术、市场知识和用户知识等。

掌握企业知识，一方面是为了满足顾客的要求，另一方面是为了使汽车销售活动体现企业的方针、政策，达到企业的整体目标。企业知识主要包括：汽车企业的发展史、企业在汽车同行中的地位、汽车企业的经营方针、汽车企业的规章制度、汽车企业的生产规模和生产能力、汽车企业的销售政策和定价政策、汽车企业的服务项目、汽车企业的交货方式与结算方式、汽车企业的供货条件等。

③具有较扎实的基本功。第一，具有用职业的方式去开拓客户的能力，这是汽车销售人员的首要基本功。

第二，具有开放的心态，随时随地有意识地寻求各种与销售相关的信息，把一些人们认为毫不相关的问题联系起来，从而构成自己的市场。

第三，具有吃苦耐劳的精神，能独辟蹊径，有充分的耐心去等待客户，有足够的勇气去开拓客户，用巧妙的方式去诱导客户，用机智的慧眼去洞察客户。

第四，善于以逸待劳去获得客户，善于用客户去开发客户。

第五，具有公关的能力，用公关的方式去接触客户。这就要求汽车销售人员对客户要以诚相待，要尊重客户。要了解客户的想法消除客户的心理障碍。

④具有熟练的销售技巧。汽车销售人员必须要站在顾客的立场上，为顾客着想的同时兼顾企业的利益，在说服顾客购买产品的同时，让顾客充分感受到购买的愉快，并确实因此获益而满足。

汽车销售人员应当熟练地掌握发掘客户的各种方法，创造吸引顾客的条件，取得顾客的信任。

还需要具备善于化解顾客购买的心理障碍，能够正确的处理客户在面谈中提出的各种异议，把握成交的合适时机，为客户排忧解难，使顾客满意，确定成交的能力。

（2）个人素质

个人素质是指汽车销售人员应具备的条件和特点。汽车销售人员在销售商品的同时也是在销售自己，因此，他必须具备良好的个人素质。一般来说，汽车销售人员应具备的个人素质主要包括以下几个方面：

良好的语言表达能力、勤奋好学的精神、广泛的兴趣、端庄的仪态、健康的身体、良好的心理素质等。除以上还包括良好的气质、完美的个性、真诚和丰富的情感、良好的沟通能力以及基本职业能力。

（3）汽车销售人员的基本职业能力

汽车销售人员的基本职业能力是指完成汽车销售所必备的实际工作能力。作为汽车销售人员应当具备的基本职业能力主要有以下几方面：

①观察能力。汽车销售人员必须具备敏锐的观察能力，这是汽车销售人员深入了解顾客心理活动和准确判断顾客特征的必要前提。没有敏锐的观察能力，就不可能使用有效的销售技巧满足顾客的需要。

顾客的每一个行动背后，总有其特定的动机和目的，顾客在交易过程中也会或多或少地使用各种购买技巧。只有具备敏锐的观察能力，才能透过表象，看到问题的实质。对于汽车销售人员来讲，只有具备敏锐的观察能力，才能更好地了解销售环境，更多更好地寻找顾客，掌握购买者的行为特征，进而开展有效的销售活动。

②记忆能力。记忆能力是指对经历过的事物能够记住，并且，在需要时能够回忆起来的能力。汽车销售人员的工作繁杂，需要记住的东西很多，比如：顾客的姓名、职务、单位、电话、兴趣爱好；汽车产品的性能、特点、价格、使用方法；对顾客的许诺、交易条件、洽谈时间、地点等。如果汽车销售人员在客户面前表现出记忆力不佳，客户会对他产生不信任感。这无疑会为工作设置障碍，影响工作效率。

记忆力的好坏固然与天赋有很大关系，但更重要的是后天的训练。能否取得充分的记忆效果，很大程度上取决于记忆技巧和不断地自我训练。只要持之以恒、坚持不懈地训练，是能够提高记忆力的。

③思维能力。思维是人的理性认识活动，就是在表象、概念的基础上进行综合分析、判断、推理等认识活动过程。汽车销售人员应当具有的思维品质包括：思维的全面性，能从不同角度看问题，即立体思维、多路思维；思维的深刻性，站得高看得远，把问题的本质能看透；思维的批判性，不盲从，敢于坚持真理；思维的独立性，能独立思考，不受干扰，不依赖现成的答案；思维的敏捷性，反应快，遇事当机立断；思维的逻辑性，考虑问题条理清楚，层次分明。

④交往能力。交往能力是指人们为了某种目的运用语言或者非语言方式相互交换信息，实行人际交往的能力。汽车销售人员在工作中要与各种各样的人打交道，有效的交往，会加深自己与顾客的关系，增加获得信息的渠道，提高工作效率。

交往能力不是天生的，是在销售工作实践中逐步培养的，要培养高超的交往能力，汽车销售人员必须努力拓宽自己的知识面，做到天文地理、文韬武略都懂一点；同时，要掌握必要的社交礼仪常识，主动与人交往，不要封闭自己，应利用各种机会提高自己的社交能力。

⑤劝说能力。劝说是汽车销售工作的核心。汽车销售人员应有良好的劝说能力。劝说能力的强弱是衡量汽车销售人员水平高低的一个重要标准。汽车销售人员要说服顾客，不仅需要有较好的语言技巧，更重要的是要掌握正确的原则，就是"抓住顾客的切身利益，展开劝说工作"。也就是说，在汽车销售的过程中，要重视对顾客切身利益的考虑，而不要把说服的重点放在夸耀自己的产品上。只有这样，顾客才会对所销售的产品产生兴趣，销售才会有成效。

⑥演示能力。在销售过程中，汽车销售人员要使顾客对所销售的产品感兴趣，就必须使他们清楚地认识到购买这种产品以后，会得到什么样的售后服务，会得到什么好处。因此，汽车销售人员不仅要在洽谈中向顾客介绍产品的具体优点，同时，还必须向顾客证明确实具有这些优点。产品演示是向顾客证明产品优点的极好方法。

熟练地演示所销售的汽车产品，能够吸引顾客的注意力，使他们对产品直接产生兴趣，这是一种"活广告"。如果可能，应尽一切努力做好演示工作。越来越多的汽车产品信息，无法用语言准确地传递，而必须借助于产品演示，如果用语言表述专业性太强，汽车销售人员难以说清楚的情况下，产品演示就是最好的解决办法。汽车销售人员必须掌握要点，形成自己独特的技巧。

⑦核算能力。利用科学的方法和手段对销售工作绩效及销售计划执行情况进行必要的核算评估，是销售技术的重要组成部分。汽车销售人员必须有良好的核算能力。这是汽车销售人员提高工作效率的重要手段。

在汽车销售程序的每一个环节，都离不开相关的财务知识和技能的支持。同时，在开展汽车销售活动中，汽车销售部门也与财务部门有着密切的联系和制约关系，因此，汽车销售人员，除了熟悉汽车结构原理、主要性能、保养检测知识，了解各种汽车的型号、用途、特点和价格，还要掌握市场行情、相关的费用（利息、仓储、运输费）、了解税收、保险、购置税费、付款（贷款）方式等一系列销售业务的基本知识；熟悉汽车销售工作中每个环节及细节，如进货、验收、运输、存车、定价、广告促销、销售、售后服务、信息反馈等，以及在洽谈基础上签订合同、开票出库等手续，并熟悉销售服务（加油、办移动证、工商验证等）的各个环节。更需要掌握各种票据、财务手续及准确的结算；对涉及汽车货物的进、销、存和货款的贷、收、付中的费用支出要心中有数，确保销售任务的完成。只有这样才能当好顾客的"参谋"，及时回答顾客提出的各种问题，消除顾客的各种疑虑，促成交易。

⑧应变能力。应变能力是指在遇到意想不到的情况时，能使自己在不利的形势下扭转局势，或在遇到突发事件时能处乱不惊，以自己的判断和果敢挽救可能出现或已出现的失误。这要求汽车销售人员应有灵活的头脑，能冷静、果断地处理问题。在销售活动中，销售技巧必须随顾客的改变而改变，没有一种方法对任何顾客都是绝对有效的。市场需求的变化导致产品的日趋更新换代，企业的发展伴随新产品的研发，经营范围在不断调整和扩大，销售必然也随之不断适应这样的变化。

每次销售活动总是受到各种因素的影响，如顾客态度和要求的变化、竞争者的加入、企业销售政策的调整、对方谈判人员及方式的变更等，这些变化往往会使销售进程出现意想不到的曲折，销售人员对此必须有能力采取灵活的应变措施，及时化解，才能够保证达到预定的目标。

思考与练习

1. 汽车销售礼仪的特点及作用。
2. 实施汽车销售礼仪的原则有哪些？
3. 汽车销售人员应具备的职业素养有哪些？
4. 如何养成良好的职业习惯？

素养环节

风度是一个人的气质和性格的自然流露。潇洒大方、豪放雄壮、性格沉静、气质高贵、温文尔雅。但凡事要有一个"度"，注意柔和的力量。

礼仪小故事

2014年3月1日，在某市某酒店员工餐厅的通道上，一位女员工着装整洁、仪容端庄、规范地站立着。在她的肩上斜披着一块宽艳的绸带，上面绣着：礼仪规范服务示范员。每当一位员工在此经过，示范员小姐便展露微笑问候致意。

员工餐厅里，广播中正在播放一位女员工朗诵的，描写饭店员工文明待客的散文诗。不一会儿，另一位员工在广播中畅谈自己对文明礼貌重要性的认识与体会。原来东港大酒店正在举办"礼仪周"，今天是第一天。

该酒店自从被评为四星级饭店后，一直处于营业的高峰期，由于少数员工过于劳累，原先的服务操作程序开始有点走样，客人中出现了一些关于服务质量的投诉，饭店领导觉察到这一细微变化后，抓住苗头进行整改，在员工中开展"礼仪周"活动。"礼仪周"定于每月的第一周，届时在员工通道上有一位礼仪示范员，迎送过往的员工。每天换一位示范员，连总经理们都轮流担任示范员，在员工中引起很大的反响。为配合"礼仪周"，员工餐厅在这一周利用广播媒介，宣传以文明礼仪为中心的优质服务，有发言、报道和介绍，还有表演，内容生动活泼，形式丰富多彩，安排相当紧凑，员工从中获得很大的启迪和陶冶。饭店同时在员工通道的橱窗里张贴各种照片，示范文明礼仪有服饰与仪容、举止与行为，介绍文明礼仪方面表现突出的员工。

2014年4月1日，又一个"礼仪周"开始了。一月一度的"礼仪周"活动在该酒店已成为一项雷打不动的制度。整个饭店的礼仪水平大大提高，从而促进优质服务上了一个新台阶。

第二章 仪态礼仪

第一节 常规仪态礼仪

学习目标

掌握站姿规范、矫正不良的站姿。
掌握坐姿规范、矫正不良的坐姿。
掌握走姿规范、矫正不良的走姿。
掌握蹲姿规范、矫正不良的蹲姿。

素养目标

道德是做人的基础。

礼仪格言

人有礼则安，无礼则危。——《礼纪》

 基础知识

商务人员的仪态礼仪主要要做到：举止大方，站立服务；表情真切，微笑服务；说话和气，敬语服务；态度和蔼，真诚服务。商务人员的一举一动、一言一行、直接关系到商务活动的开展。因此，商务人员不仅要具有良好的仪表仪容，而且还要注意仪态美。

一、站姿礼仪

站姿礼仪是指人的双腿在直立静止状态下所呈现出的姿势。站姿是步态和坐姿的基础，一个人想要表现出得体雅致的姿态，首先要从规范站姿开始。良好得体的站姿能衬托出一个人的气质和风度。古人云："站如松。"现代人，倒也不必站得那么严肃。男士主要体现出阳刚之美，女士则体现出柔和与轻盈（图2-1-1）。

图 2-1-1 标准站姿

1. 站姿规范

(1) 头正,双目平视,嘴唇微闭,下颌微收,面部平和自然。

(2) 双肩放松,稍向下沉,身体有向下的感觉,呼吸自然。

(3) 躯干挺直,收腹,挺胸,立腰。

(4) 双臂放松,自然下垂于体侧,手指自然弯曲。

(5) 双腿并拢站直,膝部及两脚跟靠紧,脚尖分开呈 45°～60°,身体重心放在两脚中间。

站立时,竖看要有直立感,即以鼻子为中线看身体应大体成直线;横看要有开阔感,即肢体及身段应给人舒展的感觉;侧看要有垂直感,即从耳朵到脚踝大体应成直线。男女的站姿也应形成不同的风格。男子的站姿应刚毅洒脱,挺拔向上;女子的站姿应庄重大方,秀雅优美。

2. 站姿禁忌(图 2-1-2)

图 2-1-2　不良的站姿

(1) 站立时,切忌东倒西歪,无精打采,懒散地倚靠在墙上或桌子上。

(2) 低头、歪脖、含胸、端肩、驼背。

(3) 将身体的重心明显地移到一侧,只用一条腿支撑着身体。

(4) 下意识地做小动作。

(5) 在正式场合,切忌将手插在裤袋里面,切忌双手交叉抱在胸前,或是双手叉腰。

(6) 男子双脚左右开立时,注意两脚之间的距离不可过大,不要挺腹翘臀。

(7) 切忌两腿交叉站立。

二、坐姿礼仪

符合规范的坐姿能向人们传递自信、积极热情、尊重他人的信息和良好的职业风范。得体的坐姿可以塑造良好的个人和企业形象,而错误的坐姿则会给人一种粗俗、没有教养的印象。所以商务人员要注重坐姿的培养,养成良好的习惯。

1. 坐姿规范

(1) 入座轻稳,上体自然挺直,挺胸,双膝自然并拢。

（2）头正，嘴角微闭，下颌微收，双目平视，面容平和自然。

（3）双肩平整放松，双臂自然弯曲，双手自然放在双腿上或椅子、沙发扶手上，掌心向下。

（4）坐满椅子的2/3，脊背轻靠椅背，离座时，要自然稳当。

（5）女子就座时，双腿并拢，以斜放一侧为宜，双脚可稍有前后之差。这样从正面看起来双脚交成一点，也显得颇为娴雅。男子就座时，双脚可平踏于地，双膝也可略微分开，双手可分置左右膝盖上。

2. 坐姿禁忌

（1）双腿叉开过大。

（2）双腿直伸出去。

（3）将腿放在桌椅上。

（4）抖腿、高架"二郎腿"。

（5）脚尖指向他人。

（6）双手抱在腿上。

（7）上身向前趴伏。

三、走姿礼仪

行走是人的基本动作之一，最能体现出一个人的精神面貌。行走姿态的好坏可反映人的内心境界和文化素养的高下，能够展现出一个人的风度、风采和韵味。

中国古代形容美女的步态为"其形也，翩若惊鸿，宛若游龙""飘飘兮若流风之回雪"，可见步态可以达到极美的境界。

1. 走姿规范

（1）走姿是站姿的延续动作，行走时，必须保持站姿中除手和脚以外的各种要领。

（2）走路使用腰力，身体重心宜稍向前倾。

（3）跨步均匀，步幅约一只脚到一只半脚。

（4）迈步时，两腿间距离要小。女性穿裙子或旗袍时要走成一条直线，使裙子或旗袍的下摆与脚的动作协调，呈现优美的韵律感；穿裤装时，宜走成两条平行的直线。

（5）出脚和落脚时，脚尖脚跟应与前进方向近乎一条直线，避免"内八字"或"外八字"。

（6）两手前后自然协调摆动，手臂与身体的夹角一般在10°～15°，由大臂带动小臂摆动，肘关节只可微曲。

（7）上下楼梯，应保持上体正直，脚步轻盈平稳，尽量少用眼睛看楼梯，最好不要手扶栏杆。

2. 走姿禁忌

（1）走路时切忌低头测目，步履沉重，连走带跑；

（2）切忌东倒西歪、前倾后仰、驼背、扭腰、扭肩、伸懒腰；

(3) 多人一起行走时，应避免排成横队、勾肩搭背、边走边大声说笑；

(4) 男性不要走时抽烟，女性不要在行走时吃零食。养成走路时注意自己的风度、形象的习惯。

注意事项：

(1) 男士着西装行走时，要注意保持挺拔之感，后背平正，两腿站直，走路的步幅可略大一些。男性的脚步则要走出两条平行线，如此才能显得矫健有力。

(2) 女士穿旗袍就要走出女性柔美的风韵，要求身体挺拔，胸微含，下颌微收，走路时步幅不宜过大，两脚跟前后要走在一条直线上，脚尖略外开成"柳叶步"。女性步态美的关键在于踩出"猫步"，即脚印形成一条直线，如此才能翩翩有致、摇曳生姿。

(3) 在与人告辞时，为了表示对在场的其他人的敬意，在离去时，可采用后退法。

(4) 在楼道、走廊等道路狭窄处为了表示对他人"礼让三分"，应当采用侧行步。

行走时，上身应保持挺拔的身姿，双肩保持平稳，双臂自然摆动，幅度手臂距离身体30～40厘米为宜。腿部应是大腿带动小腿，脚跟先着地，保持步态平稳。步伐均匀、节奏流畅会使人显得精神饱满、神采奕奕。步幅的大小应根据身高、着装与场合的不同而有所调整。女性在穿裙装、旗袍或高跟鞋时，步幅应小一些；相反，穿休闲长裤时步幅就可以大些，凸显穿着者的靓丽与活泼。

四、蹲姿礼仪

在商务岗位上通常不允许采用蹲的姿势去面对服务对象，确实有必要时（整理工作环境、给予客人帮助、提供必要服务、捡拾地面物品、自己照顾自己），应当掌握规范的正确姿态下蹲，切忌给对方留下不礼貌的印象。

1. 蹲姿规范

标准蹲姿有四种：高低式、交叉式、半蹲式、半跪式，我们一般采用交叉式蹲姿：右脚在前，左脚在后，右小腿垂直于地面，全脚着地；右腿在上、左腿在下，二者交叉重叠。左膝由后下方伸向右侧，左脚脚跟抬起，并且脚掌着地；两腿前后靠近，上身略向前倾。

2. 蹲姿禁忌

(1) 不要突然下蹲。

(2) 不要离人过近。

(3) 不要方位失当。

(4) 不要毫无遮掩。

(5) 不要随意滥用。

(6) 不要蹲在椅子上。

(7) 不要蹲着休息。

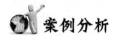

案例分析

某公司招聘文员，三位毕业生同时前去应聘。面试前，他们坐在会客室等候。当总经理经过会客室时,看到了这样的情形:两位同学坐在沙发上,一位跷起"二郎腿",而且两腿还不停地抖动,另一位身子松懈地斜靠在沙发一角,两手还攥握手指"咯咯"作响,只有一位同学端坐在椅子上。总经理非常客气地对坐在沙发上的两位同学说:"对不起,你们二位的面试已经结束了。"两位同学面面相觑,不知何故面试已经结束。

总经理为什么说:"对不起,你们二位的面试已经结束了。"

经理是如何面试的,为什么面试结束了,结果又如何?

思考与练习

1. 一位女士就座时,双腿并拢,斜放一侧,双脚稍有前后之差。显得颇为娴雅。一位男士就座时,双脚平踏于地,双膝略微分开,双手掌心向下相叠,另外,男子还双腿交叉相叠而坐,就座时随意抖动双腿。请问男士与女士哪一位坐姿得体?为什么?

2. 不良的走姿有哪些?

素养环节

道德模范丛飞

丛飞,原名张崇,中共党员,1969年10月出生,辽宁省盘锦市大洼县人。1992年毕业于沈阳音乐学院。1994年到深圳从事演艺,是深圳的首批"义工"、深圳市义工联艺术团团长。8年中,丛飞义演300多场次、义演总时间3 600多小时。

从1994年8月开始,丛飞开始了长达11年的慈善资助活动。他资助了178名贵州、湖南等省的贫困儿童,累计捐款、捐物达300多万元,自己却为此背上了17万元的债务。媒体披露丛飞捐助贫困儿童的事迹后,引起社会各界关注,丛飞当选为深圳"爱心大使"、2005年度感动中国人物。2005年5月,丛飞被确诊患有胃癌,于2006年4月20日在深圳去世,他立下遗嘱捐献眼角膜。2006年6月23日,深圳市委、市政府授予丛飞"爱心市民"称号。

礼仪小故事

小宋是某4S店的销售顾问,一天在客户进入时,他展露微笑,起身相迎,同时问候客户,伸手相握,说:"您好,我是×××。"并请对方入座,然后交换名片。因为这位顾客是重要的客户,所以他提前到门口迎接。

接待过程中,客户走在他的右边。转弯、上楼梯的时候,他回头以手势示意,有礼貌地说声"这边请。"到展厅后小宋认真倾听客户的叙述,主要包括价位要求、配置要求等。这位客人的想法不是很合适、对价位的需求也不适度,但他还是尽量让客人把话说完。然后才阐明自己的观点。

第二节　表情手势礼仪

学习目标

了解生活中不同表情所表达的含义,掌握微笑的要领和标准及微笑的魅力。

了解不同眼神的含义,眼神的组成因素。

熟悉手势的使用原则,了解几种国内外手势的不同含义和禁忌。

了解握手礼的由来,掌握握手礼的礼仪规范和禁忌。

素养目标

掌握什么是诚实守信。

礼仪格言

不敬他人,是自不敬也。——《旧唐书》

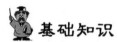

一、表情礼仪

1. 不同的表情(图 2-2-1)

表情是人的思想感情和内在情绪的外露。脸部则是人体中最能传情达意的部位,可以表现出喜、怒、哀、乐、忧、思等各种复杂的思想感情。在交际活动中表情备受人们的注意。美国心理学家艾伯特梅拉比安把人的感情表达效果总结为:感情的表达＝7％言语＋38％语音＋55％表情。

图 2-2-1　不同表情

2. 微笑标准

(1) 面部表情标准

①面部表情和蔼可亲，伴随微笑自然地露出 6～8 颗牙齿，嘴角微微上翘；微笑注重"微"字，笑的幅度不宜过大；

②微笑时真诚、甜美、亲切、善意、充满爱心；

③口眼结合，嘴唇、眼神含笑。

(2) 眼睛眼神标准

①目光友善，眼神柔和，亲切坦然，眼睛和蔼有神，自然流露真诚。

②眼睛礼貌正视，不左顾右盼、心不在焉。

③眼神要实现"三个度"：

a. 眼神的集中度：不要将目光聚集在对方脸上的某个部位，而要用眼睛注视于对方脸部三角部位，即以双眼为上线，嘴为下顶角，也就是双眼和嘴之间；

b. 眼神的光泽度：精神饱满，在亲和力理念下保持慈祥的、神采奕奕的眼光，再辅之以微笑和蔼的面部表情；

c. 眼神的交流：迎着对方的眼神进行目光交流，传递你对对方的敬意与你的善良之心。眼睛是心灵的窗户。心灵再有了亲和力的理念，就自然会发出神采奕奕的眼光，就很容易形成具有磁性的亲和力的眼神，这样可以拉近与对方的距离。

(3) 声音语态标准

①声音要清晰柔和、细腻圆滑，语速适中，富有甜美悦耳的感染力；

②语调平和，语音厚重温和；

③控制音量适中，让对方听得清楚，但声音不能过大；

④说话态度诚恳，语句流畅，语气不卑不亢。

3. 笑容的魅力

五官中，嘴的表现力仅次于眼睛。笑，主要是由嘴部来完成的。嘴部是一个人全部表情中比较显露的突出部位，它是生动的、多变的感情表达语。笑，是眼、眉、嘴和颜面的动作集合，它能够有效地表达人的内心感情。在人的各种笑颜中，微笑是最常见的、用途最广、损失最小而效益最大的。

笑容是一种令人感觉愉快的面部表情，它可以缩短人与人之间的心理距离，为深入沟通与交往创造温馨和谐的氛围。因此有人把笑容比作人际交往的润滑剂。在笑容中，微笑最自然大方，最真诚友善。世界各民族普遍认同微笑是基本笑容或常规表情。在商务交往中，保持微笑，至少有以下几个方面的作用。一是表现心境良好。面露平和欢愉的微笑，说明心情愉快，充实满足，乐观向上，善待人生这样的人才会产生吸引别人的魅力。二是表现充满自信。面带微笑，表明对自己的能力有充分的信心，以不卑不亢的态度与人交往，使人产生信任感，容易被别人真正地接受。三是表现真诚友善。微笑反映自己心底坦荡，善良友好，待人真心实意，而非虚情假意，使人在与其交往中自然放松，不知不觉地缩短了心理距离。四是表现乐业敬业。工作岗位上保持微笑，说明热爱本职工作，乐于恪尽职守。如在服务岗位，微笑更是可以创造一种和谐融洽的气氛，让服务对象倍感愉快和温暖。

二、眼神礼仪

1. 不同的眼神

一个良好的交际形象，目光是坦然、亲切、和蔼、有神的。特别是在与人交谈时，目光应该是注视对方，不应该躲闪或游移不定。在整个谈话过程中，目光与对方接触累计应达到全部交谈时间的2/3。人际交往中诸如呆滞、漠然、疲倦、冰冷、惊慌、敌视、轻蔑、左顾右盼的目光都是应该避免的，更不要对人上下打量、挤眉弄眼。交谈时要将目光转向交谈人，以示自己在倾听，这时应将目光相对集中于对方某个区域上，切忌"聚焦"，死盯着对方眼睛或脸上的某个部位，因为这样会使对方难受、不安，甚至有受侮之感，产生敌意，无意中积小恶而产生抵触、敌意情绪。

人们常说，眼睛是心灵的窗户，那是因为它是人体传递信息最有效的器官之一。所以，我们在与人进行交往时，务必要注意眼神的运用。据统计，其中单是眉毛的动作表情就可多达20多种，再加上眼睛的动作，就可表达诸如眉目传情、眉开眼笑、目不转睛、暗送秋波、横眉冷对、愁眉不展、眉飞色舞等众多的信息。在商务交往中，人员之间交谈时目光注视的时间长短、眼睛的开闭、瞬间的眯眼以及其他许多细小变化和动作都意味着向交谈对方发出不同的信息。

2. 眼神的四种组成因素

（1）持续时间

如眼神注视的时间长称为"凝视"，如短则是"瞥"、"瞟"等。一般说来，眼神注视所持续的时间长表明较重视，反之表示不太重视。但也有为掩饰自己的兴趣故意看的时间短甚至不看的情况。

（2）注视方向

从行为者与交际对象的位置来看，有直视、斜视之分；从行为者与交际对象高度的关系看，有平视、仰视、俯视之分。它们也分别含有微妙的心理因素。

（3）集中度

如"全神贯注"地看，表示注意力集中；而"漠视"、"目光游移不定"表示注意力不集中。

三、手势礼仪

手势表现的含义非常丰富，表达的感情也非常微妙复杂。如招手致意、挥手告别、拍手称赞、拱手致谢、举手赞同、摆手拒绝；手抚是爱、手指是怒、手搂是亲、手捧是敬、手遮是羞，等等。手势的含义，或是发出信息，或是表示喜恶表达感情。能够恰当地运用手势表情达意，会为交际形象增辉。

1. 手势的使用原则

手是我们传情达意的工具，集合了情意、形象、指示等多种功能为一体，是我们在日常的交际中频繁使用的肢体语言，手势并不是单单孤立运用表达的，要做到准确的表达，还要与面部表情和眼神的配合，这样才能够更好地传达。一般我们为了更加生动或是强调内容重要性时，有一定交际经验的人，都会设计几种手势和语言配合，来表达自己的效果。一般要正确地运用手势就要做到以下几点：

(1) 自然得体

也就是说语言和手势要一致，符合对象，场合的需要，不要去模仿他人，以免妨碍自己的情感表达。

(2) 简单明确

我们在日常的生活中，应用手势一定要让别人能够看懂，领会你所要表达的含义。

(3) 和谐统一

手势要与整个面部表情和谐一致，下意识的动作要坚决避免。

2. 国内外手势的不同含义

不同的民族、国家、地区、文化的不同，手势表达的意义也会有差别，同一手势表达的含义也会有所不同，所以我们一定要了解手势表达的含义，以免出现不愉快。

(1) 举大拇指手势

在我国，右手或左手握拳，伸出大拇指，表示"好""了不起"等，有赞赏、夸奖之意；在意大利，伸出手指数数时表示一；在希腊，拇指上伸表示"够了"，拇指下伸表示"厌恶""坏蛋"；在美国、英国和澳大利亚等国，拇指上伸表示"好""行""不错"，拇指左、右伸则大多是向司机示意搭车方向。

(2) 举食指

在多数国家表示数字一；在法国则表示"请求提问"；在新加坡表示"最重要"；在澳大利亚则表示"请再来一杯啤酒"。

(3) "V"形手势

这个动作在世界上大多数地方伸手示数时表示二。用它表示胜利，据说是在第二次世界大战时期英国首相丘吉尔发明的。不过，表示胜利时，手掌一定要向外，如果手掌向内，就是贬低人、侮辱人的意思了。在希腊，做这一手势时，即使手心向外，如手臂伸直，也有对人不恭之嫌。

(4) "OK"形手势

在我国和世界其他一些地方，伸手示数时该手势表示零或三；在美国、英国表示"赞同""了不起"的意思；在法国，表示零或没有；在日本表示懂了；在泰国表示没问题、请便；在韩国、缅甸表示金钱；在印度表示正确、不错；在突尼斯表示"傻瓜"；在巴西表示侮辱男人，引诱女人（即表示下流）。

3. 手势的禁忌

不同的手势，表达不同的含意。那么我们在运用手势的时候要注意什么呢？

(1) 手势宜少不宜多

手势宜少不宜多。多余的手势，会给人留下装腔作势、缺乏涵养的感觉。手势不应过于重复，单调。反复地做一种手势会让人感觉修为不够，与别人交谈时不断地做手势，胡乱的做手势，会影响别人对你谈话的理解，应该约束自己，讲话注意手势的运用。

(2) 要避免出现的手势

在交际活动时,有些手势会让人反感,严重影响形象。比如当众搔头皮、掏耳朵、抠鼻子、咬指甲、手指在桌上乱写乱画等。

(3) 其他禁忌

打招呼、致意、告别、鼓掌等都应该注意力度的大小,速度的快慢,时间的长短等。禁止鼓掌时表示不满,喝倒彩。在任何情况、任何场合、任何人面前都不要用拇指指向自己的鼻尖,禁止用手比画对方。

四、握手礼仪

1. 握手礼的基本规范

(1) 握手礼的由来

握手礼起源于远古时代,那时人们主要以打猎为生,手中常持有棍棒或石块作为防卫武器,当人们相遇并且希望表达友好之意时,必须先放下手中的武器,然后相互触碰对方的手心,用这个动作说明:"我手中没有武器,我愿意向你表示友好,与你成为朋友。"随着时间的推移,这种表示友好的方式被沿袭下来,成为今天的握手礼,并被世界上大多数国家所接受。

(2) 握手礼的基本规范

①距离。握手时,距对方约一步远。

②身体姿势。无论在哪种场合,无论双方的职位或年龄相差有多大,都必须起身站直后再握手,坐着握手是不合乎礼仪的。握手时上身应自然前倾,行15度欠身礼。手臂抬起的高度应适中。

③手势。握手时必须用右手,即便是习惯使用左手的人也必须用右手来握手,这是国际上普遍适用的原则。一般情况下,标准化的手位应该是手掌与地面垂直,无论是掌心向下还是向上的手位都是禁忌而不可取的:

a. 掌心向下:掌心向下给人一种傲慢的感觉,自认为是大人物,"俯视芸芸众生"。掌心向下只有交警指挥交通时才会见到。

b. 掌心向上:一般情况下掌心向上是表示谦恭。但平时最好别伸,搞不好就成"乞讨状"。

一双手同时握住对方的手的手位在专业讲法称"手套式握手",又称"外交家握手"。除非是熟人之间表示故友重逢、认真慰问或者热情祝贺,外人不讲这种方式,尤其是对异性。一般而论,我们是用一个手去握对方的一个手,手掌握着对方的手掌,而不是握人家的手腕,除非人家没有手掌,但也不要仅仅握对方的手指部分。

很多男士在与女士握手时只握四指,以示尊重和矜持,但在男女平等的今天,这种握手方式已不符合礼仪规范。尤其在商务活动中,性别被放在次要的位置,女性更应主动、大方地与男士进行平等、友好的握手,以便进一步进行平等互利的商务交流。

④时间。握手的时间不宜过长或过短,两手交握34秒,上下晃动最多两次是较为合适的。一触即把手收回,有失大方;握着他人的手不放则会引起对方的尴尬。

⑤力度。握手的力度能够反映出人的性格。太大的力度会显得人鲁莽有余、稳重不足；力度太小又显得有气无力、缺乏生机。因此，建议握手的力度把握在使对方感觉到自己稍加用力即可。

握手时最佳的做法是稍微用力，但是不能太过。有的人为了表示自己的热情而刻意用力握手，其实握手无力确实是一种缺乏热情的体现，但是每个人本身握手的自然力度其实可以在其外表个性和自然表现中察觉，过于刻意的用力握手是完全可以轻易被人察觉，这样的力度不但不会为"热情"加分，反而有些失礼会减分（例如，有些像是兴奋过度的表现）。

⑥眼神。在握手的过程中，假如你的眼神游离不定，他人会对你的心理稳定性产生怀疑，甚至认为你不够尊重。

⑦微笑。微笑能够在任何场合为任何礼节增添无穷的魅力！握手的同时给对方一个真诚的微笑，会使气氛更加融洽，使握手礼更加圆满。

2. 握手的禁忌

(1) 握手时，若掌心向下显得傲慢，似乎处于高人一等的地位。

(2) 用指尖握手，即使主动伸手，也会给对方一种十分冷淡的感觉。

(3) 通常是长者、女士、职位高者、上级、老师先伸手，然后年轻者、男士、职位低者、下级、学生及时与之呼应。

(4) 男士和女士之间，绝不能男士先伸手，这样不但失礼，而且还有占人便宜的嫌疑。但男士如果伸出手来，女士一般不要拒绝，以免造成尴尬的局面。

(5) 握手时软弱无力，容易给人感觉缺乏热情，没有朝气；但是也不要用力过大。

(6) 握手时间可根据双方的亲密程度掌握。初次见面者，握一两下即可，一般控制在3秒钟之内，切忌握住异性的手久久不放。

(7) 忌用左手与他人握手，除非右手有残疾或太脏了，特殊情况应说明原因并道歉。尤其跟外国人握手，如新马泰一带、穆斯林地区、印度人，左右两只手往往有各自的分工，只用右手行使礼节；另外在英语文化中"右"是上位，是好的位置，而"左"是下位，是不好的位置。

(8) 男士勿戴帽子和手套与他人握手，但军人不必脱帽，而应先行军礼，然后再握手。在社交场合女士戴薄纱手套或网眼手套可不摘；但在商务活动中只讲男女平等，女士应摘手套，且男士仍不为先。

(9) 握手后，不要立即当着对方的面擦手，以免造成误会。

(10) 最重要的禁忌，心不在焉：不看着对方，甚至是与旁边的人聊天。心不在焉的握手不如不握。

(11) 在国际交往中，尤其是到西方国家去，握手要避免所谓双手交叉握着对方的双手，即所谓"交叉握手"。

五、其他仪态礼仪

1. 点头礼

点头礼，又称颔首礼，具体做法是面带笑容，头部向下轻轻一点，点头的幅度不必过大，也不宜反复点头。

2. 脱帽礼

脱帽礼是一种国外礼节，来源于冷兵器时代，当时，作战都要戴头盔，头盔多用铁制，十分笨重。战士到了安全地带，首先是把头盔摘下，以减轻沉重的负担。这样脱帽就意味着没有敌意，如到友人家，为表示友好，也以脱盔示意。这种习惯流传下来，就是今天的脱帽礼。

时至今日，行脱帽礼在美国已经很罕见了，部分的原因是社交礼仪已不那么严格，另有部分原因是人们也不怎么戴帽子了。

在公共场合行此礼时，男子摘下帽子向对方点头致意即可。若相识者侧身已过，双方亦可回身补问"您好"，并将帽子略掀一下即可。若相识者在同一场合先后两次相遇，双方不必反复脱帽，只点头致意即可。当进入主人房间时，客人必须脱帽，以示敬意。在庄重场合，人们应自觉脱帽。

3. 鞠躬礼

鞠躬礼是一种人们用来表示对别人的恭敬而普遍使用的致意礼节（图2-2-2）。

图 2-2-2　鞠躬礼

（1）行使鞠躬礼的场合

鞠躬礼既可以应用在庄严肃穆或喜庆欢乐的仪式中，也可以应用于一般的社交场合；既可应用于社会，也可应用于家庭。如下级向上级，学生向老师，晚辈向长辈行鞠躬礼表示敬意；上台演讲、演员谢幕等。另外各大商业大厦和饭店宾馆也应用鞠躬礼向宾客表示欢迎和敬意。

（2）鞠躬礼的方式

一鞠躬礼：适用于社交场合、演讲、谢幕等。行礼时身体上部向前倾斜15°～20°，随即恢复原态，只做一次。

三鞠躬礼：又称最敬礼。行礼时身体上部向前下弯约90°，然后恢复原样，如此连续三次。

（3）鞠躬礼的正确姿势

行礼者和受礼者互相注目，不得斜视和环视；行礼时不可戴帽，如需脱帽，脱帽所用之手应与行礼之边相反，即向左边的人行礼时应用右手脱帽，向右边的人行礼时应用左手脱帽；行礼者在距受礼者两米左右进行；行礼时，以腰部为轴，头、肩、上身顺势向前倾20°～90°，具体的前倾幅度还可视行礼者对受礼者的尊重程度而定；双手应在上身前倾时自然下垂放两侧，也可两手交叉相握放在身体前，面带微笑，目光下垂，嘴里还可附带问候语，如"你好""早上好"等。施完礼后恢复立正姿势。

通常，受礼者应以与行礼者的上身前倾幅度大致相同的鞠躬还礼，但是，上级或长者还礼时，可以欠身点头或在欠身点头的同时伸出右手答之，不必以鞠躬还礼。

（4）鞠躬时应注意的问题

一般情况下，鞠躬要脱帽，戴帽子鞠躬是不礼貌的。鞠躬时，目光应该向下看，表示一种谦恭的态度。不可以一面鞠躬一面翻起眼看对方，这样做姿态既不雅观，也不礼貌。

鞠躬礼毕起身时，双目还应该有礼貌地注视对方。如果视线转移到别处，即使行了鞠躬礼，也不会让人感到是诚心诚意。鞠躬时，嘴里不能吃东西或叼着香烟，上台领奖时，要先向授奖者鞠躬，以示谢意，再接奖品。然后转身面向全体与会者鞠躬行礼，以示敬意。

4. 合十礼

合十礼，流行于泰国、缅甸、老挝、柬埔寨、尼泊尔等佛教国家的见面拜礼。此拜礼源自印度。最初仅为佛教徒之间的拜礼，后发展成全民性的见面礼。在泰国，行合十礼时，一般是两掌相合，十指伸直，举至胸前，身子略下躬，头微微下低，口念"萨瓦蒂"。"萨瓦蒂"系梵语，原意为如意。遇到不同身份的人，行此礼的姿势也有所不同。例如，晚辈遇见长辈行礼时，要双手高举至前额，两掌相合后需举至脸部，两拇指靠近鼻尖。男行礼人的头要微低，女行礼人除了头微低外，还需要右脚向前跨一步，身体略躬。长辈还礼时，只需双手合十放在胸前即可。拜见国王或王室重要成员时，男女双方均须跪下。国王等王室重要成员还礼时，只点头即可。无论地位多高的人，遇见僧人时都要向僧人行礼，而僧人则不必还礼。此礼可分为下列几大类：

跪合十：各国佛教徒拜佛祖或高僧时要行的一种礼节。

蹲合十：某些国家的人在拜见父母或师长时的一种礼节。

站合十：某些国家的平民之间、平级官员之间相拜，或公务人员拜见长官时常用的一种礼节。

5. 鼓掌礼

鼓掌意在欢迎、欢送、祝贺、鼓励其他人。作为一种礼节，鼓掌应当做得恰到好处。在鼓掌时，最标准的动作是：面带微笑，抬起两臂，抬起左手手掌至胸前，掌心向上，以右手除拇指外的其他四指轻拍左手中部。此时，节奏要平稳，频率要一致。至于掌声大小，则应与气氛协调好。例如，表示喜悦的心情时，可使掌声热烈；表达祝贺之时，可使掌声时间持续；观看文艺演出时，则应注意勿使掌声打扰演出的正常进行。通常情况下，不要对他人"鼓倒掌"。即不要以掌声讽刺、嘲弄别人。也不要在鼓掌时伴以吼叫、吹口哨、跺脚、起哄，这些做法会破坏鼓掌的本来意义。

如果不是在错误的时候打断艺术家的表演，鼓掌对他们来说将会是最美妙的音乐，在适当的时候太懒或厌烦用鼓掌表示他的欣赏，这样的人不配成为观众的一员。很自然的，一个人在他不高兴的时候不需要鼓掌。以下场合应注意鼓掌：

在表演中：在每次落幕的时候需要鼓掌。结尾的时候观众如果希望表演者继续表演的话可以延长他们的掌声。但是在别人停止之后还大声地鼓掌却是挺无聊的。

在电影院：主角入场后会受到人们的鼓掌欢迎，除非他们已经开口说话。有时一段出色的表演，通常是一段独白或对话，就是以这种方式得到认可的。

在剧院：人们可以在每次咏叹调和每一剧结束之后鼓掌。一位受人欢迎的歌手有时会接受人们对于他头次露面的热烈欢迎。

在芭蕾舞剧院：作曲家在入场时受到热烈欢迎，并且在结束时受到鼓掌致意。

在音乐会上：作曲家站在指挥台前时受到人们的鼓掌欢迎，但在独奏和演奏部分曲目时不鼓掌，直到全部完成，在整个节目的最后，作曲家再次受到鼓掌致意。

观看视力残疾人士参与的比赛项目时，最重要的观赛礼仪是保持赛场安静，在适当的时候为运动员鼓掌助威。比如在视力残疾人士参加的足球比赛中，球员要依靠球滚动发出的声音来辨别方位，观众必须保持安静，只有在进球或半场结束时才能鼓掌欢呼。此外，轮椅网球、马术等项目，都需要相对安静的比赛环境，观众就应该比较节制，根据比赛规则恰到好处地给予掌声。

观赛礼仪，裁判喊停再鼓掌。在古代，击剑是勇士之间的决斗，既然是一场"决斗"，双方精湛的剑术常能引发观众的激情，那么在击剑赛事中，观众是否可以大声呐喊加油助威呢？胡笑天表示，"和足球等项目不一样，击剑赛场需要观众克制情绪，保持安静，当主裁判宣布比赛'开始'时，观众就必须安静下来，这样才能帮助运动员营造出全神贯注的比赛环境。在2008年的奥运赛场上，像喇叭等过于喧闹的加油工具都是不能使用的。当运动员表现出色，做出了精彩的技击或躲闪时，观众应该在主裁判喊'停'后再喝彩欢呼。记住，无论裁判器是否亮灯，只有主裁判喊'停'，这一轮交锋才告结束。"

加油时不要影响比赛。适宜的掌声是体育赛场内不可缺少的，它不仅能够激发运动员的斗志，而且能够烘托赛场的气氛。但是，观众一定要注意该鼓掌的时候才鼓掌，不要因为过度热情而影响运动员比赛。一些观众不合时宜的鼓掌和叫好反而会影响到参赛运动员的心情和注意力。比如在短跑项目中裁判喊"各就各位"时，跳高运动员在起跑时，乒乓球运动员接发球的时候等，这些关键时刻，赛场内应该保持安静，观众就不应该鼓掌喝彩，避免给运动员带来外界干扰。

在比赛进行得非常紧张激烈的时候，有时真是一点儿声响都不能有。比如跳水，是一种一秒钟的艺术，运动员要做一个难度系数很高的翻腾动作前，会在跳台或跳板上酝酿一番，让自己的精神高度集中。如果底下的观众突然出现了大声喧哗、不必要的掌声，会干扰、影响运动员的注意力。这时观众应该在座位上坐好并保持最大限度的安静，等运动员跳进水池后再给予掌声鼓励。

在国际性的游泳比赛赛场上，当裁判入场时，赛场通常会伴有轻快的音乐，为了表示对裁判的尊重，观众应该跟着音乐的节奏对裁判的入场鼓掌表示欢迎。比赛开始前，赛场的广播会向观众依次介绍各条泳道的运动员，当运动员听到自己的名字后会起立向场内的观众举手示意，无论运动员来自哪个国家，这时观众应该用掌声给予鼓励。游泳比赛发令前，全场观众一定要保持安静，保证运动员可以清楚地听到发令声。

6. 告别礼（图2-2-3）

图2-2-3　告别礼

挥手道别也是人际交往中的常规手势，采用这一手势的正确做法是：
（1）身体站直，不要摇晃和走动。
（2）目视对方，不要东张西望，眼看别处。
（3）可用右手，也可双手并用，不要只用左手挥动。
（4）手臂尽力向上前伸，不要伸得太低或过分弯曲。
（5）掌心向外，指尖朝上，手臂向左右挥动；用双手道别，两手同时由外侧向内侧挥动，不要上下摇动或举而不动。

案例分析

一位住店的台湾客人外出时，有一位朋友来找他，要求进他房间去等候，由于客人事先没有留下话，总台服务员没有答应其要求。台湾客人回来后十分不悦，跑到总台与服务员争执起来。公关部年轻的王小姐闻讯赶来，刚要开口解释，怒气正盛的客人就指着她鼻尖，言辞激烈地指责起来。当时王小姐心里很清楚，在这种情况下，勉强作任何解释都是毫无意义的，反而会招致客人情绪更加冲动。于是她默默无言地看着他，让他尽情地发泄，脸上则始终保持一种友好的微笑。一直等到客人平静下来，王小姐才心平气和地告诉他饭店的有关规定，并表示歉意。客人接受了王小姐的劝说。没想到后来这位台湾客人离店前还专门找到王小姐辞行，激动地说："你的微笑征服了我，希望我有幸再来饭店时能再次见到你的微笑。"

思考与练习

近几年,白领"充电"的概念已经不单单局限于参加一些职业培训、考取一些证书,个人仪态的训练、审美情趣的培养,也被他们提上了学习的日程。

外贸公司销售员刘小姐说,刚进公司的时候,她有点偏胖,因此影响了工作状态。在形体培训中心,她了解到形体的培训不仅是身材方面的,还包括了生活、工作中的仪态和举止。经过培训,刘小姐感觉收获很大,工作状态得到了有效改善,因此工作业绩有所提高。她说:"以前只认为技术能力是事业发展的关键,现在才知道,个人气质也不能忽视。"

你对刘小姐的说法有何感触?

素养环节

什么是诚实守信?

简单的说,诚实守信就是忠诚老实,信守诺言,是为人处事的一种美德。

所谓诚实,就是忠诚老实,不讲假话。诚实的人能忠实于事物的本来面目,不歪曲,不篡改事实,同时也不隐瞒自己的真实思想,光明磊落,言语真切,处事实在。诚实的人反对投机取巧,趋炎附势,吹拍奉迎,见风使舵,争功诿过,弄虚作假,口是心非。

一个忠诚老实的人对客观事物的认识能力也是有限的,不可能事事时时准确地反映客观事物的内在规律。因此,忠诚老实的人也有可能犯错误,但同虚伪的人犯错误的性质不同。诚实的人犯错误是由于认识能力和认识方法方面问题造成的,而虚伪的人犯错误则是由于不诚实,属于道德品质问题。

所谓守信,就是信守诺言,说话算数,讲信誉,重信用,履行自己应承担的义务。

礼仪小故事

小江是一位非常优秀的汽车销售人员。有一天,一位客户来到店里挑选汽车,那位客户看了店里所有的汽车之后,没有看中任何一款汽车,正准备离开。这时,小江走过去热情地对他说:"先生,我可以帮助您挑选到您最满意的汽车,我是这里的汽车销售人员,很熟悉附近的汽车直销店,我愿意陪您一起去挑选,而且还可以帮您砍价。"这位客户同意了小江的请求,小江带着他来到了别的汽车直销店。那位客户把所有的汽车店都看了一遍,还是没有挑选到自己最满意的汽车。

最后,那位客户对小江说:"我还是决定买你的汽车。老实说,我决定买你的汽车并不是因为你的汽车比其他店里的要好,而是你对客户热情与负责的态度感动了我。到目前为止,我还没有享受过这种宾至如归的服务。"最后,那位客户从小江那里买了汽车,而且,那位客户还在他的朋友圈内为小江做宣传,介绍了很多客户到小江那里买汽车。

第三节　汽车销售人员常规仪态礼仪

学习目标

汽车销售人员站姿礼仪的应用，男女销售人员站姿的种类和要点。
汽车销售人员坐姿礼仪的应用，男女销售人员坐姿的种类和要点。
汽车销售人员走姿礼仪的应用，男女销售人员走姿的种类和要点。
汽车销售人员蹲姿礼仪的应用，男女销售人员蹲姿的种类和要点。

素养目标

理解爱岗敬业的含义。

礼仪格言

不学礼，无以立。——孔子

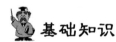

一、汽车销售人员站姿礼仪的应用与要求

1. 汽车销售人员站姿礼仪的应用

汽车销售人员正确健美的站姿，给顾客以笔直挺拔、舒展俊美、精力充沛、积极进取、充满自信的感觉，可以增强顾客对销售人员的信赖感和满意度。

2. 汽车销售人员站姿礼仪的种类和要点

（1）男士站姿种类

①标准步（图 2-3-1）。双腿并拢，脚尖自然张开，两脚之间的夹角不超过15°。两手放在身体两侧，中指贴于裤缝处。

图 2-3-1　男士标准步

②跨立步（图2-3-2）。双脚平行不超过肩宽，以20厘米为好。双手在身前腰际交叉相握，右手搭在左手上。

图 2-3-2　男士跨立步

（2）男士站姿要点

面带微笑，双眼平视前方；收腹，垂肩，重心垂直于两脚之间；两脚分开与肩齐宽或呈立正姿势；头正、颈直、胸展。

（3）女士站姿种类（图2-3-3）

图 2-3-3　女士站姿

①小八字步。双脚跟并拢，脚尖分开约30°。

②丁字步。在八字步基础上，将左脚放在右脚的内1/2处，两脚间的夹角约成45°，两腿夹紧，挺胸抬头。

（4）女士站姿要点

面带微笑、平视前方；头正、肩平、垂臂；挺胸收腹；双脚站立呈丁字形或V字形。

二、汽车销售人员坐姿礼仪应用与要求

1. 汽车销售人员坐姿礼仪的应用

符合礼仪规范的坐姿给人以自信练达，积极热情，传达了尊重他人的信息和良好风范。

2. 汽车销售人员坐姿礼仪的种类和要点

身体重心垂直向下，腰部挺起，上体保持正直，头部保持平稳，两眼平视，下颌微收，双掌自然的放在膝头或者座椅的扶手上。

（1）男士坐姿种类

男士汽车销售人员可用垂腿开膝式坐姿：要求轻轻入座，至少坐满椅子的 2/3，上身和大腿、大腿和小腿都成直角，小腿垂直于地面。手自然放在腿上。双膝分开，但不得超过肩宽（图 2-3-4）。

图 2-3-4　男士基本坐姿

（2）女士基本坐姿种类

①标准式坐姿。标准式坐姿要求面带笑容，身体重心垂直向下，两腿并拢，大腿和小腿垂直，双手虎口相交轻握放在左腿上，挺胸直腰（图 2-3-5）。

②侧腿式坐姿。侧腿式坐姿要求身体重心垂直向下，两腿并拢，大腿和小腿垂直，平行斜放于一侧，双手虎口相交轻握放在左腿上。如果双腿斜放在左侧，手就可以放在右腿上。适合穿裙子的女士采用（图 2-3-6）。

图 2-3-5　女士标准式坐姿　　　　图 2-3-6　女士侧腿式坐姿

③重叠式坐姿。将双腿一上下交叠在一起，交叠后的两腿间没有任何缝隙，犹如一条直线。双脚斜放在左右一侧。斜放后腿部与地面呈 45°角，叠放在上的脚的脚尖垂直于地面。适合穿裙子的女士采用（图 2-3-7）。

④前交叉式坐姿。前交叉式坐姿要求身体垂直向下，双膝并拢，左脚前伸后屈或右脚

前伸左脚后屈，双手虎口相交轻放握放在左腿上。更换脚位时，手可以不必更换，挺胸直腰，面带笑容（图2-3-8）。

图2-3-7　女士重叠式坐姿　　　　　　图2-3-8　女士前交叉式坐姿

三、汽车销售人员走姿礼仪应用与要求

1.汽车销售人员走姿礼仪的应用

协调稳健，轻松敏捷的走姿给人以动态之美，充分表现一个人朝气蓬勃、积极向上的精神状态。

2.汽车销售人员走姿礼仪的种类和要点

（1）陪同引导他人时的走姿礼仪

汽车销售人员在陪同引导对方时，应注意方位、速度、关照及体位等方面（图2-3-9），双方并排行走时，陪同引导人员应居于左侧。如果双方单行行走时，要居于左前约一米的位置。当被陪同人员不熟悉行进方向时，应该走在前面、走在外侧；另外陪同人员行走的速度要考虑到和对方相协调，不可以走得太快或太慢。这时候，一定要处处以对方为中心。每当经过拐角、楼梯或道路坎坷、照明欠佳的地方，都要提醒对方留意。同时也有必要采取一些特殊的体位。如请对方开始行走时，要面向对方，稍微欠身。

图2-3-9　引导他人的走姿礼仪

在行进中和对方交谈或答复提问时，把头部、上身转向对方。

（2）上下楼梯时的走姿礼仪

①走专门指定的楼梯。有些公司往往规定本公司人员不得与顾客走一个楼梯。在运送货物时，特别要注意这一点。

②减少在楼梯上的停留。楼梯上来往的人很多,所以不要停在楼梯上休息、站在楼梯上和人交谈或是在楼梯上慢慢悠悠地走。

③坚持"右上右下"原则。上下楼梯、自动扶梯的时候,都不应该并排行走,而要从右侧上。这样一来,有急事的人,就可以从左边的急行道通过。

④注意礼让别人。上下楼梯时,不要和别人抢行。出于礼貌,可以请对方先走。当自己陪同引导客人时,上下楼时就要走在前面。

⑤陪同客人上下楼。如果是陪客人上楼,陪同人员应该走在客人的后面;如果是下楼,陪同人员应该走在客人的前面。

(3) 进出电梯时的走姿礼仪

使用电梯时,大致应当注意四个问题:

①使用专用的电梯。假如本公司有这样的规定,就一定要自觉地遵守。有可能的话,工作人员不要和来访客人混用同一部电梯。

②如果是无人驾驶电梯。工作人员必须自己先进后出,以方便控制电梯。乘坐的如果是有人驾驶的电梯,应当"后进后出"。

③牢记"先出后进"。在乘电梯时碰上了并不相识的来访客人,也要以礼相待,请对方先进先出。

④尊重周围的乘客。进出电梯时,应该侧身而行,免得碰撞别人,进入电梯后,要尽量站在里面。人多的话,最好面向内侧,或与别人侧身相向。下电梯前,应该提前换到电梯门口。

(4) 出入房门时的走姿礼仪

进入或离开房间时,要求:

①先通报。在出入房间时,特别是在进入房门前,一定要轻轻叩门或按门铃,向房内的人进行通报。贸然出入或者一声不吭,都显得冒冒失失。

②以手开关门。出入房门,务必要用手来开门或关门。开关房门时,最好是反手关门、反手开门。并且始终面向对方。

③后入后出。和别人一起先后出入房门时,为了表示自己的礼貌,应当自己后进门、后出门,而请对方先进门、先出门。

④出入拉门。平时,特别是陪同引导别人时,还有义务在出入房门时替对方拉门或是推门,在拉门或推门后要使自己处于门后或门边,以方便别人的进出。

四、汽车销售人员蹲姿礼仪应用与要求

1. 汽车销售人员蹲姿礼仪的应用

在日常生活中,人们对掉在地上的东西,一般是习惯弯腰或蹲下将其捡起,而身为汽车销售顾问对掉在地上的东西,采用规范优美的蹲姿,会给人严谨专业,守礼得体的良好印象。

2. 汽车销售人员蹲姿礼仪的种类和要点

(1) 男士基本蹲姿

男士在选用这一方式时往往更为方便。其要求是:下蹲时,双腿不并排在一起,而是

左脚在前，右脚稍后。左脚应完全着地，小腿基本上垂直于地面；右脚则应脚掌着地，脚跟提起。此刻右膝低于左膝，右膝内侧可靠于左小腿的内侧，形成左膝高右膝低的姿态。臀部向下，基本用右腿支撑身体（图2-3-10）。

图2-3-10　男士基本蹲姿

（2）女士基本蹲姿

①高低式蹲姿。下蹲时左脚在前，右脚稍后；两腿靠紧向下蹲。左脚全脚着地，小腿基本垂直于地面，右腿跟提起。脚掌着地。右膝低于左膝，右膝内侧靠于左小腿内侧，臀部向下，上身稍向前倾，以左腿为支撑（图2-3-11）。

②交叉式蹲姿。下蹲时右脚在前，左脚在后，右小腿垂直于地面，全脚着地。左腿在后与右腿交叉重叠，左膝由后面伸向右侧，左脚跟抬起脚掌着地，两腿前后靠紧（图2-3-12）。

图2-3-11　女士高低式蹲姿　　　　图2-3-12　女士交叉式蹲姿

③半蹲式蹲姿。半蹲式蹲姿多于行进之中临时采用（图2-3-13）。基本特征是身体半立半蹲，其要求是：在下蹲时，上身稍许弯下，但不宜与下肢构成直角或锐角；臀部向下而不是撅起；双膝略为弯曲，其角度根据需要可大可小，但一般均为钝角；身体的重心应放在一条腿上。

④半跪式蹲姿。半跪式蹲姿又称单跪式蹲姿（图2-3-14）。它是一种非正式蹲姿，多用

于下蹲时间较长，或为了用力方便之时。它的特征是双腿一蹲一跪，其要求是：下蹲之后，改为一腿单膝着地，臀部坐在脚跟之上，而以其脚尖着地，另外一条腿则应当全脚着地，小腿垂直于地面；双膝应同时向外，双腿应尽力靠拢。

图 2-3-13　女士半蹲式蹲姿　　　　　图 2-3-14　女士半跪式蹲姿

案例分析

　　小赵在某汽车公司做实习销售，接待了一个女客户，这位女客户与销售人员谈得非常愉快，谈着谈着就到了定金先付多少这个话题上了。这位客户说："我看看我包里带了多少钱，如果带得多我就多付点，少我就少付点，我凑凑看，能凑两万我就把两万块全付了。"

　　这位客户一边打开包，整理钱，然后一边说话。因为这件事情基本上已经定下来了，她很开心，就把她家里的事情说出来了，主要是说她儿子结婚的事情。小赵在旁边一句没听进去。这时又过来一名销售人员，就问小赵："小赵，昨天晚上的那场足球赛你看了没有？"

　　小赵也是个球迷，就开始在那里聊起昨天晚上的那场足球赛了，把客户晾在了一边。这位女客户愣了一会儿，把拉链一拉，掉头走了。

　　小赵感觉不对劲，说："这位女士，刚才不是说要签合同的吗？"这位女客户一边走一边说："我还要再考虑考虑。"小赵说："那大概您什么时候过来啊？""大概下午吧。"小赵也没办法，只能看着她走了。到了下午三点钟，这位客户还没来，小赵一个电话拨过去，接电话的人说："你要找我们总经理呀，你就是上午接待我们杨总的那位销售人员吧。"小赵说："是呀。她说好下午要来的。"对方说："我是上午送杨总过去的驾驶员。你就别想了，我们老板不会在你那儿买车了。""为什么呀？"对方说："为什么你不知道啊，我坐在旁边都替你着急。我告诉你，我们杨总她儿子马上就要结婚了，而且这辆车也是给她儿子买的，她不仅在我们公司这么讲，只要一开心她见谁跟谁说。而你在那边聊足球，把她晾到旁边了，你没发现这个问题吧？"

 思考与练习

　　1. 男士基本蹲姿的种类有哪些？

2. 女士基本蹲姿的种类有哪些？
3. 不良的蹲姿有哪些？

素养环节

爱岗就是热爱自己的工作岗位，热爱本职工作，敬业就是要用一种恭敬严肃的态度对待自己的工作，敬业可分为两个层次，即功利的层次和道德的层次。爱岗敬业作为最基本的职业道德规范，是对人们工作态度的一种普遍要求。

一份职业，一个工作岗位，都是一个人赖以生存和发展的基础保障。同时，一个工作岗位的存在，往往也是人类社会存在和发展的需要。所以，爱岗敬业不仅是个人生存和发展的需要，也是社会存在和发展的需要。

礼仪小故事

某公司的汽车销售人员来公司时间不长，却接到了好几起投诉。原来，这都是"眼睛"惹的祸。她在接待客户的时候，不管是什么客户，她总是习惯性地上下打量一番；交谈的时候她总不看对方，即使偶尔看人大多也是用眼角的余光……

第四节 汽车销售人员表情动作礼仪

学习目标

汽车销售人员表情礼仪的意义和要求。
汽车销售人员眼神礼仪的意义和要求。
汽车销售人员手势礼仪的意义和要求。
汽车销售人员握手礼仪的意义和要求。

素养目标

知道忠诚是一种美德，忠诚是成功的基石。

礼仪格言

爱人者，人恒爱之；敬人者，人恒敬之。——《孟子·离娄下》

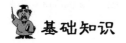

一、汽车销售人员表情礼仪的应用和要求

1. 汽车销售人员表情礼仪的应用

在人千变万化的表情中,眼神和微笑(图2-4-1)最具礼仪功能和表现力。优雅的表情,可以给人留下深刻的第一印象。表情是优雅风度的重要组成部分,构成表情的主要因素:一是目光;二是笑容。汽车销售人员的表情,是销售顾问的另一张名片,表情营造轻松和谐氛围的作用是不容忽视的,是比任何化妆品都有效的美容品,是最先给顾客留下良好印象的方面。

图 2-4-1　微笑

①要有发自内心的微笑。微笑是一种愉快心情的反映,也是一种礼貌和涵养的表现。

②要排除烦恼。一位优秀的服务人员脸上总是带着真诚的微笑。服务人员必须学会分解和淡化烦恼与不快,时时刻刻保持一种轻松的情绪,把欢乐传递给顾客。

③要有宽阔的胸怀。服务人员要想保持愉快的情绪,心胸宽阔至关重要。接待过程中,难免会遇到出言不逊、胡搅蛮缠的顾客,服务人员一定要记住"忍一时风平浪静,退一步海阔天空"。

④要与顾客进行感情沟通。微笑服务,并不仅仅是一种表情,更重要的是与顾客进行感情上的沟通。当你向顾客微笑时,要表达的意思是:"见到你我很高兴,愿意为你服务。"

2. 汽车销售人员表情礼仪的要求

微笑的基本做法是不发声,脸部肌肉放松,嘴角两端向上略微提起,面含笑意,使人如沐春风。

首先要求微笑是发自内心,发自肺腑,无任何做作之态,防止虚伪的笑。只有笑得真诚,才显得亲切自然,与你交往的人才能感到轻松愉快。

其次,可进行技术性训练。因为人们微笑时,口角两端向上翘起。练习时参看(图2-4-2)和(图2-4-3),为使双颊肌肉向上抬,口里可念着普通话的"一"字音。还得训练眼睛的"笑容"。取厚纸一张,遮住眼睛下边部位,对着镜子,回忆过去的美好生活,使笑肌抬升收缩,嘴巴两端做出微笑的口型,随后放松面部肌肉,眼睛随之恢复原形。

图 2-4-2 微笑训练　　　　　　　　　图 2-4-3 微笑时口角两端向上翘起

二、汽车销售人员眼神礼仪的应用与要求

1. 汽车销售人员眼神礼仪的应用

愉快的寒暄是给顾客留下良好印象的第一步，此时要注意眼神礼仪的应用。眼睛是大脑的延伸，大脑的思想动向和内心的想法，都可以从眼睛中看出来。

眼睛表达情感的具体方式如下：

（1）眼皮的开合程度

如瞪大眼睛表示惊愕、愤怒等；一般圆睁，表示不满、疑惑等；眯缝着眼表示快乐、欣赏等；眨眼表示调皮、不解等。

（2）瞳孔的某些变化

瞳孔的变化也反映出情感的变化，当人们看到新奇东西或有强烈兴趣时，瞳孔会放大。据爱德华博士的调查显示，正常的人看见异性的裸体时，瞳孔会扩大两倍。据说，古代波斯珠宝商人出售首饰时，是根据顾客瞳孔大小来要价的，如果顾客看到熠熠发光的宝石、钻戒等瞳孔扩张，说明他对这件首饰有强烈兴趣，商人就把价格提高一些。当人饥肠辘辘时会渴求食物，如果此时有美味佳肴呈上，则人的瞳孔会放大。当人们面对自己心爱的人时，瞳孔也会放大，因此面容比平时都会美丽些。另外，在恐怖、紧张、愤怒、喜爱、疼痛等状态下，瞳孔都会扩大，而在厌恶、疲倦、烦恼等状态下会缩小。

（3）眼神注视的方向可以表达情感

斜着眼看人，白眼球增多，表示蔑视、轻视和不快。谈话时，柔和的视线向上看对方，表示尊敬或撒娇；柔和的视线向下看，表示慈爱、成熟、稳重。

（4）眼神传递情感

除了自身内在的态度情感外，眼神还包括显示双方关系的情感，如在人群中两个人一挤眼便相互心领神会，显示出双方的亲密关系或某种默契。

2. 汽车销售人员眼神礼仪的要求

汽车销售人员与顾客交谈时注意与顾客保持目光接触，但不能对顾客进行长时间凝视，要采用社交注视时间，眼睛要注视顾客的眼睛和嘴巴的三角区，眼睛转动的速度不能太快或者太慢。具体要求如下：

(1) 注视时间

注视时间的长短可以表示友好、重视、轻视、敌视、感兴趣等。具体说来，见面时，凝视时间一般为1～2秒，初次见面不超过10秒。交谈时目光接触对方脸部的时间宜占谈话时间的30%～60%，超过这一时限，可认为对对方比对谈话内容更感兴趣；低于这一时限，则表示对谈话内容和对对方都不怎么感兴趣。

例如：当你与别人谈话30分钟时，如果不足10分钟，对方看着你的时间，说明他在轻视你；如果有10～20分钟，说明他对你是友好的；20～30分钟说明两种情况：一是表示重视，二是表示敌视。也就是说，与别人谈话时眼睛的注视时间要占谈话时间的2/3为宜。

(2) 注视区域

注视角度：

商务礼仪中，既要方便服务工作，又不至于引起服务对象的误解，就需要有正确的注视角度。

①正视对方。即在注视他人的时候，与之正面相向，同时还须将身体前部朝向对方。正视对方是交往中的一种基本礼貌，其含义表示重视对方。

②平视对方。在注视他人的时候，目光与对方相比处于相似的高度。在服务工作中平视服务对象可以表现出双方地位平等和不卑不亢的精神面貌。

③仰视对方。在注视他人的时候，本人所处的位置比对方低，就需要抬头向上仰望对方。在仰视对方的状况下，往往可以给对方留下信任、重视的感觉。

注视场合：

①迎宾时的目光。迎宾时，三米之内目光真诚的注视对方，以示期盼。

②送客时的目光。送客时，目光向下，以示谦恭。

③会谈时的目光。会谈时，目光平视，表示自信、平等、友好。

④倾听时的目光。倾听时，目光专注，适时回应、交流。

注视部位（图2-4-4）：

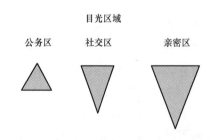

图2-4-4 目光区域注视图

①公务区。双眼与额头之间的区域，表示严肃、认真、公事公办，礼貌、尊重的注视。

②社交区。双眼到下颌这个三角区域，表示朋友之间友善的注视。

③亲密区。双眼到胸部第二组纽扣之间的区域，表示亲近、亲昵注视。

(3) 注目礼

目光是富有表现力的一种"体态语"，适当地运用能给交往带来好的作用，否则会带来不必要的误解。那类斜视、漠视、瞥视的眼神少用为好，往往用特定的眼神来表示一定的礼节或礼貌。注目礼也是眼神礼仪的一种,当顾客来店时,销售顾问起立,放下手中的工作,与顾客眼光接触,点头示意,顾客离店时,向远去的顾客挥手微笑,并目送顾客。

三、汽车销售人员手势礼仪的应用与要求

很多手势都可以表示一个人的修养和性格,所以销售顾问要注意手势的幅度、力度和次数。

1. 汽车销售人员手势礼仪的应用

手势要大小适度,手势的上限一般不超过对方的视线,下限不低于自己的胸区,左右摆的范围应该在人的胸前或右方进行,自然亲切,多用柔和曲线的手势,少用生硬的直线条手势,以求拉近心理距离。同时,还要避免不良手势,如谈到自己时,不可用手指指自己,而要用手掌按住胸口,谈到别人时不可用手指指别人,更忌讳背后对人指指点点,避免交谈时指手画脚,手势动作过多过大。

(1) 垂手手势

双手指尖朝下,掌心向内,在手臂伸直后分别紧贴于两腿裤线之处;双手伸直后自然相交于小腹处,掌心向内,一只手在上一只手在下地叠放或相握在一起。双手伸直后自然相交于背后,掌心向外,两只手相握在一起。

(2) 桌上手势

身体靠近桌子,尽量挺直上身,将双手放在桌子上时,可以分开、叠放或相握;不要将胳膊支起来,或是将一只手放在桌子上,一只手放在桌子下。

(3) 递物手势

双手为宜,不方便双手并用时,也要采用右手,以左手通常视为无礼;将有文字的物品递交他人时,须使之正面面对对方;将带尖、带刃或其他易于伤人的物品递于他人时,切勿以尖、刃直指对方。

(4) 展示手势

一是将物品举至高于双眼之处,这适于被人围观时采用;二是将物品举至上不过眼部,下不过胸部的区域,这适用于让他人看清展示之物。

(5) 引领手势

横摆式:手臂向外侧横向摆动,指尖指向被引导或指示的方向,适用于指示方向时;

直臂式:手臂向外侧横向摆动,指尖指向前方,手臂抬至肩高,适用于指示物品所在;

曲臂式:手臂弯曲,由体侧向体前摆动,手臂高度在胸以下,适用于请人进门时;

斜下式:手臂由上向下斜伸摆动,适用于请人入座时。

(6) 招手手势

它也称挥手致意。用来向他人表示问候、致敬、感谢。当你看见熟悉的人,又无暇分身的时候,就举手致意,可以立即消除对方的被冷落感。向近距离的人打招呼时,伸出右手,五指自然并拢,抬起小臂挥一挥即可。距离较远时,可适当加大手势。不可向上级和长辈招手。

(7) 与人握手

在见面之初、告别之际、慰问他人、表示感激、略表歉意等时候，往往会以手和他人相握。一是要注意先后顺序。握手时，双方伸出手来的标准的先后顺序应为"尊者在先"。即地位高者先伸手，地位低者后伸手。如果是服务人员通常不要主动伸手和服务对象相握。和人握手时，一般握3~5秒钟就行了。通常，应该用右手和人相握。左手不宜使用，双手相握也不必常用。

(8) 双手抱头

很多人喜欢用单手或双手抱在脑后，这一体态的本意是放松。在别人面前特别是给人服务的时候这么做的话，就给人一种目中无人的感觉。

2. 汽车销售人员手势礼仪的要求

邀请、指引和交流是社交和商务场合运用非常频繁的一个手势。有客人到访，用手势来表达欢迎、邀请并且指引方位，干练而规范的动作能够呈现给客人一种训练有素值得信赖的良好印象。在这一部分，重点介绍引领手势的要求。

(1) 引领手势的基本标准

手掌自然伸直，手指并拢，拇指自然稍稍分开，手腕伸直，使手与小臂成一直线，肘关节自然弯曲，掌心向斜上方，手掌与地面成45°。

(2) 引领手势的种类

在各种交往场合都离不开引领动作，例如请客人进门，客人坐下，为客人开门等，都需要运用手与臂的协调动作，同时，由于这是一种礼仪，还必须注入真情实感，调动全身活力，使心与形体形成高度统一，才能做出色彩和美感。引领动作主要有以下几个表现形式：

①横摆式。以右手为例：将五指伸直并拢，手心不要凹陷，手与地面呈45°角，手心向斜上方。腕关节微屈，腕关节要低于肘关节。动作时，手从腹前抬起，至横膈膜处，然后，以肘关节为轴向右摆动，到身体右侧稍前的地方停住。同时，双脚形成右丁字步，左手下垂，目视来宾，面带微笑。这是在门的入口处常用的谦让礼的姿势。

②曲臂式。当一只手拿着东西，扶着电梯门或房门，同时要做出"请"的手势时，可采用曲臂手势。以右手为例：五指伸直并拢，从身体的侧前方，向上抬起，至上臂离开身体的高度，然后以肘关节为轴，手臂由体侧向体前摆动，摆到手与身体相距20厘米处停止，面向右侧，目视来宾。

③直臂式。手臂向外侧横向摆动，指尖指向前方，手臂抬至肩高，适用于指示物品所在。

④斜下式。请来宾入座时，手势要斜向下方。首先用双手将椅子向后拉开，然后，一只手曲臂由前抬起，再以肘关节为轴，前臂由上向下摆动，使手臂向下成一斜线，并微笑点头示意来宾。

(3) 引领手势规范

引导客人时，如果是在走廊引导客人，引导者应走在客人一两步之前，让客人走在右侧，自己则走在走廊左侧，与客人保持一致，要时时注意后面，走到拐角处，一定要先停下来，转过身说："请向这边来"，然后继续行走，如果你走在内侧则应放慢速度，如走在外侧则应加快速度。这样做的原因：第一，以右为尊，宾客在右侧；第二，假如对面有人过来，需要调整位置的是引领者，不可以是你引领的宾客。

当引导客人上楼时，如果距离很近，应该让客人走在前面，引导人员走在后面，注意特别是穿裙装的女性引领者，切忌不可走在宾客的前面。如果需引导距离较长或是下楼时，应该由引导人员走在前面，客人在后面，上下楼梯时，引导人员应该注意提醒客人注意安全。上下楼梯一定要先停下来说："这是楼梯口"，然后再引导，让客人走在栏杆一侧，自己则靠近墙壁，但无须生硬遵循谁在内侧谁在外侧，也要避免为了让客人在内侧，引导者在客人身边转来转去。引导的目的首先是明确引领客人到达正确的位置，其次要在引导过程中感受到尊重，根据引导的位置、距离和实际道路情况灵活决定引导者的位置。

（4）引领手势的注意事项

①在使用这些引领动作的同时一般会有相应的语言，语言要使用普通话，声音适当、温柔、有亲和力；

②注意指引方向，不可用一手指指出，显得不礼貌；

③引领的时候也不可以使用你的下巴进行提示；

④引领时不可以左顾右盼、心不在焉。

四、汽车销售人员握手礼仪的应用与要求

1. 汽车销售人员握手礼仪的应用

握手遵循的是尊者优先的原则，在顾客的面前，应有顾客先伸手，握手时表情自然，面带微笑，眼睛注视对方，握手时双方的手在虎口处交叉相接，握手时间一般为1~3秒，轻轻摇动1~3下，要记得保持手部的清洁。

2. 汽车销售人员握手礼仪的要求

从交际礼仪上来讲，握手有一个重要的礼仪问题，就是伸手的先后顺序。

礼仪是人际交往中的行为规范。所以在比较正规的场合，人和人握手谁先伸手是有标准化做法的。两个人同时伸手操作上概率不高，总有一个发起者。当然，作为我们自己有的时候也别和人家太较真，如果有人并不知道规范的礼仪而先伸手了，你要和人家合作，没必要端架子，真正懂得社交礼仪的人还是强调平等和尊重的基本原则的。在礼仪之上，平等和尊重要比规范更加重要，只不过如果我们每一个人都理解礼仪的情况下，礼仪才发挥出来更加优雅的风度。

（1）一般情况

在一般性的交往应酬之中，握手的标准伸手顺序应该是：

①地位高的人先伸手；

②男士和女士握手时，应该是女士先伸手，女士有主动选择是否有进一步交往的权利；

③晚辈和长辈握手，应该是长辈先伸手；

④上级和下级握手，应该是上级先伸手；

⑤老师和学生握手，应该是老师先伸手。

在正规的商务场合，则应该基于位高者先伸手的原则，上述的5个顺序都完全适合于正规场合，但是身份不同是不一样的。例如，女士是公关经理，男士是董事长，女士职位显然比男士低，两个单位商务交往，就是董事长地位高，因此应该由董事长先伸手。但是在一般性的社交场合，无论职位高低，仍然是女士优先，大家在一块玩，不讲职务，不讲头衔，那么在礼仪上就是女士的地位高于男士，因此应该由女士先伸手。

(2) 特殊情况

除了场合外，握手还有特殊性。最重要的表现在家里或单位接待客人时，宾主之间握手。一般的规则是：

①客人到达时，主人先伸手。主人先伸手表示对客人的一种欢迎（比如：客人来拜访，主人不伸手说明不拿客人当回事）。

②客人告辞时，客人先伸手（比如：中午到别人单位去拜访，客人辞行先伸手表示主人请留步，主人先伸手表示逐客，别混饭）。

(3) 个人和群体握手的顺序

①由尊而卑：如果在场的人是一个单位或一个家的人的话，地位高低是很容易分清的。握手由地位高的开始依次往下排。

②由近而远：周围有四五个人，或者在宴会厅门口排队，领导排队迎候客人，就不能跳越，应该伸手和最近的人开始握手。群体和个体握手，个体没有伸手，群体的同志就不能先伸手（比如：某人到一个公司去做报告，主人派一个司机和一个女办公室主任随同专车来接，某人应该先和女士握手，但司机却先伸手了，这让个体很尴尬）。

③顺时针方向前进：围在一个圆桌上，或者坐在一个客厅里面，四面都有人，握手的标准化做法是主人先和自己右手的人握手（右手的人一般是主宾），然后按顺时针方向前进。顺时针方向前进从国际上来讲是一种比较吉利的方向。一般在社交场合人们不喜欢逆时针走，除了运动会入场式或轿车在酒店大堂停车（交通规则要求）、追悼会或遗体告别等情况外。

案例分析

顾客张女士与朋友来到一家4S专卖店，准备选购一辆新车，销售顾问李明很热情地迎接了她们。由于李明新入职不久，想急于完成销售业绩，一看张女士两人，不禁心中暗喜。在引领客人进入展厅的时候，李明与张女士并肩而行，他一边走一边介绍车型，而且他的手总是无意触碰到张女士的胳膊上，引起张女士的不快。

请思考：销售顾问在引领客人进入展厅时应该注意哪些礼仪？

思考与练习

男顾客主动伸手，女销售顾问是否应该与顾客握手？

素养环节

忠诚之所以为广大的企业家所看重，是因为忠诚会让一个人保持执行的连续性和完美性。强烈的责任感可以造就一个人忠诚，忠诚又会增强一个人的责任感，无论发生什么情况，诱惑或者困难，都会一如既往地把任务执行下去，都会尽职尽责地将工作做到尽善尽美。

有人会说："我对公司忠诚，可老板似乎看不到。不但不重用我，还让我受了委屈。"忠诚不是交换的砝码，也不是完美的护身符。员工对公司忠诚，是最基本的职业道德，老板不会因为一个人忠诚就忽略了他的其他缺点，就会对执行中出现的问题不管不问。甚至老板也有做错的时候，这个时候员工也许会受到委屈，这在职场上是很正常的事情。倘若员工连这么一点打击都承受不住，作出对公司不忠的事情，员工将会为自己的草率和莽撞付出极大的代价，那时员工将真的被老板冷落，或者被公司辞退。正确的做法应该是，继续对公司忠诚、对工作忠诚，总有一天老板会发现员工的价值。

礼仪小故事

千里送鹅毛

唐朝贞观年间，西域回纥国是大唐的藩国。一次，回纥国为了表示对大唐的友好，便派使者缅伯高带了一批珍奇异宝去拜见唐王。在这批贡物中，最珍贵的要数一只罕见的珍禽——白天鹅。缅伯高最担心的也是这只白天鹅，万一有个三长两短，可怎么向国王交待呢？所以，一路上，他亲自喂水喂食，一刻也不敢怠慢。这天，缅伯高来到沔阳湖边，只见白天鹅伸长脖子，张着嘴巴，吃力地喘息着，缅伯高心中不忍，便打开笼子，把白天鹅带到水边让它喝了个痛快。谁知白天鹅喝足了水，合颈一扇翅膀，"扑喇喇"一声飞上了天！缅伯高向前一扑，只捡到几根羽毛，却没能抓住白天鹅，眼睁睁看着它飞得无影无踪，一时间，缅伯高捧着几根雪白的鹅毛，直愣愣地发呆，脑子里来来回回地想着一个问题："怎么办？进贡吗？拿什么去见唐太宗呢？回去吗？又怎敢去见回纥国王呢！"随从们说："天鹅已经飞走了，还是想想补救的办法吧。"思前想后，缅伯高决定继续东行，他拿出一块洁白的绸子，小心翼翼地把鹅毛包好，又在绸子上题了一首诗："天鹅贡唐朝，山重路更遥。沔阳湖失宝，回纥情难抛。上奉唐天子，请罪缅伯高，物轻人义重，千里送鹅毛！"缅伯高带着珠宝和鹅毛，披星戴月，不辞劳苦，不久就到了长安。唐太宗接见了缅伯高，缅伯高献上鹅毛。唐太宗看了那首诗，又听了缅伯高的诉说，非但没有怪罪他，反而觉得缅伯高忠诚老实，不辱使命，就重重地赏赐了他。从此，"千里送鹅毛，礼轻情义重"，便成为我国民间礼尚往来、交流感情的写照。

第三章 仪容仪表礼仪

第一节 常规仪容仪表礼仪

学习目标

学习常规仪容仪表礼仪的基本知识,掌握化妆的原则和技巧。

素养目标

要做到自然美、修饰美和内在美的统一。

礼仪格言

见人不可不饰,不饰无貌,无貌不敬,不敬无礼,无礼不立。——孔子

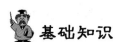 基础知识

一、化妆礼仪

1. 职业妆面原则

所谓职业妆面设计,就是在自身原有条件的基础上,定义一个被公众接受和期望的妆面形象,被设计者通过使用丰富的化妆品和工具,正确运用色彩,采用合乎法则的步骤和技巧,对五官及其部位进行预想的渲染、描画、整理,以强化立体效果、调整形色、表现神采,从而达到所设计的目的。职业妆面是传播职业形象的信息载体。因此,妆面的设计必须充分考虑职业形象传播的基本规律,离开职业形象传播的妆面形象设计是无法存在的。同样,离开了妆面设计的职业形象的传播也无法成立。

妆面简称面容,但妆面不等于面容本身,职业形象的妆面设计,不仅仅是妆面的技术问题,也不仅仅是对时尚美的追求与拥有问题,它实际上也是职场中的一门形象艺术,或者进一步说,是职业态度、职业追求问题。

整体形象的和谐统一是职业妆容设计的重要原则,要体现出健康的形体、优美的仪态和干练的精神风貌。整体形象的和谐统一是至关重要的,这种整体的和谐统一在职业妆容设计中主要表现在:

（1）面部妆色与线条的和谐统一

化妆时不仅所用化妆品的色调要一致，其不同部位选择的线条也要统一，如果眉毛、眼线、唇线等都表现得简约、利落、清爽，就会使你获得一种理智而干练的形象；如果所有线条都表现得柔和起伏、流畅飘逸，那就会给人一种温文尔雅的感觉。妆色、线条不一致的化妆，不仅增加不了美感，往往还会使面部显得不整洁。

办公室妆容的色彩应给人一种和谐、悦目的美感。以暖调为主的色彩，如粉色及橙色系能使肤色显得健康而明快，很适合在办公室使用。妆容的色彩应是同色系的，如眼影与口红的色彩应该协调呼应。在办公室里眼线可以不用，特别应避免用深色的下眼线，因为那样会使妆容显得做作而生硬。

（2）化妆与服饰色彩及其风格的和谐统一

有些人把化妆称为"给脸穿衣服"。这是因为，粉底霜、眼影、腮红、唇膏等颜色是以未化过妆的皮肤颜色为条件而添加上去的。在设计面部化妆的色彩搭配时，应该与服装、首饰等同时进行整体考虑，才能相得益彰。

比如：身着黑、白、灰、银灰、中灰、铁灰等色系的冷色调服饰，适于选择偏冷色调的妆色搭配。切忌用过分艳丽的桃红唇膏、亮色眼影等；且肤色较白者，适于选择暖色调的妆色，眉毛不宜太细太浅，眼影可用灰色、浅棕色，可只涂浅淡的唇膏；当你身着的服饰色彩多或款式较复杂时，腮红就要尽量少用，或者不用，眼影则可适当加深些。一般而言，服装与妆色的协调，应首先确定服装，再着手化妆，有些女性总是先把妆面化好之后再去选择服饰。这样，不仅容易因服装的脱换使精心化好的妆容遭到破坏；而且，一旦出现选定的称心如意的服饰与妆容不协调时，唯一的选择只能是洗去面妆，从头开始，这样做，不仅费力，而且费时。因此，养成"先定装，后化妆"的良好习惯对于职业女性而言是极为重要的。

（3）化妆与环境场所的和谐统一

这里的环境场所是指职业妆容设计对象的工作环境与社交活动场所。它是衡量职业妆容设计效果的背景条件。不同的环境场所有着不同的色泽、光线条件和社交氛围。

（4）化妆的基本原则：

①美化原则。在化妆时要注意适度矫正，做到修饰得法，以使自己化妆后能够避短藏拙。

②自然原则。化妆要求美化、生动和具有生命力，更要求真实和自然。化妆的最高境界，是没有人工修饰的痕迹，显得天然美丽。

③得法原则。化妆虽讲究个性化，却也要得法。例如，工作时宜淡妆，社交时可浓妆，香水不宜涂在衣服上和容易出汗的地方，口红与指甲油最好为一色。

④协调原则。高水平的化妆，强调的是整体效果。在化妆时，应使妆面协调、全身协调、场合协调和身份协调，以体现出自己的不俗品位。

2. 化妆工具

好的化妆离不开化妆工具，化妆工具包括海绵扑、粉扑、眉钳、眉刀、弯眉剪、绵棒、美目贴、眉刷、眼影刷、海绵刷、眼线刷、腮红刷、定妆刷、唇刷、清洁刷、两用眉梳、遮瑕刷、睫毛夹和假睫毛等（图3-1-1）。

图3-1-1 化妆用品工具

3. 化妆的步骤

（1）涂一种粉底的方式，要根据肌肉的轮廓来涂。

（2）顺序应该从脸颊开始，这里是最要强调的部分。脸颊—嘴唇周围—鼻子周围—额头—眼部周围脖子薄的地方。T字区眼部和看上去高的地方厚的地方，脸颊和看上去低的地方涂两个颜色的粉底，首先以前面的方式涂打低的粉底，然后在高的部分打上明亮的粉底，请使用5 mm宽的平刷子。甚至可以使用唇刷，不过不能和化唇部的唇刷混用。

（3）打阴影，使用比主粉底暗1~2个色的颜色打阴影，打在低的部分：鼻影—脸颊影。

（4）使用接近自己肤色或稍亮一点的遮瑕膏，涂抹黑斑处，可以缓解黑色。

使用绿色的遮瑕膏涂抹痘处，可以缓解红色。最后涂上粉（散粉）由下往上仔细轻拍，渗入到毛孔里。涂完粉以后我们要仔细检查一下：①粉有没有扑在外面的感觉。②镜子中的脸蛋和脖子相比是不是过白。③与第②点相反，有没有过黑。④妆有没有掉。⑤妆有没有过浓。

（5）让自己的脸看起来小一点呢？如部分打入阴影粉。通常比用的粉底要暗一个层次。千万不能用粉红色系的腮红，那样会使脸看起来更大。

（6）然后在脸颊的正中涂上明亮的腮红，这样人就可以看起来更精神。常看到左右两侧打腮红的位置不一致，看起来非常不舒服。为了让自己可以均匀地打好腮红，首先对着镜子笑一下。鼓起来的腮旁部分就是我们要打腮红的部位。打腮红可以使自己看起来血色好，可以使用粉红色系或橘色系的颜色。刷子沾满腮红粉，多出来的粉也用手指甲刮到刷子上去。从脸的外侧开始，抖动刷子涂上腮红。此时，请注意不要涂到小鼻和耳垂部分连接线的下面去。太到下面了，看上去会显得不好看。万一腮红涂多了，也不用担心，可用粉扑轻轻地拍掉。

化妆时应注意的问题：一般不要在众人面前化妆，因为那是非常失礼的，是对他人的妨碍，也是不够自重的举动。假若需要修补应到房间去；不要非议他人的化妆，每个人都有自己情趣和化妆手法，一定不要对他人的化妆品头论足；不要借用别人的化妆品，这既不卫生，也不礼貌。

4. 化妆品的选择和使用

（1）化妆品选择的原则

选择化妆品一般应坚持皮肤适应性原则，选择购买和使用时应"一看、二闻、三涂抹"。

（2）日间商务妆

主要为应对日常工作、商务会晤、会议、谈判等需要，建议使用细腻润泽的膏霜类产品，营造出自然、滋润的效果。

眉型一定要有眉峰传达给人在工作中精明强干的感觉，选择颜色与头发色彩协调一致，黑色头发用灰色眉笔，较浅染发则用棕红色眉笔勾画。用眼影膏提亮眉骨可令眉峰更高挑。描画略深眼线，用棉棒将边缘均开。使用腮红刷点染肉棕色两颊，从耳间向唇部斜打，强调硬朗的脸部轮廓。精细地画出转折明显的唇线，色调偏暖棕色，令整个妆容柔和自然。办公室发型最关键，线条应利落顺畅，发尾可有小变化，向内翻卷。

二、发型礼仪

1. 职业妆发型原则

商务礼仪是在商务活动中体现相互尊重的行为准则。商务礼仪的核心是一种行为的准则，用来约束我们日常商务活动的方方面面。商务礼仪的核心作用是为了体现人与人之间的相互尊重。商务礼仪是商务活动中对人的仪容仪表和言谈举止的普遍要求。仪容仪表是指个人的形象。仪容，通常是指一个人的外貌，包括发式、面容、脸色等状态。它反映了一个人的精神面貌、朝气与活力，是传达给接触对象的最直接、最生动的第一信息，并将影响到对方对自己的整体评价。发式是仪容美的重要部分。有位美容学家说："发式是人的第二面孔。"合适的发型会使人容光焕发、风度翩翩。

基本原则：健康、秀美、干净、清爽、卫生、整齐。

（1）男士

男士：前不覆额，侧不掩耳，后补及领，面不留须。男士发式标准：干净整洁，要注意经常修饰、修理。头发不应该过长，前部头发不要遮住眉毛，侧部的头发不要盖住耳朵，后部的头发不要长过西装衬衫领子的上部，头发不要过厚，鬓角不要过长。

（2）女士

女士：短发，头发长度不宜超过肩部，可以挽束，不适合任意披散。头发过肩的，工作时要扎起，宜拢在脑后，或束或挽或盘，以深色的发夹网罩为好。女士发型多样，变化大，发型必须根据自己的脸形来设计。椭圆形脸可选任意发型；圆形脸应将头顶部的头发梳高，使脸部增加几分力度，并设法遮住两颊；长形脸看起来面部消瘦，发型应适当遮住前额，并设法使双颊显得宽竖；方形脸应设法掩饰棱角，使脸显得圆润些；额部窄的脸，应增加额头两侧头发的厚度。女性发型应时尚得体、美观大方、符合身份；发卡应庄重大方，以少为宜。

2. 发型用品用具

商务礼仪中对发型类用品的界定：主要有洗、剪、烫、定型用品等。

(1) 护发与美发

①护发：清洗头发、梳理头发、按摩头部。

清洗头发可以去除落在头发上的灰尘和头皮的分泌物，尤其是油性头发，更应勤洗。一般一周清洗两三次，洗发时要轻揉发根，洗完后自然风干，涂上护发素。梳理头发不仅使头发整齐美观也是一种健美运动。按摩头部促进头发生长，防止头发脱落，是增进头发健康的重要手段。

②定型用品主要有：发蜡、立体喷雾、造型发泥、啫喱膏、定型啫喱水、定型喷雾、塑型锁定喷雾、定型摩丝、秀发营养水。

(2) 发型用具

①剪刀、梳子类：

a. 剪发梳：（双面梳）一边粗齿，分发线；一边细齿，修剪头发用。

b. 尖尾梳：烫发的主要工具，晚装造型也可用。

c. 削发梳：齿长短不一，晚装的主要工具，亮发造型用。

d. 剪刀：可分为5寸、5.5寸、6寸、7寸。

e. 牙剪：去除发量时使用的（打薄剪）。可分为双面牙剪：去除发量少一些（双面部是齿）；单面牙剪：去除发量多一些（一面齿、一面剪）。

f. 电推剪：推平头或男士起角用。

g. 排骨梳：齿面为圆弧形，用于吹线条或发根蓬松时用。

h. 九排梳：吹直发或吹亮度时使用。

i. 圆滚梳：吹发根蓬松时使用。

j. 毛滚梳：带有细绒，吹大花时使用，或吹刘海时用。

k. 包发梳：晚装主要工具，倒梳后将头发表面梳光滑。

l. 染发梳：染发时使用或倒膜时用（一面有齿，一面为梳子）。

m. 大齿梳：齿很宽，染发时使用。

②电器类：

a. 吹风机：吹干头发，吹风造型时使用（功率大小分为1 000 W或2 000 W），配有风嘴，起到聚风的作用，吹直。大风罩，吹大花时使用，烘干头发。

b. 电钳：晚装造型时使用，主要工具（钳弯头发）。

c. 电夹板：（拉直板）造型夹板——造型（不可调温）；离子夹板——做离子烫时用。按温度可分为：120℃、140℃（受损头发用）、160℃、180℃。

d. 焗油机：将水烧热后，产生蒸汽，做导膜或烫发时使用。

e. 烘干机：产生热量，将头发烘干（用于做大花，15~20分钟）。

③夹子类：

a. 嘴夹：暂时固定头发时使用。

b. 波纹夹：晚装造型时使用（推波纹暂时固定头发）。

c. 平卡夹：做空心卷时使用，或晚装造型时使用。

d. 发夹：做晚装的主要工具。

e. 蝴蝶夹：暂时固定头发时使用。

3. 几种常见的商务发型

(1) 男士常见的商务发型：板寸发型、毛寸发型、分头发型、碎发发型、背头发型。

①寸头发型中，又可以分为板寸头、圆寸头和毛寸头。板寸发型是男生最常见的发型之一，是由平头演变而来的，头发很短，只有1~3厘米，整体感觉显得很精神，给人一种干练的简约感。

②分头发型，是比较常见的男士发型，一般适合职场人士，这类发型的特点就是头发整齐分路，整洁利落、清爽、优雅、绅士感十足。常见的有四六分（图3-1-2）和三七分（图3-1-3）。

③碎发发型，帅气的商务男士碎发（图3-1-4），散发浓浓的男人魅力，看起来成熟稳重。

④背头发型，把前额的头发往后梳理，有种整齐、成熟的感觉，一般适合特定的职业，如播音员、主持人，也适合年纪较大的男士。

图 3-1-2　男士四六分发型

图 3-1-3　男士三七分发型

图 3-1-4　男士碎发发型

(2) 女士常见的商务发型：短发、盘发、束发、挽发。女士商务发式鉴赏：

①职场女士商务发型的王牌形象——盘发。

②短发给人干练、清爽的感觉，要稍微长一点，若有刘海，切忌蓬乱。

三、着装礼仪

1. TPO原则（图3-1-5）

人与人交往时的第一印象，在对方的头脑中形成并占据着主导地位。而第一印象＝55％仪容着装＋38％语气、语调＋7％讲话内容。

TPO原则是着装礼仪的基本原则之一，即人们在选择着装时要兼顾时间（Time）、场合（Place）、目的（Occasion）三个因素，力求使自己的着装与三个要素协调一致。

(1) 时间原则

①与时代同步。着装要保持与潮流大势同

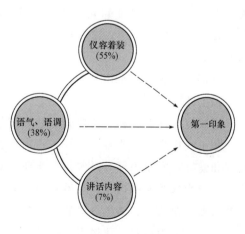
图 3-1-5　TPO原则

步。比如，当今人们多穿西服，而不穿中山装。

②与季节同步。着装要与春、夏、秋、冬四季同步。比如，冬天要穿保暖、御寒的冬装，夏天要穿透气、吸汗、凉爽的夏装。

③与时间段同步。着装与一天24小时的变化同步。比如，白天穿的衣服需要面对他人，应当合身、严谨；晚上穿的衣服不为外人所见，应当宽大、随意；白天工作时，女士应穿着正式套装，以体现专业性；晚上出席鸡尾酒会就须多加一些修饰，如换一双高跟鞋，戴上有光泽的佩饰，围一条漂亮的丝巾。

(2) 场合原则

①办公场合。办公场合着装要力求郑重保守，端正大方。可以着套装、套裙、长衣长裤、长袖衬衫。

②社交场合。社交场合着装要力求符合社交活动。如参加音乐会、酒会、宴会、舞会可以着时装、礼服、中国传统服装旗袍、西式晚礼服。

③休闲场合。休闲场合着装要力求舒适自然，展现个性。如在海滩着泳装、旅游着牛仔等。

(3) 目的原则

着装往往体现着其一定的目的，即自己对着装留给他人的印象如何，是有一定预期的。着装适应自己扮演的社会角色，而不讲其目的性，在现代社会中是不大可能的。比如为了表达自己悲伤的心情，可以穿深色、灰色的衣服等。可由此得知，一个人身着款式庄重的服装前去应聘新职、洽谈生意，说明他郑重其事、渴望成功。而在这类场合，若选择款式暴露、性感的服装，则表示自视甚高，对求职、生意的重视，远远不及对其本人的重视。所以，服装的款式在表现服装的目的性方面发挥着一定的作用。

2. 一般着装礼仪规范

一般着装规范要摒除六个禁忌：过于鲜艳、过于杂乱、过于暴露、过于透视、过于短小、过于紧身。

3. 男士西服的着装规范

交际场合最常见、也是最受欢迎的是西装。因为西装在造型上线条活泼而流畅，使穿着的人潇洒自然，风度翩翩，富有健美感；在结构造型上与人体活动相适应，使人的颈、胸、腰等部位伸展舒坦，富有挺括之美；在装饰上胸前饰以领带，色彩夺目，给人以一种飘逸的美感。

(1) 西装分类与适用

①按件数分类。

西装有单件上装和套装之分，套装又分二件套和三件套。

非正式场合，如旅游、参观、一般性聚会等，可穿单件上装配以各种西裤，也可根据需要和爱好，配以牛仔等时装裤。半正式场合，如一般性会见、访问、较高级会议和白天举行的较为隆重的活动时，应着套装，但也可视场合气氛选择格调较为轻松的色彩和图案，如花格呢、粗条纹、淡色的套装都不失整洁活泼。正式场合，必须穿着颜色素雅套装，以深色、单色最为适宜，花格五彩图案的选择不够严肃。

②按纽扣分类。

西装上衣按纽扣数量划分，有单排扣和双排扣之分。

单排扣的西装上衣比较常见。主要有一粒扣、两粒扣和三粒扣三种。一粒扣的西装，开领较低，适合体型较胖的男士穿着；两粒单排扣的西装多为标准领位；三粒单排扣西装领位较高，修身效果较好，也很适合东方人的身材。双排扣西装多在正式场合穿着。双排扣西装给人以庄重、严谨之感，适合于正式的仪式、会议、晚宴等场合；六粒扣双排扣西装上衣属于流行款式，而四粒扣的双排扣西装上衣就明显地具有传统风格。

(2) 男士着西装的规范和禁忌

商界男士要注意西装的穿着规范和禁忌，避免有违礼仪的无知表现。

①男士西服七规范。

a. 要拆除衣袖上的商标。

b. 要熨烫平整。

c. 要扣好纽扣。

d. 要不卷不挽。

e. 要慎穿毛衫。在西装上衣之内，最好就不要再穿其他任何衣物。在冬季寒冷难忍时，只宜暂作变通，穿上一件薄型"V"领的单色羊毛衫或羊绒衫。

f. 要巧配内衣。衬衫之内不穿棉纺或毛织的背心、内衣。

g. 要少装东西。

②男士西服十忌。

a. 忌西裤短，标准的西裤长度为裤管盖住皮鞋。

b. 忌衬衫放在西裤外。

c. 忌衬衫领子太大，领脖间存在空隙。

d. 忌领带颜色刺目。

e. 忌领带太短，一般领带长度应是领带尖盖住皮带扣。

f. 忌不扣衬衫扣就佩戴领带。

g. 忌西服上衣袖子过长，应比衬衫袖短1厘米。

h. 忌穿裤子和袜子颜色不协调。

i. 忌西服配运动鞋。

j. 忌皮鞋和鞋带颜色不协调。

4. 职业女性的着装规范

"云想衣裳花想容"，相对偏于稳重单调的男士着装，女士们的着装则亮丽丰富得多。得体的穿着，不仅可以另女人显得更加美丽，还可以体现出一个现代文明女性良好的修养和独到的品位。央视首席化妆师、国家一级艺术形象设计师徐晶说："作为中国的职业女性，应结合中国传统，塑造一个民族的、世界的、个性化形象。"

(1) 职业女装的选择和分类

著名设计师说："职业套装更能显露女性高雅气质和独特魅力。"在所有适合职业女士在正式场合穿着的职业装裙式服装中，套裙是首选。一种是用女式西装上衣和随便的一条裙子进行的自由搭配组合成的"随意型"。另一种是女式西装上衣和裙子成套设计、制作而成的"成套型"或"标准型"。

(2)女士职业装的规范和禁忌

①规范。

a. 大小适度。上衣最短可以齐腰，裙子最长可以达到小腿中部，上衣的袖长要盖住手腕。

b. 认真穿好。要穿得端端正正。上衣的领子要完全翻好，衣袋的盖子要拉出来盖住衣袋。衣扣一律全部系上。不允许部分或全部解开，更不允许当着别人的面随便脱下上衣。

c. 注意场合。女士在职场或各种正式活动中，一般以穿着套裙为好，尤其是涉外活动中。其他场合不必一定要穿套裙。当出席宴会、舞会、音乐会时，可以选择和这类场面相协调的礼服或时装。

d. 协调妆饰。穿套裙时，必须维护好个人的形象，所以不能不化妆，但也不能化浓妆。选配饰也要少，在工作岗位上，不佩戴任何首饰也是可以的。

e. 兼顾举止。套裙最能够体现女性的柔美曲线，这就要求你举止优雅，注意个人的仪态等。

f. 要穿衬裙。穿套裙的时候一定要穿衬裙。特别是穿丝、棉、麻等薄型面料或浅色面料的套裙时，假如不穿衬裙，就很有可能使内衣"活灵活现"。

g. 穿衬裙的时候裙腰不能高于套裙的裙腰，不然就暴露在外了。要把衬衫下摆掖到衬裙裙腰和套裙裙腰之间，不可以掖到衬裙裙腰内。

②禁忌。女性的职业装比男性职业装更具个性，但是有些规则是所有女性都必须遵守的，特别是在正式场合，女士着装一定要忌短、忌露、忌透。

(3)职业女装的搭配

①颜色。职业套裙的最佳颜色是黑色、藏青色、灰褐色、灰色和暗红色。精致的方格、印花和条纹也可以。红色、黄色或淡紫色的两件套裙要小心，因为它们的颜色过于抢眼。

②衬衫。衬衫的颜色可以是多种多样的，只要与套装相匹配就可以了。白色、黄白色和米色与大多数套装都能搭配。丝绸是最好的衬衫面料，但是干洗起来可能会贵一些。另一种选择就是纯棉，但要保证浆过并熨烫平整。

③内衣。确保内衣要合身，身体线条曲线流畅，既穿得合适，又要注意内衣颜色不要外泄。

④围巾。选择围巾时要注意颜色中应包含有套裙颜色。围巾选择丝绸质地的为好，其他质地的围巾打结或系起来没有那么好看。

⑤袜子。女士穿裙子应当配长筒丝袜或连裤袜，颜色以肉色、黑色最为常用，肉色长筒丝袜配长裙、旗袍最为得体。女士袜子一定要大小相宜，太大时就会往下掉，或者显得一高一低。尤其要注意，女士不能在公众场合整理自己的长筒袜，而且袜口不能露在裙摆外边。不要穿带图案的袜子，因为它们会惹人注意你的腿部。应随身携带一双备用的透明丝袜，以防袜子拉丝或跳丝。

⑥鞋。传统的皮鞋是最畅销的职业用鞋。它们穿着舒适、美观大方。建议鞋跟高度为3

~4厘米为主。正式的场合不要穿凉鞋、后跟用带系住的女鞋或露脚趾的鞋。鞋的颜色应与衣服下摆一致或再深一些。衣服从下摆开始到鞋的颜色一致，可以使大多数人显得高一些。如果鞋是另一种颜色，人们的目光就会被吸引到脚上。推荐中性颜色的鞋，如黑色、藏青色、暗红色、灰色或灰褐色。不要穿红色、粉红色、玫瑰红色和黄色的鞋。即使在夏天，穿白色的鞋也带有社交而非商务的意义。

⑦手提包和手提箱。手提包和手提箱最好是用皮革制成的；手提包上不要带有设计者标签。女性的手提箱可以有硬衬，也可以用软衬。最实用的颜色是黑色、棕色和暗红色。钱包的颜色应与鞋相配，而手提箱则不必。

5. 不同职业的着装特点

着职业装，既要保持特有的魅力，又要体现职业的要求确实是很不容易的。所以，在此提供几点建议。

会计——避免打扮得太世故、太老气，装扮原则是既时髦又实用，并适度地表达流行信息。

秘书——最好避免穿垂附式或披披挂挂的衣服，以免袖子在桌上扫来扫去，增添许多累赘。理想的装扮是两件或三件式的套装，看起来干练利索，也方便行动。

业务代表——穿着既要装扮得体，又要便于活动。既不能穿得比客户漂亮，也不能输给对方，最好双方旗鼓相当，因此最好选择柔和的西装。

设计师——室内设计师、美术设计师、服装设计师等的服装可表达出独立感，最适合穿既特别又独具个性的服装。

记者——要注意服装的灵活性，即衣服本身不必有过多的装饰，而用饰品配件来营造气氛，以适应各种不同场合。

教师——女教师担负着以身作则的教育职能，因此，简洁的西装外套和两片裙，是其最佳选择。同时，配点有流行感的饰物，既端庄又无过时之感。

四、饰品礼仪

1. 饰品佩戴的原则

饰品，是指能够起到装饰点缀作用的物件，主要包括服装配件（如帽子、领带、手套等）和首饰佩戴（如戒指、胸花、项链、眼镜等）两类。

（1）数量原则

选择佩戴饰品应当是起到锦上添花、画龙点睛的作用，而不应是过分炫耀，刻意堆砌，切不可画蛇添足。对于服务人员，我们提倡不戴，如果在特定场合需要佩戴，则上限不过三。

（2）质色原则

人际交往中，女士佩戴两种或两种以上的首饰，怎样表现出自己的品位和水准？——"同质同色"，即质地色彩相同。

（3）搭配原则

饰品的佩戴应讲求整体的效果，要和服装相协调，一般穿考究的服装时，才佩戴昂贵的饰品，服装轻盈飘逸，饰品也应玲珑精致，穿运动装、工作服时不宜佩戴饰品。饰品的佩戴还应考虑所处的季节、场合、环境等因素，这些因素不同，其佩戴方式和佩戴取舍也不同。如春秋季可选戴耳环、别针，夏季选择项链和手链，冬季则不宜选用太多的饰品，因为冬天衣服过多臃肿，饰品过多反而不佳。上班、运动或旅游时以不戴或少戴饰品为好，只有在交际应酬的时候佩戴饰品才合适——展示自己时尚个性有魅力的一面。

①扬长避短原则。饰品的佩戴应与自身条件相协调，如体形、肤色、脸型、发型、年龄、气质等。也就是说，穿着打扮和自己的形体特点、年龄特点相吻合，例如，皮肤黑，不穿黑色衣。

②习俗原则。一个社会的人们在一定时期会形成一些具有一定共性的衣着方式，即衣着习俗，其中包含着特定的社会文化信息。这种衣着习俗在社会经济稳定时期往往具有较强的稳定性，甚至世代相传，鲜有改变，而在社会经济剧烈变动时期则也会随之发生较大的变动，出现一些新的衣着方式，甚至流行开来而形成新的衣着习俗。所以，饰品佩戴要注意寓意和习俗。如戒指、手镯、玉坠等的佩戴等。

2. 饰品的种类

(1) 首饰类

发饰（发夹、头花等）；

耳饰（耳环、耳坠、耳钉等）；

鼻饰（多为鼻环）；

颈饰（项链、项圈、丝巾、长毛衣链等）；

胸饰（胸针、胸花、胸章等）；

腰饰（腰链、腰带、腰巾等）；

肩饰（多为披肩之类的装饰品）；

首饰（手镯、手链、臂环、戒指、指环等）；

脚饰（脚链、脚镯等）；

挂饰（钥匙扣、手机挂饰、手机链、包饰等）。

(2) 其他类

主要有妆饰类（化妆用品类、文身贴、假发等）、玩偶、钱包、用具类（珠宝首饰箱、太阳镜、手表等）、鞋饰、家饰小件等。

3. 男士领带的打法

在男士穿西服时，最抢眼的通常不是西服本身，而是领带，特别是穿西装套装时，不打领带往往会使西装黯然失色。因此，领带被称为"西装的灵魂"。一位只有一身西装的男士，只要经常更换不同的领带，往往也能给人以天天耳目一新的感觉。以下介绍4种常用的领带打法，以供练习。

(1) 平结（图3-1-6）

平结是男士们选用最多的领带打法之一。几乎适用于各种材质的领带。完成后领带呈斜三角形，适合窄领衬衫。

要诀：图宽边在左手边，也可换右手边打；在选择"男人的酒窝"形成凹凸形，尽量让两边均匀且对称。

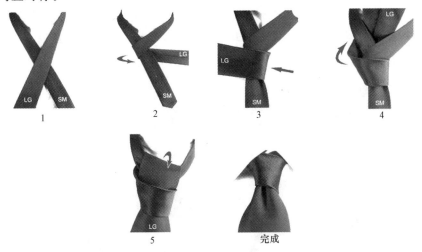

图 3-1-6　平结打法

（2）温莎结（图 3-1-7）

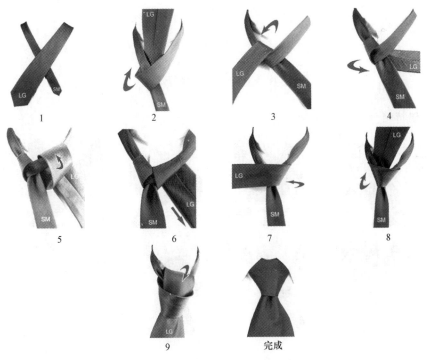

图 3-1-7　温莎结打法

温莎结是因温莎公爵而得名的领带结，是最正统的领带打法。打出的结呈正三角形，饱满有力，适合搭配宽领衬衫。该集结应多往横向发展。应避免材质过厚的领带，集结也勿打得过大。不适人群：中等或偏矮身高，窄胸围，细脖子。

要诀：宽边先预留较长的空间，绕带时的松、紧会影响领带结的大小。

(3)半温莎结（图 3-1-8）

半温莎结是一个形状对称的领带结，它比温莎结小。最适合搭配在浪漫的尖领及标准式领口系列衬衣。看似很多步骤，做起来却不难，系好后的领结通常位置很正。

要诀：使用细款领带较容易上手，适合不经常打领带的人。

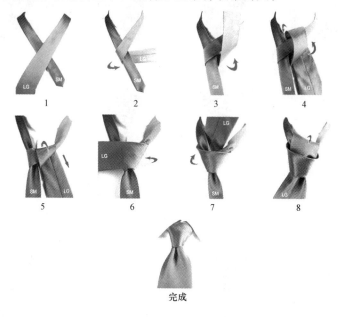

图 3-1-8　半温莎结打法

(4)普瑞特结（图 3-1-9）

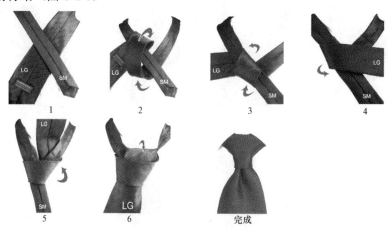

图 3-1-9　普瑞特结打法

普瑞特结是一个形状对称，大小平均的领带结。它比半温莎结小，看起来不太宽也不太窄。普瑞特结的外观匀整，适合大多数衬衫和场合。不适人群：偏矮身高，窄胸围，细脖子。

4. 女士丝巾的打法

女人可以没有昂贵的钻石或时装,但一定要拥有一两条适合自己气质的丝巾。丝巾的轻盈飘逸和柔亮光泽可以衬托女性柔美气质,增添女性无穷魅力。丝巾如同神奇的法宝,能使你的整体时尚度顺利晋级。下面介绍几种丝巾的打法。

(1) 百褶花结 (图 3-1-10)

图 3-1-10 百褶花结打法

(2) 茉莉结 (图 3-1-11)

图 3-1-11 茉莉结打法

(3) 玫瑰花结 (图 3-1-12)

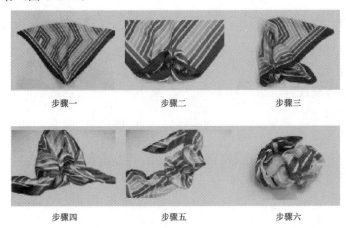

图 3-1-12 玫瑰花结打法

(4) 扇子结 (图 3-1-13)

图 3-1-13 扇子结打法

案例分析

1. 王丽是个爱漂亮的年轻女孩，她刚步入职场不久，买了很多的化妆品来学习化妆。一天，她浓妆艳抹，兴高采烈地来到办公室，本以为同事们能夸她妆化得好、漂亮。结果同事看她，善意一笑而过，毫无夸奖之意，王丽正在纳闷时，老板来找她，要带她去拜见客户，一看她的打扮，老板一皱眉，叫别的同事去了，王丽很懊悔。

过了几天，王丽所在的公司与合作单位（外企）举行联谊酒会，王丽为此做了精心准备，穿了一件黑色的晚礼服，为了吸取上次教训，王丽只在脸上打了薄薄一层粉，几乎不着痕迹。

晚上来到宴会上，王丽意识到自己这次又犯了错，因为大家一个个妆容亮丽，在灯光的照射下更是光彩动人，而自己在灯光下越发惨白。王丽终于明白，光学会化妆还不行，还要明白在什么场合下适合什么样的妆容。

2. 露趾凉鞋见客户丢了印象分。有一位女校长去拜访一位事业上很有成就的50岁左右的女企业家，在办公室外等待的时候，想到女企业家的名气和出色的业绩，不禁感到有些紧张。当她被请进办公室，见到这位女企业家的时候，她心中的紧张感立刻就没了，并且还平添了几分自信。她看到这位胖胖的女企业家穿了一身超短的套裙，并且还穿了一双露着脚趾的凉鞋，对她的印象立刻大打折扣。

思考与练习

1. 职业妆面设计的基本原则。
2. 化妆的步骤。
3. 男士商务发型的原则。
4. TPO 原则是什么？
5. 饰品佩戴的原则是什么？

素养环节

一个人的仪容仪表不但可以体现其文化修养，也可以反映其审美情趣。修饰容貌、着装与自己的身份、职业协调一致，自然适度，不仅可以赢得他人的信赖，给人留下良好的印象，还能提高与人交往的能力。

第二节　汽车销售人员仪容仪表礼仪

学习目标

学习汽车销售人员仪容仪表礼仪的应用与要求，掌握其具体技巧。

素养目标

青年人要养成学习的好习惯。

礼仪格言

礼仪生于富足，盗窃起于贫穷。——《汉·王符》

基础知识

一、汽车销售人员化妆礼仪的应用与要求

1. 汽车销售人员的仪容

仪表是指人的外表，包括人的容貌、发型、手等方面。它反映一个人的精神状态和礼仪修养。

仪容主要指人的容貌。容貌在很大程度上取决于先天条件。容貌的美有天生丽质和精神气质之分。就是容貌较好的人，也有其不足之处，不可能十全十美。修饰打扮一番可掩饰其不足以增强魅力。适当的容貌修饰，会使销售人员容光焕发，充满活力，在销售活动中给人留下良好的个人形象。仪容包括发型、面部、颈部和手。汽车销售人员容貌的修饰主要体现在发型、面部（化妆）、颈部和手部。

2. 汽车销售人员仪容的要求

（1）男士

每一位在汽车销售岗位工作的男士，都希望自己获得上司的信任和客户的好感，更愿意赢得同事的尊敬和异性的青睐，从而给人留下深刻而美好的印象。要做到这一点，适当的修饰装扮和容貌的美化是必不可少的。但应当提醒大家注意的是销售岗位的男士们在做这一切的时候，不能像女性那样精描细画，一团脂粉气，而应当着力表现自己的气质美和风度美，面部要自然、不露痕迹。在汽车销售岗位工作的男士（图 3-2-1），每个人都有与其他人不同的独特个性与外表，要找出最适合自己的外部形象，就要对自己的外形特

图 3-2-1　外部形象

征进行认真分析。如若你是一位性格内向、外表秀气、举止文静的人，为表现阳刚之美，留个短平头或蓄一脸胡子，就显得极不协调。所以。在汽车销售岗位的男士们把握的原则是清洁整齐，精神爽利。

(2) 女士

从根本上看，汽车销售岗位工作的女士仪容和男士没有本质的区别，女士是借助修剪、描画、遮掩等修饰手段达到美化容颜的目的，以符合销售岗位的需要。

在汽车销售岗位工作的女士仪容要求不能素面朝天，也不可以浓妆艳抹，如果化妆过浓，装扮过于个性和自我，则会出现尴尬。所以，汽车销售岗位工作的女士仪容要符合公司的相关要求和岗位规范，即头发梳理整齐，长头发盘起，刘海尽量不要遮住眼睛；皮肤洁净，淡妆自然，确保与颈部协调，腮红颜色应与口红眼影的色彩搭调；手部保持干净、无斑点，指甲修剪整齐，自己的装扮要体现与整体和谐的原则。

3. 汽车销售人员的化妆原则

汽车销售人员化妆的原则是和谐自然，避免浓妆艳抹或者过分夸张的修饰，防止给顾客留下矫揉造作的印象。

(1) 面部基本结构和特点：人们常说"五官端正"就是指人的面部五官比例要协调匀称，这是五官美的前提。人的五官位置是有一定规律的，这个比例就是"三庭五眼"。上庭：从额头的发际线到眉线；中庭：从眉线到鼻底线；下庭：从鼻底线以下。五眼指从正面看，右耳孔到左耳孔之间的脸部横向距离正好相当于自己五只眼睛的宽度。

(2) 肤质种类和特点：健美的皮肤应该是湿润的、有弹性的、光亮细腻、健康的；人的皮肤可分为中性、油性、干性和混合性四种类型。人们通常把肤质分为：中性肤质、干性肤质、油性肤质、混合性肤质和敏感性肤质几种。各种肤质的特点和表现形式如下：

①中性肤质特征：洁面后6~8小时后出现面油；细腻有弹性，不发干也不油腻；天气转冷时偏干，天热时可能出现少许油光；保养适当，皱纹很晚才出现；很少有痘痘及阻塞的毛孔；比较耐晒，不易过敏。

②干性肤质特征：12小时内不出现面油；细腻，容易干燥缺水；季节变换时紧绷，易干燥、脱皮；容易生成皱纹，尤以眼部及口部四周明显；易脱皮，易生红斑及斑点。很少长粉刺和暗疮；易被晒伤，不易过敏。

③油性肤质：1小时后开始出现面油；较粗糙，有油光；夏季油光严重，天气转冷时易缺水；不易产生皱纹；皮厚且易生暗疮、青春痘、粉刺等；更易出油，不易过敏。

④混合性肤质：2~4小时后T形部位出现面油，其余部位正常；面孔中部、额头、鼻梁、下颌起油光，其余部位正常或者偏干燥；不易受季节变换影响；保养适当，不易生皱纹；T形部位易生粉刺；比较耐晒，缺水时易过敏。

4. 汽车销售人员的淡妆技巧

一般工作场合中适合的化妆，都是以淡雅、清爽为原则，只要了解基本步骤和技巧，勤加练习，很快就能化得又快又好。首先清洁面部，用滋润霜按摩面部，使之完全吸收，然后进行面部的化妆步骤：

（1）打底：打底时最好把海绵扑浸湿，然后用与肤色接近的粉底（图3-2-2），轻轻地点拍。

（2）定妆：用粉扑蘸粉，轻轻揉开，主要在面部的T字区定妆，余粉定在外轮廓。

（3）画眼影：职业女性的眼部化妆应干净、自然、柔和，重点放在外眼角的睫毛根部，然后向上、向外逐渐晕染（图3-2-3）。

图3-2-2 打底

图3-2-3 画眼影

（4）画眼线：眼线的画法应紧贴睫毛根，细细地勾画（图3-2-4），上眼线外眼角应轻轻上翘，这种眼形非常有魅力。

（5）描眉毛：首先整理好眉形，然后用眉形刷轻轻描画。

（6）卷睫毛：用睫毛夹紧贴睫毛根部（图3-2-5），使之卷曲上翘，然后顺睫毛生长的方向刷上睫毛膏。

（7）刷睫毛膏：化完眼影记得一定要擦上睫毛膏，睫毛膏刷好后应先不用力眨眼，最好保持固定不动，以免沾染到脸上（图3-2-6），睫毛膏快干时可用睫毛梳将多余部分清除，也有定型的效果。

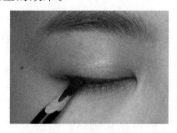
图3-2-4 画眼线

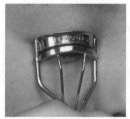
图3-2-5 卷睫毛

图3-2-6 刷睫毛膏

（8）口红或唇彩：应选用与服装相配，亮丽、自然的颜色，现在流行透明自然风格，粉嫩色系的口红或者唇蜜，都能为你的美丽加分。使用方法：用唇笔先描好唇形，再顺着唇形涂好口红或唇彩，加上唇膏润泽更具风采。

（9）检查：整个完成后，记得做最后的检查，在光线较明亮的地方看看自己，有没有上粉不均匀的。

二、汽车销售人员发型礼仪的应用与要求

1. 汽车销售人员发型礼仪的要求

（1）汽车销售人员护发

汽车销售人员的头发必须经常保持健康、秀美、干净、清爽、卫生、整齐的状态。要

真正达到以上要求，就必须在头发的清洗、梳理、养护等几个方面做好功课。

首先，汽车销售人员的头发要保持洁净，由于头发会随时产生各种分泌物，它还会不断地吸附灰尘，并且使之与其分泌物或汗液混杂在一起，甚至产生不雅的气味。这类情况一旦出现，无疑会影响到汽车销售人员头发的外观，所以，需要经常清洗。清洗头发最好是每日一次，并且贵在自觉坚持。即使一时难以做到，也不宜拖得过久。清洗头发，一是为了去除灰垢，二是为了清除头屑，三是为了防止异味，四是为了使头发条理分明。

其次，汽车销售人员在头发的养护方面需要了解护发的方法，清洗头发需要注意清洗产品和护发产品的选用及清洗头发的方法，平时，在饮食方面和睡眠方面也要注意调节，只有这样才能够帮助汽车销售人员更好地保养头发。

（2）汽车销售人员的发型

头发的造型也是仪容美的重要部分。有位美容学家说："发式是人的第二面孔"。恰当的发型会使人容光焕发、风度翩翩。

在发型设计上要与脸型、体型、季节、年龄、职业、气质等因素相适应，体现和谐的整体美。汽车销售人员的头发必须经常保持健康、秀美、干净、清爽、卫生、整齐的状态。要真正达到以上要求，就必须在头发的洗涤、梳理、养护等几个方面做好功课。

①男士。在汽车销售岗位工作的男士发型的修饰最重要的是要整洁、规范、长度适中，款式适合自己。具体要求：前不附额、侧不掩耳、后不及衣领。职业男士的发型要体现一个人的性格、修养和气质。短发型可以体现青年人朝气蓬勃的精神面貌（图3-2-7）。长脸型的人不宜留太短的头发，下巴较方的人可以留些鬓发。瘦高的人应留长一点的发型，矮胖瘦小的人头发不宜长。

②女士。在汽车销售岗位工作的女士发型的修饰也要体现整洁、清爽，符合岗位规范。一般来讲，发型要求庄重保守，不能过分时尚。长发女士在上班或重要场合中，最好用卡子或者发箍把头发束起来、盘起来或编起辫子。发型的选择一定要适合自己的性别、年龄、身份、场合和汽车品牌文化。一般来说，发型要求庄重保守，不能过分时尚。发型设计应根据季节变化而有所不同。夏天，应取凉爽、舒畅的短发（图3-2-8），若留长发可梳辫或盘髻，这个季节头发，不宜过长、过于蓬松；冬天衣服穿得厚，衣领高，留长发既美观又利于保暖；春秋季发型可长可短，比较随意。

图3-2-7 男士短发型

图3-2-8 女士短发型

2. 汽车销售人员面部的要求

（1）男士

在汽车销售岗位工作的男士每天面部要保持整洁，所以，洁肤是汽车销售人员必做的功课。

除了保持面部整洁，在汽车销售岗位工作的男士还要注意不要留胡子，要养成每日剃须的习惯，鼻毛和耳毛也要定期修剪，使面部每天都清洁、容光焕发、充满朝气。另外，由于汽车销售人员工作的关系需要经常与顾客交流，所以，保持口腔卫生也是汽车销售人员重要的一环，尽量避免在工作前食用有异味的食物，如葱、蒜、韭菜、海鲜等，并且，养成饭后及时刷牙的习惯，保证口腔无异味。一旦发现自己口腔有异味，应及时使用漱口水或喷剂清除，从而保持一个良好的个人形象。

（2）女士

在汽车销售岗位工作的女士每天面部也要保持整洁，由于工作的环境大多在4S店展厅，空气比较干燥，因此要注意面部的保湿。汽车销售人员要像修饰面部一样修饰颈部，保持颈部皮肤的清洁和美，以免破坏了整体的形象。根据自己的身材、肤色来选择衣着、发型和化妆，对不足之处加以修饰；使优点更加突出，平时工作中还需要保持正确的站姿、坐姿、行姿，这些对脖颈的健美也很有帮助。

3. 汽车销售人员手部的要求

在汽车销售岗位工作的女士除了面部之外，还需要了解手部保养的意义与方法。人体最频繁外露的部分要数双手了。一双美手展示给人的不仅仅是视觉上的愉悦，而且，更重要的是呈现自己灵慧的内心。人们常说："心灵手巧。"在工作中汽车销售人员的双手会经常展现在顾客面前，比如，产品介绍时手势的运用、签约时等，所以，手的美化就显得格外重要，手美化的方法是汽车销售人员的双手要保持洁净，一双清洁没有污垢的手，是交往时的最低要求。还要经常修剪指甲，指甲的长度不应超过手指指尖。在修指甲时，指甲沟附近的"暴皮"要同时剪去，不能以牙齿啃指甲。特别值得提出的是，在任何公共场合修剪指甲，都是不文明、不雅观的举止。还需要注意的是汽车销售人员不能涂彩色指甲上岗工作。

三、汽车销售人员着装礼仪的应用与要求

1. 汽车销售人员着装的原则

在大多数情况下，由于汽车销售人员工作环境是在4S店展厅里，所以，在工作中男士是以穿着西装、衬衣并打领带为主，女士则以职业套装为主，根据TPO原则，汽车销售人员着装时应注意以下几方面：

（1）着装合体

汽车销售人员的服装都是统一定做的，穿着时要和身材、体形相协调，长短合适，根据自己的体形特点尽量做到扬长避短。在服装穿着、饰物佩戴和配件使用等方面，都必须适应具体的时间、地点和目的的要求，使着装得体。

(2) 着装合意

根据企业的规定,汽车销售人员在允许的范围内体现自己的爱好、情趣、个性和审美观,按照着装的基本要求穿出自己的风格和魅力。

(3) 整洁平整

汽车销售人员的服装须保持清洁,并熨烫平整,穿起来就能大方得体,显得精神焕发。整洁并不完全为了自己,更是尊重顾客的需要,这是体现良好仪态的第一要务。

(4) 色彩协调

不同色彩会给人不同的感受,如深色或冷色调的服装让人产生视觉上的收缩感,显得庄重严肃;而浅色或暖色调的服装会有扩张感,使人显得轻松活泼。因此,汽车4S店销售人员着装大多采用体现庄重的颜色。

(5) 搭配得体

除了主体衣服之外,鞋、袜、领带和丝巾等的搭配也要多加考究。如袜子以透明近似肤色或与服装颜色协调为好,带有大花纹的袜子不能登大雅之堂。正式、庄重的场合不宜穿凉鞋或靴子,黑色皮鞋和黑色袜子是展厅销售人员的首选,可以与服装和谐搭配。

(6) 饰物点缀

巧妙地佩戴饰品能够起到画龙点睛的作用,给女士们增添色彩。但是汽车销售人员佩戴的饰品不宜过多,否则会分散对方的注意力。佩戴饰品时,应尽量选择同一色系,不要选择过大、过于醒目的饰品,佩戴首饰关键还要与整体服饰搭配统一起来。

总之,汽车销售人员着装要以庄重、素雅为主。如果让服装反客为主,销售人员自己就会变得无足轻重,在顾客的印象里也只有服装而没有销售人员。

2. 汽车销售人员男士着装的规范

在展厅工作的汽车男销售人员在穿着西装上主要体现4S店的职业化水平,同时还要通过服饰展现汽车品牌的文化,所以,展厅汽车男销售人员的套装要求上下装面料、色彩一致的。现在汽车男销售人员常穿的西装有两大类,一类是平驳领、圆角下摆的单排扣西装;另一类是枪驳领、方角下摆的双排扣西装。另外西装还有套装(正装)和单件上装(简装)的区别。西服在穿着时一定要笔挺,展厅汽车男销售人员西装的颜色以藏青、深蓝和灰色为主,不要穿白色、红色和其他颜色的西服。

(1) 西装穿着要领

汽车男销售人员穿西装的时候,双排扣西装一定要全部扣上;单排双扣,扣上面一颗或全部不扣;单排三扣,扣中间一颗或全部不扣;单排四扣,扣中间两颗。

领带颜色应和谐不可刺目,一般领带长度应是领带尖盖住皮带扣。领带夹的位置放在衬衫从上往下数的第四粒纽扣处,西服扣上扣子后应看不到领带夹(图3-2-9)。

(2) 西装与衬衫

汽车男销售人员穿西装的时候,衬衫的所有纽扣,不管是衣扣、领扣还是袖扣,都要一一系好。衬衫的袖长长短要适

图3-2-9　西装穿着要领

度，男士西服上衣袖子应比衬衫袖短1～3厘米。穿长袖衬衫时，无论是否穿外衣，都必须将其下摆均匀而认真地掖进裤腰之内，不能让它在与裤腰的交界处皱皱巴巴，或上下错位、左右扭曲，正装衬衫大小要合身，尤其衣领、胸围要松紧适度，下摆不宜过短。

（3）汽车男销售人员穿着西装注意的问题

在展厅工作的汽车男销售人员，在穿着西装时，务必要特别注意以下几方面要点：

①西装要拆除衣袖上的商标。在西装上衣左边袖子上的袖口处，通常会缝有一块商标。有时，那里还同时缝有一块纯羊毛标志。在正式穿西装之前，切勿忘记将它们先行拆除。这种做法，等于是对外宣告该套西装已被启用。

②西装要熨烫平整。欲使一套穿在自己身上的西装看上去美观而大方，首先就要使其显得平整而挺括，线条笔直。要做到此点，除了要定期对西装进行干洗外，还要在每次正式穿着之前，对其进行认真的熨烫。

③西装要扣好纽扣。穿西装时，上衣、背心与裤子的纽扣，都有一定的系法。在三者之中，又以上衣纽扣的系法讲究最多。一般而言，站立之时，特别是在展厅接待顾客后起身而立时，西装上衣的纽扣应当系上，以示郑重其事。就座之后，西装上衣的纽扣则大都要解开，以防其"扭曲"走样。

④西装不卷不挽。穿西装时，一定要悉心呵护其原状。在汽车4S店展厅里，千万不要当众随心所欲地脱下西装上衣，更不能把它当作披风一样披在肩上。需要特别强调的是，无论如何，都不可以将西装上衣的衣袖挽上去。否则，极易给人以粗俗之感。在一般情况之下，随意卷起西裤的裤管，也是一种不符合礼仪的表现。

⑤西装少装东西。为保证西装在外观上不走样，就应当在西装的口袋里少装东西，或者不装东西。对待上衣、背心和裤子均应如此。具体而言，在西装上，不同的口袋发挥着各不相同的作用。在西装上衣上，左侧的外胸袋除可以插入一块用以装饰的真丝手帕，不准再放其他任何东西，尤其不应当别钢笔、挂眼镜。内侧的胸袋，可用来别钢笔、放钱夹或名片夹，但不要放过大过厚的东西或无用之物。外侧下方的两只口袋，则原则上以不放任何东西为佳。在西装的裤子上，两只侧面的口袋只能够放纸巾、钥匙包或者碎银包。其后侧的两只口袋，则大都不放任何东西。

⑥皮鞋与袜子的选择。男销售人员的皮鞋应以深色为主，如黑色、棕色或灰色，不要穿太陈旧的皮鞋，鞋面一定要干净，鞋跟不要太高。应穿深色、质地好的袜子，如棕色、深蓝色、黑色或灰色，不要穿质薄透明的袜子，尤其不能穿白袜子。

⑦西服穿着十忌。

a. 忌西裤短，标准的西裤长度为裤管盖住皮鞋。

b. 忌衬衫放在西裤外。

c. 忌衬衫领子太大，领脖间存在空隙。

d. 忌领带颜色刺目。

e. 忌领带太短，一般领带长度应是领带尖盖住皮带扣。

f. 忌不扣衬衫扣就佩戴领带。

g. 忌西服上衣袖子过长，应比衬衫袖短1厘米。

h. 忌西服的上衣、裤子袋内鼓囊囊。

i. 忌西服配运动鞋。

j. 忌皮鞋和鞋带颜色不协调。

3. 汽车销售人员女士着装的规范

在4S店展厅工作的女销售人员，以套装和西服套裙（图3-2-10）为主，在套装的选择上首先应注重面料，最佳面料是高品质的毛和亚麻，最佳的色彩是黑色、灰色、棕色、米色等单一色彩，目前，展厅女销售人员的套装都是统一订制的。在展厅工作中，无论什么季节，女销售人员的套装都必须是长袖的。职业裙装的裙子应该长及膝盖，坐下时裙子会自然向上缩短，如果裙子缩上后离膝盖的长度超过10厘米，就表示这条裙子过短或过窄。职业套裙最好与衬衣相配。

（1）职业套装与衬衫

汽车女销售人员与职业套裙搭配的衬衣（图3-2-11）颜色最好是黑色或藏青色、灰褐色、灰色等单色，目前，有些品牌展厅女销售人员衬衫颜色是统一的。衬衣的最佳面料是棉、丝绸面料。衬衫的款式要裁剪简洁，不带花边和皱褶。穿衬衫时，衬衫的下摆必须放在裙腰之内，不能放在裙腰外，或把衬衣的下摆在腰间打结。除最上端一粒纽扣按惯例允许不系外，其他纽扣不能随意解开。

图3-2-10 套装

图3-2-11 搭配的衬衫

（2）套裙的选择，展厅女销售人员的服装在穿着上的礼仪原则是讲究整洁与高雅。职业套裙一般最佳颜色是黑色、藏青色、灰褐色、灰色。

（3）胸卡（牌）佩戴

汽车女销售人员每天要求佩戴经过汽车生产厂家销售部门认证颁发的统一胸牌上岗。佩戴胸牌时要求位置正确，即胸牌在左胸前，不能随意戴在衣领、衣袖、后裤兜处。

（4）职业套装与鞋袜搭配

与套裙配套的鞋子，应该是高跟、半高跟的船式皮鞋。黑色的高跟或半高跟船鞋是展厅销售女性必备的基本款式，几乎可以搭配任何颜色和款式的套装。鞋子的颜色最好与衣服的颜色相协调。任何有亮片或水晶装饰的鞋子、系带式皮鞋、丁字式皮鞋、皮靴、皮凉鞋等，都不宜在正式场合搭配套裙，露出脚趾和脚后跟的凉鞋和皮拖鞋也不适合销售人员在展厅穿着。皮鞋要上油擦亮，不留灰尘和污迹。

长筒袜和连裤袜是穿套裙的标准搭配。中统袜、低统袜，绝对不能与套裙搭配穿着。让袜边暴露在裙子外面，是一种公认的既缺乏服饰品位又失礼的表现。穿长筒袜时，要防止袜口滑下来，也不可以当众整理袜子。展厅销售女性穿职业套裙时，要选择肉色长筒丝袜。丝袜容易划破，如果有破洞、跳丝，要立即更换。可以在办公室或手袋里预备好一两双袜子，以备替换。不能同时套穿两双袜子，也不能把健美裤、羊毛裤当成长筒袜来穿。

（5）汽车女销售人员穿着需要注意的问题

汽车女销售人员的穿着，在符合企业要求的基础上，还要注意：忌穿着无袖、透亮、领口过低、过于怪异的上衣。忌穿超短裙、牛仔裙或带穗的休闲裙。忌穿过瘦的裤子，也不要穿吊脚裤。忌穿颜色过于鲜艳、露脚趾的鞋。忌鞋跟太高或太细、有破损的鞋。忌穿带花的、白色、红色或其他鲜艳颜色的袜子。忌长筒袜破损。

（6）各汽车品牌销售人员着装特色

①各汽车品牌销售人员着装特色。现在，国内汽车4S店展厅销售人员着装大体相同，但是，为了区别汽车品牌，各个企业在汽车销售人员的着装上还是做足功课，他们在衬衫颜色、领带颜色、丝巾、胸卡等方面形成细微差别。比如：

a. A汽车品牌：

高端产品、品质成熟，销售人员着装统一。

男士：黑色西服套装、黑色皮鞋、橙黑相间的领带、佩戴胸牌。

女士：黑色西服套装（裙）、夏季橙色衬衫、冬季外套藏蓝色大衣、黑色皮鞋、橙灰色小方丝巾、佩戴胸牌。

b. H汽车品牌：

男士：黑色西服套装、黑色皮鞋、领带、佩戴胸牌。

女士：黑色西服套装（裙）、黑色皮鞋、戴领结、佩戴胸牌。

c. F汽车品牌：

男士：深灰色燕尾服西装（公司统一定做）、黑色皮鞋、佩戴胸牌、领带（四季都在变化）。如春天是绿色领带，夏天是蓝色领带，秋天是橘红色领带，冬天是紫色领带。

女士：黑色西服套装（裙）、衬衫颜色白和粉色、黑色皮鞋、小方丝巾、佩戴胸牌。

另外，F汽车品牌展厅销售顾问人手配一个对讲机，方便第一时间联系。

d. D汽车品牌：

男士：黑色西服套装、黑色皮鞋、领带、佩戴胸牌。

女士：黑色西服套装（裙）、白色衬衫、黑色皮鞋、小方丝巾、佩戴胸牌。

②服装色彩特征与肤色的搭配。汽车销售人员除需要掌握上述外，还应当在了解服装色彩特征与肤色的搭配，帮助销售人员提升着装品位。

服装色彩特征：

红色：热烈、浪漫、强烈；象征：幸福、喜悦、兴奋、快乐。

黄色：最明亮、最活泼、最引人注目；象征：户外、开放、年轻、明智、好动、充满希望。

蓝色：安静、寒冷、智慧。

橙色：明亮、温暖；象征：冲动、华丽、欢乐、甜蜜、丰收。
绿色：安宁、凉爽、舒适；象征：生命、环保。
紫色：高贵、财富；象征：威严、华贵。
灰色：稳重、可靠、柔弱、平凡、朴实。
白色：圣洁、孤高、纯洁、高尚。
黑色：庄重、洗练、肃穆、洒脱、高雅、沉稳。

③服装配色的三种主要方式。

a. 同色的搭配：即由色彩相近或相同，明度有层次变化的彩色相互搭配造成一种统一和谐的效果。其中可以用一种颜色，以不同饱和度和深浅度相配，如蓝色连衣裙可以用深蓝色作装饰色看起来很和谐。也可以用一种颜色的数种色调来搭配，比如青配天蓝，墨绿配浅绿，咖啡配米黄色等。从整体上看，如奶黄色上衣配棕黄色裤子或裙子，再配奶黄色或本白色皮鞋，这样的搭配可以给人端庄、稳重、高雅的感觉。一般而言，同色搭配时，宜掌握一个原则就是，上浅下深，上明下暗。

b. 相似色搭配：色彩学把色环上大约90°以内的邻近色称之为相似色。比如奶黄与橙、绿与蓝、绿与青紫、红与橙黄等。相似色搭配时，两个色的明度、纯度须错开，深一点的蓝色和浅一点的绿配在一起比较合适。若鲜绿色裙子配鲜黄色上衣，就显刺眼；若一件深绿色裙子配淡黄色上衣就好看多了。

c. 主色调搭配：指选一种起主导作用的基调为主色，相配各种颜色，造成一种相互陪衬，相映成趣之效。采用这种配色方法，应首先确定整体服饰的基调，是冷色调还是暖色调；是亮色调还是灰色调；是红色调还是绿色调。其次选择与基调一致的主色。最后，再选出辅色。任何情况下，主色都起决定性作用，装饰色越少就越显鲜明，如灰色的衣饰在一处加一道不大的深红装饰色就很悦目，如果多处加装饰色就显俗气了。主色调搭配选色不当，容易造成混乱不堪，有损整体形象。

④服装色彩与肤色的搭配。

皮肤黝黑的人，宜穿暖色调的弱饱和色衣着，可选择穿纯黑色衣着，以绿、红和紫罗兰色作为补充色。这种类型的女子可选择三种颜色作为调和色，即：白、灰和黑色。主色可以选择浅棕色。紫罗兰配上黄色、深绿色或是红棕色、深蓝色配上黄棕色或深灰色，都可以。此外，略带浅蓝、深灰二色，配上鲜红、白、灰色，也是相宜的。穿上黄棕色或黄灰色的衣着脸色就会显得明亮一些，若穿上绿灰色的衣着，脸色就会显得红润一些。此外，诸如绿、黄橙、蓝灰等色亦可。

面色红润的黑发女子，最适宜采用微饱和的暖色作为衣着，也可采用淡棕黄色、黑色加彩色装饰，或珍珠色，用以陪衬健美的肤色。黄色镶黑色的衣着对这类妇女最为相宜。不宜采用紫罗兰色、亮黄色、浅色调的绿色、纯白色。因为这些颜色，过分突出皮肤的红色。此外冷色调的淡色如淡灰等也不相宜。如果用蓝色或绿色，那就应采用饱和程度最大的色。

如果脸色红嫩，可采用非常淡的丁香色和黄色，不必考虑何者为主色。这种脸色的女子可穿淡咖啡色配蓝色，黄棕色配蓝紫色，红棕色配蓝绿色以及淡橙黄色、灰色和黑色等。

如果肤色较白，则不宜穿冷色调，否则会越加突出脸色的苍白。这种肤色的人最好穿蓝、黄、浅橙黄、淡玫瑰色、浅绿色等一类的浅色调衣服。另外，以较重的黄色加上黑色或紫罗兰色的装饰色，或是紫罗兰色配上黄棕色的装饰色对女子也很合适。黄色部分最好靠近脸部，否则皮肤就会显得过于暗淡。

如果皮肤发灰，那么衣着的主色应为蓝、绿、紫罗兰色、灰绿、灰、深紫和黑色。蓝灰色可用深棕色作为补色。紫灰色可以用黄棕色作补色。绿灰色可用微红色作补色。紫色或以用灰黄作补色。这种肤色妇女绝对不能采用白色作衣着，哪怕作装饰色也不行。

如果皮肤较黑，那么衣着主色最好采用冷色，装饰色可采用较暖的颜色。此类女子衣着以深紫、灰绿、棕红、棕黄以及黑色为佳。如果以黑色作为主色，那么装饰色宜采用紫罗兰色、黄灰色或灰绿色。作为黄灰色的补色，可采用紫罗兰。作为蓝灰色的补色可采用浅棕色。作为绿灰色的补色，可采用樱桃色。此外，黄棕色的补色是灰紫。红棕色的补色，则是灰绿。装饰色一般可采用白色和黑色。

四、汽车销售人员饰品礼仪的应用与要求

1. 汽车销售人员饰品礼仪

4S店每位成员的个人形象都蕴涵着汽车品牌的文化，体现着品牌的形象，并且代表着该品牌。因此，形象对销售人员来说极其重要。这里的形象是广义的，包括汽车销售人员的衣着打扮、肢体风范和礼仪等。一个穿戴整洁、举止有礼的销售人员很容易赢得客户的信任和好感。销售人员拥有的优雅仪表，会拉近与客户之间的距离，减少客户的疑虑，提升汽车销售人员的亲和力，进而促使客户产生购买的欲望，从而达成交易。

2. 男士汽车销售人员的饰品礼仪要求

领带，穿西装要扎领带，汽车销售人员不仅要了解领带颜色、领带的款式和领带的功能，还要掌握扎领带的技巧，因为，起装饰作用的领带，不仅能够体现西装的质感和立体感，同时，也越来越被更多汽车品牌的销售部门关注，他们为了更好地体现品牌、宣传品牌，现在很多汽车品牌都把徽标和品牌标识印在领带上，并且，通过展厅销售人员的领带向顾客宣传品牌、推广品牌和销售品牌。

①领带的颜色。西装、领带、衬衣三者的色调应该是和谐的，而领带是三者中最醒目的，它是西装的灵魂。领带的主色调一定要与衬衫有所区别。但领带选择与外衣同色系时，颜色要比外衣更鲜明；当领带采取与西装对比色的搭配方法时，领带颜色的纯度要降低。单色、条纹、圆点、细格、规则图案，都是常规的。穿西装时领带颜色尽可能庄重些，像大花图案、色彩斑斓的就不合适。在4S店工作中，领带颜色的选择要和谐不可刺目。

目前，在展厅工作的汽车销售人员多选用黑色西装，配白色或浅蓝色衬衫，系砖红色、绿色或蓝色调领带。此外，在一般场合也有中灰色调西装，配白色或浅蓝色衬衫，系蓝色、深玫瑰色、褐色、橙黄色调领带；墨绿色调领带，配白色或银灰色衬衫，系银灰色、灰黄色领带；乳白色调西装，配与红色略带黑色、砖红色或黄褐色调领带互补的衬衫这几种选择。

②领带的款式。领带的款式，即其形状外观。一般来说，它有宽窄之分，这主要受到

时尚流行的左右。进行选择时，应注意最好使领带的宽度与自己身体的宽度成正比，而不要反差过大。它还有箭头与平头之别。前者下端为倒三角形，适用于各种场合，比较传统。后者下端平头，比较时髦，多适用于非正式场合。

③领带的长度。领带通常长130～150厘米。领带打好之后，外侧应略长于内侧。其标准的长度，应当是下端正好触及腰带扣的上端。这样，当外穿的西装上衣系上扣子后，领带的下端便不会从衣襟显露出来，当然，领带也别打得太短，不要让它动不动就从衣襟上面跳出来。出于这一考虑，汽车销售人员的领带不提倡选用"一拉得"领带或"一套得"领带。

④领带的位置。领带打好之后，应被置于合乎常规的既定位置。穿西装上衣系好衣扣后，领带应处于西装上衣与内穿的衬衫之间。

秋冬季汽车销售人员穿西装背心、羊毛衫、羊毛背心时，领带应处于它们与衬衫之间。穿多件羊毛衫时，应将领带置于最内侧的那件羊毛衫与衬衫之间，不要让领带逸出西装上衣之外，或是处于西装上衣与西装背心、羊毛衫、羊绒衫、羊毛背心之间，更别让它夹在两件羊毛衫之间。

⑤领带的佩饰。汽车销售人员在一般情况下打领带时，没有必要使用任何佩饰。有时候，为了减少领带在行动时任意飘动带来的不便，或为了不使其妨碍工作、行动，汽车销售人员可酌情使用领带佩饰。领带佩饰的基本作用是固定领带，其次才是装饰。常见的领带佩饰有领带夹、领带针和领带棒。它们分别用于不同的位置，但不能同时登场，一次只能选用其中的一种，选择领带佩饰，应考虑金属质地制品，并要求素色为佳，形状与图案要雅致、简洁。

⑥领带夹。领带夹主要用于将领带固定于衬衫上，因此不能只用其夹着领带，或是将其夹在上衣的衣领上。汽车销售人员在使用领带夹时要注意位置要正确，在衬衫从上朝下数的第四粒、第五粒纽扣之间。最好不要让它在系上西装上衣扣子之后外露。若其领带夹得过于往上，甚至被夹在鸡心领羊毛衫或西装背心领子开口处，都会影响美观。

⑦领带针。领带针在西装的穿着中主要用于将领带别在衬衫上，起到一定的装饰作用。其一端为图案，应处于领带之外，另一端为细链，则应免于外露。使用它时，应将其别在衬衫从上往下数第三粒纽扣处的领带正中央。其有图案的一面，宜为外人所见。

⑧领带棒。领带棒主要用于穿着扣领衬衫时，穿过领带，并将其固定于衬衫领口处。使用领带棒，如果得法，会使领带在正式场合显得既飘逸，又减少麻烦。

总之，汽车销售人员在使用领带佩饰时，宁肯不用，也不要乱用。

3. 汽车女销售人员的饰品礼仪

胸针和丝巾是4S店展厅销售人员职业裙装最主要的饰品之一，目前，汽车4S店展厅销售人员配饰搭配越来越受到各大汽车品牌的重视。

4S店展厅销售人员穿套裙时，别上一枚精致的胸针，能造成视线上移，可以让身材显得高挑一些。胸针一般别在左胸襟，胸针的大小、款式、质地可根据每个人的爱好决定。同时，恰到好处的佩带丝巾不仅能够体现汽车品牌的特征，还会起到画龙点睛的作用。目前，汽车4S店展厅销售人员配饰搭配越来越受到各大汽车品牌销售人员的青睐。

(1) 常见的斯文小平结的打法如下：

①斯文小平结。

花色图案简单的丝巾，搭配清爽利落的 V 领线衫，步骤如下：

a. 将丝巾对角往中心点对折（图 3-2-12）。

b. 对折 2 次，成 3~5 cm 宽（图 3-2-13）。

图 3-2-12　对折

图 3-2-13　对折 2 次

c. 丝巾一长一短拉住，将长的一端从短的一端的下面向上穿过来系活结（图 3-2-14）。

d. 将从下面穿过来的一端绕过较短的一端再系一个结。整理好形状，将结移到喜欢的位置（图 3-2-15）。

图 3-2-14　系活结

图 3-2-15　整理

②宝石结。

V 字形造型使颈部线条显得十分纤细，丝质的面料有助于调整结眼的立体感。如项链般的宝石结点缀在脖颈，一颗颗"宝石"色泽饱满又立体，瞬间吸引眼球，顿时让整个人亮丽起来。要使线条规律地呈现出井然有序、兼具感性与理性的整体美，一定要注意左右两侧结的对称哦！此系法适合小圆领和 V 领，不宜配方领和衬衫领。

a. 将方巾往中心点对折，再对折（图 3-2-16）。

b. 折成长条形状后，把丝巾绕在手指上，把长的一端从下往上穿出来打一个死结，使结刚好在长巾的中间位置，整理成宝石状（图 3-2-17）。

图 3-2-16　对折

图 3-2-17　整理

c. 在两边再各打一个同样的结,形成三个宝石结。将丝巾两端拉到颈后,以平结固定即可(图 3-2-18)。

图 3-2-18 固定

(2)脸型与丝巾搭配

①圆脸。脸部较丰润的人,要想让脸部轮廓看来清爽一些,关键是要将丝巾下垂的部分尽量拉长,强调纵向感,并注意保持从头至脚的纵向线条的完整性,尽量不要中断。系花结的时候,选择那些适合个人着装风格的系结法,如钻石结、菱形花、玫瑰花、心形结、十字结等,避免在颈部重叠围系、过分横向以及层次质感太强的花结。

②长脸。左右展开的横向系法能展现出领部朦胧的飘逸感,并减弱脸部较长的感觉,如百合花结、项链结、双头结等。另外,还可将丝巾拧成略粗的棒状后,系出蝴蝶结状,不要围得过紧,尽量让丝巾自然地下垂,渲染出朦胧的感觉。

③倒三角脸。从额头到下颌,脸的宽度渐渐变窄的倒三角形脸的人,给人一种严厉的印象和面部单调的感觉。此时可利用丝巾让颈部充满层次感,来一个华贵的系结款式,会有很好的效果。如带叶的玫瑰花结、项链结、青花结等。注意减少丝巾围绕的次数,下垂的三角部分要尽可能自然展开,避免围系得太紧,并注重花结的横向层次感。

④四方脸。两颊较宽,额头、下颌宽度和脸的长度基本相同的四方脸的人,容易给人缺乏温柔的感觉。系丝巾时尽量做到颈部周围干净利索,并在胸前打出些层次感强的花结,再配以线条简洁的上装,演绎出高贵的气质。

案例分析

1. 某汽车品牌 4S 店销售顾问小李费了很大周折才联系上一个国有企业主管领导,准备与对方沟通车辆购买的相关事宜。会面的当天,正值夏天,天气特别热,他觉得穿着休闲裤和 T 恤衫就可以了,可是,当他一身休闲走进对方的会议室时,却发现所有与会的人都是穿着西服正装,他的脸腾地红了,非常尴尬,整个沟通的状态也非常差,至此,一项到手的大客户采购项目就这样失败了。

"成功的推销始于成功地推销自己",得体的着装和礼仪,不仅能够体现一个汽车销售人员良好的修养和独到的品位,同时,还应当让对方感受到各个汽车品牌"顾客至上"的服务理念和品牌形象,这样,才能在彼此的交往中增强个人自信,赢得对方的尊重、信任和好感。

本案例中的小李由于过于自我,忽视对方的感受,没有遵循着装原则,才导致这样的结果,不仅影响到自己销售业绩,也影响到汽车品牌的形象。

因此，作为汽车行业的从业人员，尤其是汽车销售人员，需要对着装的原则和服装的分类等知识有个全面的了解和把握，只有熟悉汽车销售人员着装的基本要求和注意事项，才能在工作中少犯小李那样的错误。

2. 王曼是一家知名品牌汽车4S店的销售顾问，年轻、漂亮的她每天上班前必做的功课就是化妆，虽然公司规定要求销售顾问淡妆上岗，但是，王曼却认为化上浓妆才能展现她的美丽，所以，她不顾公司的劝告还是贴上长长的假睫毛，戴上大大的耳环，浓妆上班。一天，店里来了一位顾客，王曼接待了他，当这位顾客准备离开展厅的时候，向店内的销售总监说了这样一句话："王曼销售顾问的浓妆与你们店里经营的这么庄重的品牌太不协调了！"

作为汽车销售人员，得体的仪表不仅能够体现汽车销售人员良好的修养和独到的品位，同时，还能够更好地体现汽车品牌形象，因此，需要汽车销售人员对仪表规范和要求等知识有个全面的了解，掌握基本化妆技巧，更好地把握注意事项，这样，才能不断地增强个人自信，营造一种和谐之美，并且，通过自身的仪表礼仪更好地展现品牌形象，赢得对方的尊重、信任和好感。

本案例中王曼的追求是可以理解的，因为，"爱美之心，人皆有之。"只是王曼忽略了展厅对销售人员仪表的要求，才导致顾客这样的反馈。这个案例告诉我们，汽车销售顾问的美要与展厅工作相协调，汽车销售顾问的化妆要符合公司规定，不能过于自我，这样的结果只能是弄巧成拙。

实施与考核

重点训练学生的领带打法、丝巾的系法。让学生以小组为单位进行实际练习（学生每两人一组进行互查互评）。

思考与练习

1. 汽车销售人员的淡妆技巧。训练学生亲自化妆的能力。
2. 汽车销售人员（男士）着装的技巧。
3. 汽车销售人员（女士）着装的技巧。
4. 男性汽车销售人员的发型要求。

素养环节

青年人正处于学习的黄金时期，应该把学习作为首要任务，作为一种责任、一种精神追求、一种生活方式，树立梦想从学习开始、事业靠本领成就的观念，让勤奋学习成为青春远航的动力，让增长本领成为青春搏击的能量。

礼仪小故事

某报社记者吴先生为作一次重要采访，下榻于北京某饭店。经过连续几日的辛苦采访，终于圆满完成任务。吴先生与两位同事打算庆祝一下，当他们来到餐厅，接待他们的是一位五官清秀的服务员，接待服务工作做得很好，可是她面无血色显得无精打采。吴先生一看到她就觉得没了刚才的好心情，仔细留意才发现，原来这位服务员没有化工作淡妆，在餐厅昏黄的灯光下显得病态十足，这又怎能让客人看了有好心情就餐呢？当开始上菜时，吴先生又突然看到传菜员涂的指甲油缺了一块，当下吴先生第一个反应就是"不知是不是掉入我的菜里了?"但为了不惊扰其他客人用餐，吴先生没有将他的怀疑说出来。但这顿饭吃得吴先生心里总不舒服。最后，他们喊柜台内服务员结账，而服务员却一直对着反光玻璃墙面修饰自己的妆容，丝毫没注意到客人的需要，到本次用餐结束，吴先生对该饭店的服务十分不满。

看来服务员不注重自己的仪容、仪表或过于注重自己的仪容、仪表都会影响服务质量。

第四章 交往礼仪

第一节 常规交往礼仪

学习目标

1. 掌握常规交往礼仪。
2. 每种常规礼仪的注意要点。
3. 每种常规礼仪的具体应用。

素养目标

理解什么是规则。

礼仪格言

人无礼则不生，事无礼则不成，国无礼则不守。——《荀子·修身》

基础知识

一、介绍礼仪

礼仪是人类为维系社会正常生活而要求人们共同遵守的最起码的道德规范，它是人们在长期共同生活和相互交往中逐渐形成，并且以风俗、习惯和传统等方式固定下来的行为准则。

1. 自我介绍的类型

应当如何进行自我介绍，是否可以千篇一律？显然是不可以的，因为自我介绍涉及时间、地点、当事人、旁观者、现场气氛等，所以自我介绍不能一概而论。根据自我介绍表述的内容不同，可以分为以下五种：

（1）应酬型

应酬型的自我介绍适用于一般性接触的交往对象。对介绍者而言，对方属于泛泛之交，或者早已熟悉，进行自我介绍只是确认身份，用一个字概括就是"少"，只要姓名这一项包含了即可。如"您好！我叫汪洋"，"您好，我的名字叫张燕"。

（2）工作型

工作型（图4-1-1）的自我介绍有一个特点：主要适用于工作中，突出工作，因工作交友,因工作而交际。有时也可称它为"公务员的自我介绍"。其中包括三项内容:姓名、工作单位和部门、职位。如"您好!我叫李扬,是××市××局副局长","我叫王平,现在××银行××市支行工作,任副行长一职"。

图 4-1-1　工作型

(3)交流型

交流型的自我介绍,主要适用于在社交活动中,它不仅介绍自己,让对方认识自己,更重要的是刻意寻求与对方进一步交流和沟通。在作这种自我介绍时,可以不面面俱到,但应该从最容易进行交流与沟通的方面下手。如"我叫李林,毕业于××大学法律专业,我和您夫人是校友。""您好,我的名字是李晓,来自××省,我们可是老乡哦。"

(4)礼仪型

礼仪型的自我介绍适用于最为正式的场合,礼仪性最强。比如讲座、报告、演出、礼仪、庆典等一些较为正式的场合,这种介绍内容可以稍微全面一点,凸显自己的友好、谦虚。如"尊敬的各位来宾,大家好。我是王艳,是××公司的副经理。我代表本公司对大家的莅临表示热烈的欢迎,谢谢大家的支持。"

(5)问答型

甲:"您好!请问你贵姓?"乙:"您好,免贵姓王,叫王燕。"

甲:"您好!请问怎么称呼您?"乙:"我的名字叫王燕,是一名银行工作人员。"

2. 自我介绍的禁忌

(1)自我介绍不要平淡无奇,不能够把个人的特点展示出来。

(2)自我介绍不要写成简历形式,缺少文学色彩。

(3)自我介绍不要雷同。

(4)不要急于表现自己。

(5)自我介绍的商务不要夸耀自己的"丰功伟绩",小心在别人眼里不值一提。

(6)不要篇幅较短,那会显得你很没有文化;也不要长篇大论,那会很冗长,让人对你没有兴趣。

(7)在不同的场合要有不同的自我介绍,不要用同一种,那会显得很分不清场合,就是老人常言的"拎不清"。

(8)自我介绍切忌话多。

(9)要注意逻辑和结构。

(10)语速要慢一点,注意抑扬顿挫。

(11) 可以说一下自己的不足。

(12) 团队精神。

(13) 不能重复。

3. 自我介绍中商务介绍中的礼仪

在专业的场合就不同了，公务介绍含有姓名、单位、部门、职务四个要素。

此外，自我介绍时务必要使用全称。当你第一次介绍你的单位和部门的时候，别忘记使用全称。有时候报单位时，要报清楚，该报全称的时候要报全称，该报简称的时候要报简称，否则很麻烦。

4. 介绍他人的注意事项

在礼仪交往中，往往需要介绍别人，向他人介绍。介绍别人时，比较重要的问题有以下几个。

第一，谁充当介绍人？

如果家里来了客人，一般是女主人当介绍人。家里来了客人，客人之间彼此不认识的话，女主人有义务把大家作个介绍。单位来了客人一般是谁当介绍人？单位来的客人一般是三种人。第一种人，专职人员、公关、文秘、办公室主任。第二种人，对口人员。比如我找销售部李经理，李经理就有义务把我跟其他在场的不认识的人作个介绍。第三种人，本单位的领导。如果单位来了贵宾，由谁来做介绍？本单位职务最高者。这是对贵宾的一种尊重。总而言之，谁当介绍人的问题很重要。

第二，要征得双方的同意。

介绍双方认识的时候，首先需要征得双方的同意，否则好心不得好报。

第三，要关注介绍的先后顺序。

具体介绍时，要注意次序问题。就是把谁介绍给谁。按照礼仪，标准的做法是先介绍主人。这种介绍不分男女，不论老幼，也不看职务高低，这是一种宾主介绍。进行宾主介绍要先介绍主人，因为客人拥有优先知情权。换而言之，先介绍的人应该是地位低的，比如介绍男人和女人时，先介绍男士，后介绍女士。介绍晚辈和长辈时，先介绍晚辈，后介绍长辈。介绍上级和下级时，先介绍职位低的，后介绍职位高的。介绍主人和客人时，先介绍主人，后介绍客人。有时候，宾主双方都不止一个人，那还要注意，还是要先介绍主人，介绍主人的时候，具体应该按照职务高低排序，先介绍董事长和总经理，然后再介绍部门经理。介绍客人时，也按照职务高低排序，先介绍职务高的，后介绍职务低的。

5. 他人的介绍顺序

国际上，一般惯例是把身份地位低的介绍给身份地位高的。介绍的原则是让尊者优先了解情况，在介绍过程中，先提某人的名字是对他（她）的一种敬意。根据"让尊者优先了解情况"的原则，为他人进行介绍时的顺序大致如下：

(1) 介绍女士与男士认识时，应先介绍男士，后介绍女士（图4-1-2）。

(2) 介绍长辈与晚辈认识时，应先介绍晚辈，后介绍长辈。

(3) 介绍年长者与年幼者认识时，应先介绍年幼者，后介绍年长者。

(4) 介绍已婚者与未婚者认识时，应先介绍未婚者，后介绍已婚者。

图 4-1-2　介绍

（5）介绍老师与学生认识时，应先介绍学生，后介绍老师。

（6）介绍同事、朋友与家人认识时，应先介绍家人，后介绍同事、朋友。

（7）介绍上级与下级认识时，先介绍下级，后介绍上级。

（8）介绍来宾与主人认识时，先介绍主人，后介绍来宾。

二、名片礼仪

1. 名片的内容

因各种社交软件的发展，名片的使用越来越少，但在一些重要场合，仍在使用。印刷名片时要确定名片上所要印刷的内容。名片的主体是名片上所提供的信息，名片信息主要由文字、图片（图案）、单位标志所构成，数码信息也是其中的一种，但不能构成名片的主流。

（1）姓名

这是名片中最重要的部分，一般而言都使用本名，如果本名的灵动力不佳或助力不足时，也可以辅以偏名或笔名。为考虑签约或有关法律问题，通常在偏名后加括号注明本名。

（2）公司名称

一般而言，除国家公务员的名片印上所服务的机构或有特殊情况不印公司名称外，公司名称也是名片的重要内容，甚至常常见到一个人经营两种以上的行业，都可以印在名片上。

（3）商标或服务标志

由于现代企业十分注重品牌形象，大都在名片中印上自己专属的商标或标志，以增加对方对所属企业的印象。

（4）业务项目或产品

此项因各行业的不同而琳琅满目，均为达到业务上或产品上的宣传或促销目的而印制，以增加名片持有者的印象，以创造商机。

（5）地址

一般而言，公司的地址是名片中的必备内容，有时还加印分公司的地址，以显示公司的庞大。再加上现在电子资讯的发达，很多公司将公司的网站也印于名片上，这也属于地址的一种。

(6)联系方式

在名片中,除"电话"是必备内容之外,传呼机、移动电话、传真号码以及电子邮件均可作为联系方式印到名片上。

(7)头衔或职称

由于各类社会团体较多,加入社团又可增加无数商机,所以常见名片上印有多种头衔,如××理事、××委员、××顾问等,另外有一些名下又有若干分公司、工厂的老板为免树大招风,头衔只印"员工"或干脆不印(图4-1-3)。

(8)照片

在名片上印上个人的照片,通常在服务业或保险业中比较常见,以便让客户给人以更加深刻的印象。另外有些比较前卫的个性名片,也可将个人的写真照片放到名片上,以体现自我。

图4-1-3　名片

2. 名片用途

名片的产生主要是为了交往,过去由于经济与交通都不发达,人们交往面不太广,对名片的需求量不大。随着改革开放,人口流动加快,人与人之间的交往增多,使用名片的次数开始增多。特别是近几年,随着经济的发展,信息开始发达,用于商业活动的名片成为市场的主流。人们的交往方式有两种,一种是朋友间交往,另一种是工作间交往,其中,工作间交往一种是商业性的,另一种是非商业性的,由此成为名片分类的依据。

(1)商务名片

公司或企业进行业务活动时使用的名片,名片使用大多以营利为目的。商务名片的主要特点为:名片常使用标志、注册商标、印有企业业务范围,大公司有统一的名片印刷格式,使用较高档纸片,名片没有私人家庭信息,主要用于商业活动。

(2)公务名片

公务名片是政府或社会团体在对外交往中所使用的名片,其名片的使用不是以营利为目的。公务名片的主要特点:名片常使用标志、部分印有对外服务范围,没有统一的名片印刷格式,名片印刷力求简单适用,注意个人头衔和职称,名片内没有私人家庭信息,主要用于对外交往与服务。

(3)个人名片

个人名片是朋友间交流感情,结识新朋友所使用的名片。个人名片的主要特点:名片不使用标志、名片设计个性化、可自由发挥,常印有个人照片、爱好和职业,使用名片纸张根据个人喜好,名片中含有私人家庭信息,只用于朋友交往。

3. 使用名片的时机

如果对方提议交换名片,对方向自己索要名片。初次登门拜访对方,通知对方自己的变更情况,希望认识对方。碰到以下几种情况,则不必把自己的名片递给对方或与对方交换名片:如对方是陌生人,不想认识对方,对方对自己并无兴趣,经常与对方见面,双方之间地位、身份、年龄差别很大等。

（1）发送名片的时机

①希望认识对方。

②被介绍给对方。

③对方向自己索要名片。

④对方提议交换名片。

⑤打算获得对方的名片。

⑥初次登门拜访对方。

（2）遇到以下几种情况，不需要把自己的名片递给对方或与对方交换名片。

①对方是陌生人而且不需要以后交往。

②不想认识或深交对方。

③对方对自己并无兴趣。

④双方之间地位、身份、年龄差别很大。

⑤不要将名片背面对着对方或是颠倒着面对对方。

⑥不要将名片举得高于胸部。

⑦不要以手指夹着名片给人。

（3）发送名片的方法

在社交场合中，交换名片的顺序一般是："客先主后，身份低者先，身份高者后"。当与多人交换名片时，应依照职位高低的顺序，或是由近及远依次进行，切勿跳跃式地进行，以免对方误认为有厚此薄彼之感。如果是圆桌应按顺时针的方向。递名片时应起身站立，走上前去，应用双手拇指和食指持名片两角递送，让文字正面朝向对方。眼睛应注视对方，面带微笑，并大方地说："这是我的名片，请多多关照。"参加会议时，应该在会前或会后交换名片，不要在会中擅自与别人交换名片。不要递送修改过的、不清洁的名片。

4. 使用名片的方法

（1）呈上自己的名片

正确方法（图4-1-4）：呈名片给他人时，应郑重其事。应起身站立，走上前去，用双手持住名片的两个上角或一只手持名片的左上角，另一只手持名片的右下角，将名片正面面对对方，交给对方。将名片递给他人时，口头应有所表示。可以说："请多指教""多多关照"。名片放于易拿出的地方，男士可放在西装上衣的内侧口袋里或公文包里，忌放在裤兜里，女士则一般放在手提包里。当把别人的名片与自己的名片同放在一起时，交换名片的时候要注意千万别拿错。

图4-1-4　递交名片

（2）接受他人的名片

当他人表示要递名片给自己或交换名片时，应立即停止手中所做的一切事情，起身站立，面含微笑，目视对方。接受名片时，宜双手捧接，或以右手接过，且勿单用左手接过。接过名片后为了表示对对方的尊重首先要看名片。具体而言，就是接过名片后，当即要用半分钟左右的时间，从头至尾将其认真默读一遍。若有疑问，则可当场向对方请教。若接过他人名片后看也不看，或拿在手头上玩耍，或直接甩在桌上，或直接装入口袋，或递给旁人，都是非常失礼的。接受他人的名片时，应口头道谢，如"谢谢"，或重复对方的话语"请多多关照""请您多多指教"。若需要当场将自己名片交换过去，最好在收到对方名片装入名片夹后操作，不要一来一往同时进行。收到名片两三天之内，按名片上的电话联系一下对方，向对方问声好，并提醒对方自己是他名片的持有者，对方会感到受重视，会非常高兴，这为将来进一步交往打下良好基础。

（3）索取他人的名片

①索取他人名片的方法

如果没有必要最好不要强索要他人的名片。若要索取他人名片，则尽量不要直截了当地说，而应采用以下几种方法：第一种我们称为交易法，这是最常用的交换方法。"将欲取之，必先予之"。比如，我想要×××先生名片，我把名片递给他了，"×××先生这是我的名片"，他无论如何也会回给我一张，他不至于告诉我"收到"。当然，你在交往中，有的人会有一些落差，有的人地位高的、身份高的，他明哲保身，你把名片递给他，他跟你说声"谢谢"，就没下文了。这种情况存在，你要担心出现这种情况的话，就是跟对方有较大落差的时候，你不妨采用第二个方法，我们称为激将法。比如，"尊敬的×××董事长，很高兴认识您，不知道能不能有幸跟您交换一下名片？"这话跟他说清楚了，不知道能不能有幸跟您交换一下名片，他不想给你也得给你，他不至于告诉你，"不换，就是不换。"还可以采用第三个方法，我们称为联络法。比如，"×××小姐，我认识你非常高兴，以后到×××国来希望还能够见到你，不知道以后怎么跟你联系比较方便？"以后如何跟你联络比较方便，这就是联络法，那就是暗示她，怎么才能找到你？她一般会给，她不给，她也有恰到好处的退路，我跟你联系吧，其深刻含义就是这辈子不跟你联系，还是讲互动。

②索取他人名片的注意要点

第一，尽量不要去索取名片，因为名片交换有一个讲究，地位低的人首先把名片递给地位高的人，所以索取名片时，马上就会出现地位方面的落差。第二，索要名片也最好不要采取直白的表达方式。

5. **名片的存放**

（1）名片的置放

①在参加商务活动时，要随时准备名片。名片要经过精心的设计，能够艺术地表现自己的身份、品位和公司形象。

②随身所带的名片，最好放在专用的名片包、名片夹里。公文包以及办公桌抽屉里，也应经常备有名片，以便随时使用。

③接过他人的名片看过之后，应将其精心存放在自己的名片包、名片夹或上衣口袋内。

(2) 名片的管理

集中把所收到的名片加以分类并整理收藏，以便今后使用方便。不要将它随意夹在书刊、文件中，更不能把它随便地扔在抽屉里面。存放名片要讲究方式方法，做到有条不紊。推荐的方法有：

①按姓名拼音字母分类。
②按姓名笔划分类。
③按部门、专业分类。
④按国别、地区分类。
⑤输入商务通、电脑等电子设备中，使用其内置的分类方法。

三、电话礼仪

1. 拨打电话的基本礼仪

(1) 重要的第一声

当拨打电话给某单位，若一接通，就能听到对方亲切、优美的招呼声，心里一定会很愉快，使双方对话能顺利展开，对该单位有了较好的印象。在电话中只要稍微注意一下自己的语言就会给对方留下完全不同的印象。同样说："你好，这里是××公司"。但声音清晰、悦耳、吐字清脆，给对方留下好的印象，对方对其所在单位也会有好印象。

(2) 要有喜悦的心情

拨打电话时要保持良好的心情，这样即使对方看不见你，但是从欢快的语调中也会被你感染，给对方留下极佳的印象，由于面部表情会影响声音的变化，所以即使在电话中，也要抱着"对方看着"的心态去应对（图4-1-5）。

(3) 清晰明朗的声音

拨打电话过程中绝对不能吸烟、喝茶、吃零食，即使是懒散的姿势对方也能够"听"得出来。如果你拨打电话的时候，弯着腰躺在椅子上，对方听你的声音就是懒散的、无精打采的。若坐姿端正，所发出的声音也会亲切悦耳、充满活力。因此在拨打电话时，即使看不见对方，也要当作对方就在眼前，尽可能注意自己的姿势。

图 4-1-5　保持微笑

(4) 挂电话前的礼貌

要结束电话交谈时，一般应当由打电话的一方提出，然后彼此客气地道别，说一声"再见"再挂电话，不可只管自己讲完就挂断电话。

2. 拨打电话的注意要点

拨打电话时，需注意以下几点：

(1) 要选择对方方便的时间

把握好通话时机和通话长度，既能使通话更富有成效，显示通话人的干练，同时也显示了对通话对象的尊重。反之，如果莽撞地在受话人不便的时间通话，就会造成尴尬的局面，非常不利于双方关系的发展。如果把握不好通话时间，谈话过于冗长，也会引起对方的负面情绪。

①不论与他人有多熟，也最好不要在别人休息时打电话，比如用餐时间、午休时间，尤其是晚上的睡觉时间，有的人习惯早睡，所以不要太晚打电话，早上七点之前也不宜打扰。

②如果是公事，也尽量不要占用他人的时间，尤其是节假日时间。

③如果是私事，也力求避免在对方的通话高峰和业务繁忙的时间内打电话。

④掌握通话时机。为避免影响他人的休息，在打电话前应力求搞清各地区时差以及各国工作时间的差异，尽量不要在休息日打电话谈生意。即使客户已将家中的电话号码告诉你，也尽量不要往客户家里打电话。掌握通话时机，要注意以下四点：

其一，在拨打电话前一定要慎重考虑何时给对方打电话最适宜，约好何时打电话，一定要守时。通话的最佳时间是双方事先约定的时间或者是对方方便的时间。

其二，在给工作上的合作伙伴拨打电话时，一定要注意，若非紧要的事情，节假日、午休时间最好不要打电话。平时，在早7点前，晚9点后不要打。

其三，如果是给国外的人打电话，一定要先了解一下时差，不要不分昼夜。因为时差关系，在中国白天时，对方可能正处于深夜的睡眠状态。

其四，打公务电话要注意尽量在对方的工作时间进行，要回避对方的休假期间、生理厌倦时间、公务繁忙时间和通话高峰时间。

（2）要掌握通话时间

在通话时，要牢记通话三分钟原则，长话短说，废话少说，没话不说。拨打电话的人一定要对通话的具体时间长度有所控制。自觉、有意识地做到通话简捷明了，不漫无边际地闲扯，以致造成对方时间上的浪费。拨打电话前，最好先想好要讲的内容，以便节约通话时间，不要现想现说，不要"煲电话粥"，通常一次通话时间不应长于3分钟，即所谓的"3分钟原则"。此外，在通话时，其基本要求应为：以短为主，宁短勿长，不是十分重要、紧急、烦琐的事务一般不宜通话时间过长。

（3）规范内容

打电话时忌讳通话内容不着要领、语言啰唆、思维混乱，这样很容易引起受话人的反感。通话内容精炼简洁是通话人的基本要求，要做到这一点，应从以下三方面入手：

①充分做好通话前的准备。在通话之前，最好把对方的姓名、电话号码、通话要点等内容列出一张清单。这样做可以避免通话者在谈话时出现现说现想、缺少条理的问题。

②说话时要简明扼要。发话人对受话人的讲话要务实，在简单的问候之后，开宗明义，直奔主题，不要讲空话、废话，不要啰唆、重复，更不要偏离话题、节外生枝或者没话找话。在通话时，最忌讳发话人东拉西扯、思路不清。如果电话接通后，除了首先问候对方外，要记得自报单位、职务和姓名。如果请人转接电话时，一定要向对方致谢。电话中讲话中一定要务实，不能吞吞吐吐、含糊不清。寒暄后，就应直奔主题。

③说话要适可而止。打电话时，如果要说的话已经说完，就应该果断地终止通话。话讲完后，仍然反复铺陈、絮叨，会让对方觉得你做事拖拉、缺少素养。因此，打电话还应注意以下三点：

其一，拨打电话的人要注意控制通话的长度，把事情讲明白后就应结束话题，不可反复叙说，絮叨个没完。

其二，结束话题并不意味着马上挂断电话。一般来说，应由通话双方中地位较高的人先挂断，这是电话礼仪中的惯例。通话双方地位相近时，一般由拨打电话的一方先挂断。

其三，如果使用的是公用电话，还应留意身后是否有人在排队等待，一定要自觉主动地尽快结束通话，切勿旁若无人或者有意拖延时间，与排队的人作对。

（4）避免做电话机器

我们打电话的目的是为了彼此的交流和沟通，以拉近彼此的距离，而电话本身是没有任何感情色彩的。所以，在打电话时，一定要给电话赋予感情色彩，达到使对方"闻其声如见其人"的效果，要达到这样的效果，就应做到以下几点：

①力求避免感情机械化。有些人会错误地认为电话只是传达声音的工具，只要把声音传给对方就可以了。所以，打电话时，只是在发出声音，并不在意自己说话的音调。

正因为对方不可能从电话中看见我们具体在做什么。因此，许多人在打电话时表情往往是机械且没有活力的。所以，对方从电话中听到的声音往往是平淡的、呆板的、甚至是不愉快的。这就要求打电话者，在拿起电话机时，要用你自己的声调表达出微笑和友谊。对方不能从电话中看见你的表情，所以你说话的声调就要负起说话时的全部责任。打电话时，你的声音要时刻充满笑意，比平时自己高兴时还要多的笑意。

②注意语调与语速。因为声音通过电话后音调会有一点改变。所以，在电话里语速要适中，音量也适中。此外，嘴要对着话筒，一个字一个字地说，咬字要清楚；特别是说话者在说到数目、时间、日期、地点等数字内容时，一定要和对方确认好。

3. 接听电话

（1）三声之内接起电话。

此外，接听电话还要注意以下几个方面：

①注意接听电话的语调，让对方感觉到你是非常乐意帮助他的，在你的声音当中能听出你是在微笑。

②注意语调的速度，让对方能够清楚地听到你在说什么，不宜过慢，更不宜过快。

③注意接听电话的措辞，绝对不能使用任何不礼貌的语言方式来使对方感到不受欢迎，必须使用礼貌用语。

④注意双方接听电话的环境，接听电话的环境不宜过于吵闹，否则就会造成听不清楚对方在说什么的后果。

⑤注意当电话线路发生故障时，必须向对方确认或说明原因，否则会造成不良的后果。

⑥注意打电话双方的态度，接听电话时要面带微笑，态度要谦恭、热情。

⑦当听到对方的谈话很长时，也必须有所反映，如使用"是的、好的"等来表示你在听，即使谈话时间较长，也不要造成对方有被忽视的感觉。

（2）主动问候，报部门、介绍自己。

要使对方第一时间知道所打电话的单位是否正确，所打部门是否正确，不要造成双方已经讲了很长时间才发现打错的现象，既浪费时间，也会使对方对单位或公司产生不好的印象。

（3）如果想知道对方是谁，不要唐突发问。

不要唐突地问"你是谁"，可以说"请问您是哪位"或者可以礼貌地问，"对不起，可以知道应如何称呼您吗?"总之,要使用礼貌用语。

(4) 需要搁置电话或让对方等待时,应给予说明,并致歉。

每过 20 秒留意一下对方,向对方了解是否愿意等下去。

(5) 转接电话要迅速。

每一位员工都必须学会自行解决电话问题,如果自己解决不了就要转接到正确的分机上,并要让对方知道电话是转给谁的,需要向对方做说明和解释。

(6) 对方需要帮助,大家要尽力而为。

作为单位或公司的员工应尽力去帮助客人,对于每一个电话都能做到以下事情:

①问候。

②道歉。

③留言。

④转告。

⑤马上帮忙。

⑥转接电话。

⑦直接回答。(解决问题)

⑧回电话。

(7) 感谢对方来电,并礼貌地结束电话。

在电话结束时,应用积极、热情的态度,同时要使用对方的名字来感谢对方,从而结束电话。

(8) 要经常称呼对方的名字,这样表示对对方的尊重,让对方感觉自己的重要性。

(9) 当手机出现未接电话时要及时回复短信或者电话,询问是否有要事等。

(10) 若非有要紧事,晚上十点后尽可能不要给任何人打电话,以免打扰别人休息。

4. 接听电话的技巧

接听电话不可太随便,要讲究必要的礼仪和一定的技巧,以免横生误会。无论是打电话还是接电话,我们都应做到语调热情、大方自然、声量适中、表达清楚、简明扼要、文明礼貌。

(1) 及时接听

一般来说,在办公室里,电话铃响 3 遍之前就应接听,6 遍后就应道歉:"对不起,让你久等了。"如果受话人正在做一件要紧的事情不能及时接听,代接的人应代为解释。如果既不及时接电话,又不道歉,甚至极不耐烦,就是极不礼貌的行为。尽快接听电话会给对方留下好印象,让对方觉得自己被看重。

(2) 确认对方

对方打来电话,一般会主动介绍自己。如果没有介绍或者你没有听清楚,就应该主动问:"请问您是哪位?我能为您做什么?您找哪位?"但是,人们习惯的做法是:拿起电话听筒盘问一句:"喂!哪位?"这在对方听来,陌生而疏远,缺少人情味。接到对方打来的电话,你拿起听筒应首先自我介绍:"你好!我是×××。"如果对方找的人在旁边,你应说:"请稍等。"然后用手掩住话筒,轻声招呼你的同事接电话。如果对方找的人不在,您应该告诉对方,并且问:"需要留言吗?我一定转告!"

(3) 讲究技巧

接听电话时，应注意使嘴和话筒保持 4 厘米左右的距离；要把耳朵贴近话筒，仔细倾听对方的讲话。最后，应让对方自己结束电话，然后轻轻把话筒放好。不可"啪——"的一下扔回原处，这是极不礼貌的表现。最好是在对方结束电话之后挂电话。

(4) 应对谦和

当拿起电话听筒的时候，一定要面带笑容。不要以为笑容只能表现在脸上，它也会藏在声音里。亲切、温情的声音会使对方马上对我们产生良好的印象。如果绷着脸，声音会变得冷冰冰。拿起话筒后，首先要问好，然后自报家门。严禁以"喂"字开头，因为"喂"表示希望先知道对方是谁，等着对方告诉你。而且，如果"喂"时语气不好，极容易让人反感。所以，接电话时的问候应该是热情而亲切的"您好！"如果对方首先问好，要立即问候对方，不要一声不吭，故弄玄虚。至于自报家门，则是为了告诉对方，这里是哪个单位或是哪个部门或是具体哪一位。在通话过程中，对打电话的人要谦恭友好，尤其是在打来业务电话咨询或有求于己的时候，更要表现得不卑不亢、热情亲切。

通话终止的时候，不要忘记向发话人说声"再见"。如通话因故暂时中断，要等候对方再拨进来。对于重要的客人或上级，要主动拨回去。不要扬长而去，也不要为此而责怪对方。

接到误拨进来的电话，需要耐心、简短地向对方说明。如有可能，还要给对方提供必要的帮助，或者为其代转电话，不要生气动怒，甚至出口伤人。

打、接电话的时候不能叼着香烟、嚼着口香糖；说话时，声音不宜过大或过小，吐词清晰，保证对方能听明白。

(5) 主次分明

接听电话的时候，要暂时放下手头的工作，不要和其他人交谈或做其他事情。如果你正在和别人谈话，应示意自己要接电话，一会再说，并在接完电话后向对方道歉。同时也不要让打电话的人感到"电话打得不是时候"。如果目前的工作非常重要，可在接电话后向来电者说明原因，表示歉意，并再约一个具体时间，到时再主动打过去，在通话开始时再次向对方致歉。即使再忙，也不能拔下电话线，或者来电不接就直接挂断。这些都是非常不礼貌的行为。

(6) 一视同仁

极其个别的人，长着一对挑肥拣瘦的"势利眼"。即使接电话时，也极为庸俗地"因人而异"，"对象化"的倾向十分明显。他们在接电话时，一开始总是"拿架子"，"打官腔"，先是爱答不理。

(7) 代接电话

即使是代接电话，也要礼貌、客气，不要流露出不耐烦的态度，不应拒绝对方代找某人的请求，尤其不要对对方要找的人有微词。

不要向来电者询问与所找之人的关系。当打电话的人有求于己，希望转达某事给某人的时候，转达要诚实守信、不曲解内容，而且没必要对不相干的人提及。

如果要找的人不在，要先向来电者说明，再问对方需不需要帮忙转达。对于来电者要求转达的具体内容，最好认真做下笔录。在对方讲完之后，还要重复一遍，以验证自己的记录是否准确无误。记录内容应包括：来电者姓名、来电要点、来电时间、是否需要回电话等。

(8) 注意结束

通话终止的时候，不要忘记向对方说声"再见"。如通话因故暂时中断，要等待对方再打进来。如果对方的身份比自己高，还应该主动打过去。对于接听的电话，可以让对方先挂电话以示尊重。

(9) 左手接听

左手接听，便于用右手随时记录有用信息。

四、商业仪式礼仪

1. 开业典礼礼仪

按照仪式礼仪的规范，作为东道主的商界人士在出席庆典时，应当严格注意的问题涉及以下七点：

第一，仪容要整洁。所有出席本单位庆典的人员，事先都要洗澡、理发，男士还应修胡须。无论如何，届时都不允许本单位的人员蓬头垢面、胡子拉碴、浑身臭汗，有意无意去给本单位的形象"抹黑"。

第二，服饰要规范。有统一式样制服的单位，应要求以制服作为本单位人士的庆典着装。无制服的单位，应规定届时出席庆典的本单位人员必须穿着礼仪性服装。即男士应穿深色的中山装套装，或穿深色西装套装，配白衬衫、素色领带、黑色皮鞋。女士应穿深色西装套裙，配长筒肉色丝袜、黑色高跟鞋，或者穿深色的套裤，或是穿花色素雅的连衣裙。绝不允许在服饰方面任其自然、自由放任，把一场庄严隆重的庆典，搞得像一场万紫千红的时装或休闲装的"博览会"。倘若有可能，将本单位出席者的服饰统一起来，则是最好的。

第三，要遵守时间。遵守时间是基本的商务礼仪之一。对本单位庆典的出席者而言，更不得小看这一问题。上到本单位的最高负责人，下到级别最低的员工，都不得姗姗来迟，无故缺席或中途退场。如果庆典的起止时间已有规定，则应当准时开始，准时结束。要向社会证明本单位言而有信，此其时也（图4-1-6）。

图 4-1-6 开业典礼

第四，表情要庄重。在庆典举行期间，不允许嬉皮笑脸、嘻嘻哈哈，或是愁眉苦脸、一脸晦气、唉声叹气，否则会使来宾产生很不好的想法。在举行庆典的整个过程中，都要表情庄重、全神贯注、聚精会神。假若庆典之中安排了升国旗、奏国歌、唱"厂歌"的程序，一定要依礼行事：起立，脱帽，立正，面向国旗或主席台，行注目礼，并且认认真真、表情庄严肃穆地和大家一起唱国歌、唱"厂歌"。此刻，不许不起立、不脱帽、东张西望、不唱或乱唱国歌与"厂歌"。在起立或坐下时，把座椅搞得乱响，一边脱帽一边梳头，或是在此期间走动和找人交头接耳，都是危害本单位形象的极其严重的事件。

第五，态度要友好。这里所指的主要是对来宾态度要友好。遇到了来宾，要主动热情地问好。对来宾提出的问题，都要立即予以友善的答复。不要围观来宾、指点来宾，或是对来宾持有敌意。当来宾在庆典上发表贺词时，或是随后进行参观时，要主动鼓掌表示欢迎或感谢。在鼓掌时，不要在对象上"挑三拣四"，不要"欺生"或是"杀熟"。即使个别来宾，在庆典中表现得对主人不甚友善，也不应当当场"仗势欺人"，或是非要跟对方"讨一个说法"。不论来宾在台上台下说了什么话，主方人员都应当保持克制，不要吹口哨、鼓"倒掌"、敲打桌椅、胡乱起哄。不允许打断来宾的讲话，向其提出挑衅性质疑，与其进行大辩论，或是对其进行人身攻击。

第六，行为要自律。既然参加了本单位的庆典，主方人员就有义务以自己的实际行动，来确保它的顺利与成功。至少大家也不应当因为自己的举止失当，而使来宾对庆典做出不好的评价。在出席庆典时，主方人员在举止行为方面应当注意的问题有：不要"想来就来，想走就走"，或是在庆典举行期间到处乱走、乱转。不要和周围的人说"悄悄话"、开玩笑，或是朝自己的"邻居"甚至主席台上的人挤眉弄眼、做出怪样子。不要有意无意地做出对庆典毫无兴趣的姿态，例如看报纸、读小说、听音乐、打扑克、做游戏、打瞌睡、织毛衣等。不要让人觉得自己心不在焉，比方说，寻呼机"一鸣惊人"，探头探脑，东张西望，一再看手表，或是向别人打听时间。当本单位的会务人员对自己有所要求时，需要"有则改之，无则加勉"，不要一时冲动，或是为了显得自己玩世不恭，而产生逆反心理，做出傻事来。

第七，发言要简短。倘若商务人员有幸在本单位的庆典中发言，则务须谨记以下四个重要的问题：一是上下场时要沉着冷静。走向讲台时，应不慌不忙，不要急奔过去，或是慢吞吞地"起驾"。在开口讲话前，应平心静气，不要气喘吁吁、面红耳赤、满脸是汗，急得讲不出话来。二是要讲究礼貌。在发言开始，勿忘说一句"大家好"或"各位好"。在提及感谢对象时，应目视对方。在表示感谢时，应郑重地欠身施礼。对于大家的鼓掌，则应以自己的掌声来回礼。在讲话末了，应当说一声"谢谢大家"。三是发言一定要在规定的时间内结束，而且宁短勿长，不要随意发挥，信口开河。四是应当少做手势。含义不明的手势，在发言时坚决不用。

外单位的人员在参加庆典时，同样有必要"既来之，则安之"，以自己上佳的临场表现，来表达对于主人的敬意与对庆典本身的重视。倘若在此时此刻表现欠佳，是对主人的一大伤害。所以宁肯坚持不去，也绝不可去而失礼。

当外单位的人员在参加庆典时，若是以本单位代表的身份而来，而不是仅仅只代表自己个人的话，更是特别要注意自己的临场表现，丝毫不可对自己的所作所为自由放任、听之任之。

2. 剪彩仪式

剪彩仪式是指商业界有关单位,为了庆祝公司的成立、公司的周年庆典、企业的开工、宾馆的落成、商店的开张、银行的开业、大型建筑物的启用、道路或航道的开通、展销会或展览会的开幕等而举行的一项隆重性的礼仪性程序。

宾客来临后,要有专人请他们签到。签到簿以红色封面、装饰美观的宣传簿为宜。同时,如印制有程序表,可分发给来宾。

宾客签名完毕,由接待人员引导至备有茶水、饮料的接待室,让他们稍作休息,相互结识。由专人接待记者,为他们提供方便。

(1) 剪彩之前要布置好现场

这里所说的要布置好剪彩的现场,除了要求布置好举行剪彩的现场环境之外,重点是要事先准备好剪彩所用的工具。它们主要包括红色缎带、新剪刀、白色薄纱手套以及托盘等。

①红色缎带。红色缎带即剪彩之中的"彩",是令人瞩目的主角。按照传统,它应由一整匹未曾使用过的红缎,在中间扎上几朵红花而成。红花应当大而醒目,其数目与剪彩者的具体人数有关。遵循惯例,一位剪彩者应在两朵红花之间剪彩,也就是说,红花的数目要比剪彩者的人数多一朵。现在为了节约,使用长两米左右的窄的红缎或是红布条,红纸条也是可行的(图4-1-7)。

图 4-1-7 剪彩仪式

②新剪刀。新剪刀是供剪彩者剪彩时使用的。它应当一人一把,而且应好使,能够"手起刀落"。

③白色的薄纱手套。白色的薄纱手套是供剪彩者剪彩时戴的,也可以不准备,如果准备的话,就应当确保其干干净净、洁白无瑕、人手一副、大小适度。

④托盘。托盘是供盛放剪刀、手套用的。它最好是白色不锈钢的,切勿过于花哨。在剪彩时,可以用一只托盘依次向各位剪彩者提供剪刀与手套,也可以为每一位剪彩者提供一只托盘。

⑤红色地毯。红色地毯主要用于铺设在剪彩者正式剪彩时的站立之处。其长度可视剪彩人数的多少而定，其宽度则不应在一米以下。在剪彩现场铺设红色地毯，主要是为了提升档次，并营造一种喜庆的气氛。有时，也可不予铺设。

(2) 剪彩之前要确定好剪彩者与助剪人员

剪彩是一种荣誉，所以它通常都由上级负责人、社会名流、本单位的员工代表或消费者代表来进行操作。一般来说，剪彩者的人数不宜过多，通常以 1～3 人为佳。剪彩者一定要提前确定，尽早相告。不要临时找人凑数，也不要让关系不好的人士同时出任剪彩者。

助剪人员是为剪彩者在剪彩时提供帮助的人员，是由剪彩单位的负责人与礼仪小姐一同担任的。从分工上说，助剪人员分为引导者、拉彩者、捧花者与托盘者。引导者可以为一人，也可以替每一位剪彩者配一名引导者；拉彩者应有两名；捧花者的人数则应视花数而定，一般应当一人一花；托盘者可以是一人，也可以为每一位剪彩者配一名托盘者。在一般情况下，助剪人员大都由经过训练的、形象较好的礼仪小姐担任。有时，为了表示重视或对剪彩者的重视，捧花者可以由剪彩单位的主要负责人亲自担任。

礼仪小姐的人数应比剪彩领导人数多一人。一般礼仪小姐应身着礼服，中国人的传统观念认为红色为吉庆象征，礼服最好是红色旗袍，身披绶带，绶带上要有开业或庆典标志及企业名称等。礼仪小姐的发式可以是齐耳直发，也可梳古老典雅的发髻，无论冬夏，只要是身着旗袍，脚下均应为黑鞋，还应穿连裤袜。一般情况下，礼仪交接要化淡妆。本单位的负责人，则应穿深色西装套装或西装套裙。

(3) 剪彩仪式的过程中要做好对外界的宣传工作

在举行剪彩之前，可以运用刊登广告、张贴告示等方法，对即将进行的剪彩进行预告，以便外界对此有所了解。如果有能力，可以采用系列广告、系列告示以及"倒计时"等方法，吸引社会各界的关注。在举行剪彩时，应邀请新闻界人士参加，并为对方进行公正客观的采访、报道提供一切方便。可以成立一个小型的新闻组，专门负责与新闻界合作。如有可能，应当向新闻界统一提供仅供参考内容周全的文字稿，以便对方了解。假如对方提出采访剪彩人的要求，应尽可能地接待，并畅所欲言。

(4) 剪彩时要规范操作

剪彩六项基本程序：

①请来宾就位。在剪彩仪式上，通常只为剪彩者、来宾和本单位的负责人安排坐席。在剪彩仪式开始时，即应敬请大家在已安排好顺序的座位上就座。在一般情况下，剪彩者应就座于前排。若其不止一人时，则应使之按照剪彩时的具体顺序就座。

②宣布仪式正式开始。在主持人宣布仪式开始后，乐队应演奏音乐，现场可燃放鞭炮，全体到场者应热烈鼓掌。此后，主持人应向全体到场者介绍到场的重要来宾。

③奏国歌。此刻须全体起立。必要时，亦可随即演奏本单位的标志性歌曲。

④进行发言。发言者依次应为东道主单位的代表、上级主管部门的代表、地方政府的代表、合作单位的代表等。其内容应言简意赅，每人发言不超过三分钟，重点分别应为介绍、道谢与致贺。

⑤进行剪彩。此刻，全体应热烈鼓掌，必要时还可奏乐或燃放鞭炮。在剪彩前，须向全体到场者介绍剪彩者。

⑥进行参观。剪彩之后,主人应陪同来宾参观被剪彩之物。仪式至此宣告结束。随后东道主单位可向来宾赠送纪念性礼品,并以自助餐款待全体来宾。

3. 签字仪式

(1) 就座

参加签字仪式的有关人员进入签字厅后,主签人按主左客右的位置入座,助签人站在主签人的外侧,其他人员以职位、身份高低为序,客方自左向右,分别站立于各主签人的后面。当一行站不下时,可遵照"前高后低"的原则排成两行以上。

(2) 正式签字

签字时,应按照国际惯例,遵守"轮换制",即主签人首先签署己方保持的合同文本,而且签在左边首位处,这样使各方都有机会居于首位一次,以显示各方平等、机会均等。然后由助签人员互相交换文本,再签署他方保持的文本(图4-1-8)。

图 4-1-8 正式签字

(3) 交换文本

签字完毕,由双方主签人起立交换文本,并相互握手,其他陪同人员鼓掌祝贺,仪式达到高潮。随后,由礼宾人员端上香槟酒,供双方出席签字仪式的人员举杯庆贺。

(4) 退场

签字仪式完毕后,应先请双方最高领导者退场,然后请客方退场,东道主最后退场。整个仪式以半个小时为宜。

签字仪式的详细考虑事项:

第一,从形式上弄清楚签字仪式的类别。它们分别是:合作协议签字仪式;合作备忘签字仪式;个人签约某公司的签字仪式;多方合作协议签字仪式。

第二,从目的上弄清楚签字仪式的类别。具体分为内部纪念和见证、媒体发布两类。

第三,根据上面的分析来确定问题。这些问题包括主席台桌面设计、邀请嘉宾、邀请媒体、签字仪式的流程、签字代表人选、主持人代表人选。

第四，注意细节。这些细节包括合影、宴会、嘉宾席和观众席的座次摆放及如有外方是否需要翻译。

五、接待拜访礼仪

1. 接待的基本原则

做好接待工作，礼待商界同仁，切实服务于商务活动，是商务人员应具备的基本素质，应该符合商务接待的基本原则。

（1）身份对等原则

在商务活动中，商务人员在接待客户前，应根据对方身份、职务、年龄、此行的目的及双方的关系安排相应规格的人员进行接待，使得来宾得到与身份相称的礼遇。遵守这一原则，让客方在接待过程受到应有的礼遇，合适的礼遇能平衡主客利益，巩固商贸关系，加强业务往来。

根据这一原则，己方接待人员应与对方来访人员身份、职位相当，如相关人员因故不能前来接待，应委以副手或身份相近人员接待并诚恳解释原因，以期取得对方谅解。一些商务洽谈，在人数上也力求与来宾人数接近或相等。安排食宿，迎送规格应让其感觉符合其身份，尽量体现主方对客方的热情接待。现实生活中有的公司为了体现与客方的关系不同寻常，有意打破常规，提高接待规格，也是可行的，但一般不宜多用。

（2）礼貌友善原则

"礼多人不怪"，在商务接待中，礼貌友善是贯穿始终的。从接待的准备工作开始，迎宾、待客、送客，皆需要热情诚恳，平等待人，与人为善。礼貌待客体现了东道主对客商的尊重，细致体贴的服务也是接待礼仪的规范要求。客人旅途颠簸、身心劳累、初来乍到、环境不熟，主人应多关心客人的食宿状况与身心休息，这对商务活动深入开展起到辅助作用。遇到矛盾时，应在相互尊重的基础上平等协商，本着求同存异的态度处理商务分歧。在商务活动日益频繁的今天，礼貌待客为越来越多的商务人士所认同。

（3）礼宾秩序原则

在多边商务活动中，各方的位次和顺序显得较为重要，如何编排是主办方要慎重考虑的问题。常规的处理有以下几种：一是按身份和职位的高低进行编排。诸如来自不同方面的几个代表团，确定礼宾秩序主要依照各代表团团长职位高低而定。二是依照姓氏笔画进行排列。在商务活动中，如果各方关系是对等的，还可按参加者的姓名或在单位名称的汉字笔画多少进行排序。具体排法为先按第一个字笔画由少到多排列，如第一个笔画相同，则再排第二个字，以此类推。三是按照国家或企业名称的英文字母顺序排列。涉外商务活动中，一般将参加各方按英文或其他语言字母顺序进行排列。此外，还有按照各方报名参会的先后顺序、到达会场报道的先后顺序以及分属党、政、军、群再按级别等其他方式排列。

2. 迎宾准备礼仪

迎来送往，作为接待工作的基本形式和重要环节，在商务活动中扮演者重要的角色。接待来宾展示良好的礼仪风范，给客商、客户留下深刻、美好的第一形象，有利于促进双方关系的融洽、稳定和发展。在宾客尚未到来时，先要做好充分的准备，做到有备无患，方能接待到位，礼节周到，让来宾有种宾至如归的感觉。接待准备工作自收到来客通知就可开始着手准备了，一般包括以下几个方面：

（1）了解来宾情况

首先掌握来宾单位名称、来宾人数及此行目的，以便有个整体认知；其次是来宾姓名、性别、民族、职业、职称等，具体到相关人员有何兴趣爱好，如何有针对性地接待。再次是来宾所乘航班、车次及抵达的日期和时刻，以便通知有关人员做好接机、接车安排，服务人员准备好引导客人的路线。

（2）确定迎送规格

根据来宾的级别，确定对等的迎送规格，提前布置迎送准备事宜。一般客人可依照惯例派遣服务热情、待人礼貌、语言表达能力较好的人员进行接待。对于较重要的客人或高级团体，应先制订切实可行的接待计划，安排身份相当、专业对口的人员迎接。也可视关系及特殊情况，安排较高身份人士破格接待，以示重视（图4-1-9）。

图 4-1-9 迎送规格

（3）布置接待场所

接待室环境要干净整洁，光线充足，温度适宜，让人感觉温馨舒适。明亮、干净、整洁、幽雅、舒适是基本的要求。具备常规的座椅（沙发）、茶几、电话、衣架等。适当点缀字画、花卉盆景以渲染气氛。适量准备茶、烟、水果、饮料、点心等，会谈期间供来宾选用。另外，放些报纸书刊或宣传资料供来宾翻阅消遣。

（4）预备交通食宿

主人应事先为客人准备好交通食宿，在获知客人到达的准确时间后，主人应提前联系交通车辆以便接客，预订房间安排住宿，以免客人到后匆匆安排。在选择交通工具方面，应根据来宾的人数和级别来选择轿车、中型客车还是大型客车；住宿则按男女性别比来合理分配房间，重要领导或有特殊要求的还可为其单独安排。

(5) 培训接待人员

接待人员要具有良好的综合素质,能通过言行举止展示企业的良好形象。挑选并集中培训接待人员,有针对性进行辅导培训,有利于接待工作协调一致。接待人员在接待中应站姿正确、坐姿端正、走姿优雅,能恰当运用眼神、微笑、手势等体态语言向来宾传递正确信息,与来宾无障碍交流。注意接待的合理距离,避免出现尴尬局面。

接待人员着装要庄重、整洁、大方、得体。正式商务活动中,男士须穿西装打领带,西服颜色中的深色以藏深蓝为主,浅色以灰色、米色居多。一般情况下,西装最下一粒扣子不用扣上,如坐下时应解扣,站起后随手扣上。女士可穿职业套装、套裙,配长筒丝袜,丝袜上端应被裙子盖住,饰品不宜过多过杂,颜色搭配应注意协调一致。

3. 送客辞别礼仪

(1) 言语挽留

客人即将结束访谈,提出告辞时,主人应稍作挽留,以示热情好客。在一般情况之下,告辞应由客人首先提出。主人若先提出来送客,或是以自己的动作、表情暗示厌烦之意,都是极不礼貌的。主人如确有急事,想结束会见,可婉言告知:"对不起,我还有一个十分重要的会议。""实在是不好意思,我还有位客人等着会见。"也可以身体语言提醒对方,如间歇性看钟表。通常告知客人自己"没事","不忙",或是请对方"多聊一阵子","再坐一会儿",若客人执意离去,主人不要太执着,过于勉强、为难客人,可在客人先起身后,再跟随着起身相送。

(2) 出门送客

一般情况下,当客人正要离去时,主人要对他们的到来表示感谢:"谢谢您的光临。"通常情况下,送客时主人可带领客人到电梯前,帮客人按下按钮;当客人进入电梯,在电梯门未关闭前,向客人真诚告别。视主客关系,一般主人还应陪同客人送至本公司楼下或大门口握手道别,目送客人直至第一个拐角,逐渐远去(看不见)。若客人是乘车离去的,则接待人员应该走至车前,帮客人拉开车门,待其上车后,挥手道别,目送其离去后再离开。微笑、挥手送别客人,一般至少保持5秒钟时间,不可过短,以免引起客人误会,误以为主人迫不及待等其离去,顿生人走茶凉的感觉。

4. 拜访的类型

(1) 私人住宅的拜访

①讲究敲门的艺术。进门访问前,应当先轻声敲门或按门铃。要弯曲食指和中指用指关节敲门,力度适中,间隔有序敲三下,如果主人问"谁呀?"除了天天见面的熟人,主人要辨别你的声音外,应通报自己的姓名,或姓名加单位,而不能只是回答"我"。如无反应,可再稍加力度,再敲三下;如有应声,再侧身隐立于右门框一侧,待门开时再向前迈半步,与主人相对。

②主人开门请你进屋。客人应礼貌询问主人是否要换鞋,并要询问鞋的放置(有的家庭是放在门外而不是地垫上)。进门后,我们随身带来的外套、雨具等物品应搁放到主人指定的地方,不可任意乱放。夏天进屋后再热也不应脱掉衬衫、长裤,冬天进屋再冷也应脱下帽子、手套,有时还应脱下大衣和围巾,并切忌说冷,以免引起主人误会。

③进屋以后。客人应主动向所有人打招呼、问好,或适当寒暄;对陌生人也应点头致

意,如果你带孩子或其他人来,要介绍给主人,并教孩子如何称呼(图4-1-10)。

图 4-1-10　教孩子如何称呼

④在主人家的礼规。如果主人是年长者或上级,主人不坐,则自己不能先坐。主人让座之后,要称"谢谢",然后采用规矩的礼仪坐姿坐下。主人递上烟茶要双手接过并表示谢意。如茶水太烫,应等其自然冷了后再喝,必要时也可将杯盖揭开。放置杯盖时,盖口一定要朝上。切忌将茶水用嘴边吹边喝,喝茶时应慢慢品饮,不要一饮而尽,也不要发出声响。主人递烟时,如你不会抽,也应致谢,要说"谢谢,我不会抽"。如果主人没有递烟,而自己又特别想抽时,应征得主人同意,说"对不起,我可以抽烟吗?"待主人说"请"或"可以",你道谢之后再抽。如果主人没有吸烟的习惯,要克制自己的烟瘾,尽量不抽,以示对主人习惯的尊重。主人献上果品,要等年长者或其他客人动手后,你再取用。即使在最熟悉的朋友家里,也不要过于随便,这是对朋友的尊重。如果抽烟,应将烟灰弹入烟灰缸内;假如没有烟灰缸,应自己主动用一张小纸卷成一个小筒,将烟灰弹入,待出门时扔进垃圾箱里,千万不可将烟灰随处乱弹。抽烟时不可四处走动,抽烟时应注意烟雾的走向,如果你吐的烟雾直冲你旁边的某位不吸烟的主人或客人,应该主动请求换位或挪动一下座椅。吸剩的烟蒂要适度,以留1厘米左右为宜,一直吸到滤嘴才罢休的方式在社交场合是不得体的。

⑤一定要"客听主安排",虽然不是"不可多说一句话,不可多走一步路",但也应放弃一些随意,应充分体谅主人。主人没有邀请你参观他们的其他房间或设施时,不应主动提出参观,更不能未经主人许可就到处窜,特别是到人家里访问时更应注意这一点。因为一般来说,每个整洁的家庭都有自己的"死角",这样的地方会比较零乱一些。又如有的家里客厅布置得很有秩序,卧室则不太讲究。几乎所有的主人都不愿把属于"死角"的地方暴露在众人面前。到别人家不可乱翻乱动,否则也是对主人不尊重的表现。翻阅朋友家人的书刊杂志之前,也最好征求一下主人的意见,当然更不可随意打开主人的抽屉、衣柜,不要轻易打听主人的东西值多少钱,在哪里买的等。总之,我们去别人住所拜访时一定要

自律，尽量不要给主人增添麻烦。

⑥逗留的时间不宜太长。一般情况下要控制在30分钟之内，或者要办的事一完后就应告辞。当遇到以下这几种情况，也应及时告辞：一是双方话不投机，或当你谈话时，主人反应很淡，甚至不愿搭理时。二是主人将双肘抬起，双手支于椅子的扶手时甚至频繁地看表等情况时。告别前，应向主人的友好、热情等给以适当的肯定。

⑦带礼物。要委托主人办事或者是向主人致谢的拜访，最好带些礼物。古今中外的交往几乎都离不开赠送礼物这个内容，它是情感的象征和媒介。赠送礼品应注意以下几点：

a. 要搞清对象，注重效果。首先要清楚被访者与拜访者的关系来选择礼品，礼品不一定要贵重，但一定要有意义。其次要掌握一些与赠礼有关的禁忌。搞清了这些内容，我们赠送的礼品才能帮助我们的拜访达到沟通关系、联络感情、增进了解、互相关心的目的。

b. 抓准时机，注意场合。从时间上讲，赠礼贵在及时、准确。毫无理由地过早赠送或"马后炮"、"雨后送伞"等赠送行为不但没有好结果，而且可能会失礼。从地点上讲，赠礼要考虑场合，一些高雅而清廉的礼品事宜送到办公室，而生活用品或价值较高的礼品则应送至私宅。向受礼者赠送礼品的时间，一般是在相见时或分手道别时。

c. 挑选礼品要精心包装。礼品选好后，应检查一下是否有价签。送礼前的最后工序就是对礼品进行包装，认真地对礼品进行包装既可以表达出你的诚意，又可以提高礼品的艺术性，进而更有利于交际。

⑧道别。起身告辞时，要向主人表示"打扰"之歉意。起身告退时，如主人处还有其他客人，即使你不熟悉，也应遵守"前客让后客"的原则礼貌地向他们打招呼，或者说"你们谈"；出门后，回身主动伸手与主人握别并说："请留步"。主人送你出门时，应劝主人留步，并主动伸手握别；然后看好门外第一拐弯处，当走到该处时，一定要再回头看看主人是不是还在目送。如果主人还未返回，应挥手向主人示意，以示最后的谢意，并请主人快回家去。如果主人站在门口，发现你"一去不回头"，那你就失礼了，主人会很失望。

(2) 办公区域的拜访

①拜访应按约定准时进行。访问必须守时，如因故不能及时到达，应尽早通知对方，并讲明原因，无故迟到或失约都是不礼貌的。在到了和客户约定时间前2～3小时，再和对方确定一次，以防临时发生变化；确定好交通路线，算好时间出发，确保提前5～10分钟到。

要阅读拜访对象的个人和公司资料，准备好拜访时可能用到的资料，制定好拜访目标并拟好提问的目录，以提高办事效率。检查各项携带物是否齐备（诸如名片、笔和记录本、电话本、磁卡或现金、计算机、公司和产品介绍、合同等）。

②着装准备。拜访的地点设在对方的办公区域则应着正装或拜访者所在单位的制服，因为你的拜访在很大意义上代表的是你单位的形象，这样着装可以传递出"你很重视这次拜访"的友好信息；而制服作为你所在单位的公关识别系统的重要组成部分，能让被访者感受到你所在企业的良好的企业文化，进而对你的单位留下良好的印象，利于继续合作。

③拜访礼仪。进入办公大楼或客户公司门口前，最好能去洗手间再整冠一次。特别是在淋雨后、出汗时要注意擦干头发、衣服、脸上、脚上、鞋上、皮包上、资料上的水渍。为了不破坏整齐的装扮，不妨用纸巾轻按，避免大力擦抹。进入室内时面带微笑，向接待

员说明身份、拜访对象和目的，从容地等待接待员将自己引到会客室或者到受访者的办公室。如果是雨天，不要将雨具带入办公室，在会客室等候时，不要看无关的资料或在纸上涂画。接待员奉茶时，要表示谢意。等候超过一刻钟，可向接待员询问有关情况，如受访者实在脱不开身，则留下自己的名片和相关资料，请接待员转交。如果需要事后联系的，一定要以约定时间回复消息。

见到拜访对象，要进行问候、握手，并交换名片等。注意称呼、遣词、用字、语速、语气、语调。会谈过程中，如无急事最好不打电话或接电话。拜访结束时一定要与对方道别，对本次的打扰表示歉意。

在涉外交往中，有"涉外交往八不送"。

第一，不送现金和有价证券，以免有受贿之嫌。

第二，不送贵重的珠宝首饰。

第三，不送药品与营养品。

第四，不送广告品或宣传品。

第五，不送容易引起异性误会的用品。

第六，不送收礼人所忌讳的物品。

第七，不送涉及国家或商业机密的物品。

第八，不送不道德的物品。

六、馈赠礼仪

从礼以物的形式出现时起，物就从礼的精神内核中蜕化出来，而成为人与人之间有"礼"的外在表现形式。

随着社会生活的进化和演变，物能寄情言意表礼的观念被广大人民所接受和认同，从而使馈赠在内容和形式上，逐渐融汇在五彩缤纷的社会交往中，并成为人们联络和沟通感情的最主要方式之一。中国人一向崇尚礼尚往来。《礼记·曲礼上》说："礼尚往来，往而不来，非礼也，来而不往，亦非礼也。"

在现代人际交往中，礼物仍然是人们往来的有效媒介之一，它像桥梁和纽带一样直接明显地传递着情感和信息，深沉地寄托着人们的情意，无言地表达着人与人之间的真诚关爱，久远地记载着人间的温暖。

馈赠作为社交活动的重要手段之一，受到古今中外人士的普遍肯定。馈赠作为一种非语言的重要交际方式，是以物的形式出现，以物表情，礼载于物，起到寄情言意的"无声胜有声"的作用。得体的馈赠，恰似无声的使者，给交际活动锦上添花，给人们之间的感情和友谊注入新的活力。然而送给谁（Who），为什么送（Why），如何送（How），送什么（What），何时送（When），在什么场合送（Where），是一个既老又新的问题，因此，人们只有在明确馈赠目的和遵循馈赠基本原则的前提下，在明确弄清以上6W的基础上，才能真正发挥馈赠在交际中的重要作用。

1. 馈赠对象

馈赠对象即馈赠客体，是赠物的接受者。馈赠时要考虑到馈赠对象的性别、年龄、职位、身份、性格、喜好、数量等因素。

2. 馈赠目的

（1）以交际为目的的馈赠

这类馈赠是一种为达到交际目的而进行的，有两个特点：第一，送礼的目的与交际目的的直接一致。无论是个人还是组织机构，在社交中为达到一定目的，针对交往中的关键人物和部门，通过赠送一定礼品，以促使交际目的达到。第二，礼品的内容与送礼者的形象一致。礼品选择的一个非常重要的原则就是要使礼品能反映送礼者的寓意和思想感情的倾向，并使寓意和思想倾向与送礼者的形象有机地结合起来。

（2）以巩固和维系人际关系为目的的馈赠

这类馈赠，即为人们常说的"人情礼"。在人际交往过程中，无论是个人间的抑或是组织机构间的，必然产生各类关系和各种感情。人与生俱来的社会性，又要求人们必须重视这些关系和感情，因而，围绕着如何巩固和维系人际关系和感情，人们采取了许多办法。其中之一就是馈赠。这类馈赠，强调礼尚往来，以"来而不往非礼也"为基本行为准则。因此，这类馈赠，无论从礼品的种类、价值的轻重、档次的高低、包装的精美、蕴含的情义等方面都呈现多样性和复杂性。这在民间交际中尤其具有重要的特殊作用。

（3）以酬谢为目的的馈赠

这类馈赠，是为答谢他人的帮助而进行的。因此在礼品的选择上十分强调其物质价值。礼品的贵贱厚薄，首先取决于他人帮助的性质。帮助的性质分为物质的和精神的两类。一般说来，物质的帮助往往是有形的，能估量的。而精神的帮助则是无形的，难以估量的，然而其作用又是相当大的。其次取决于帮助的目的。是慷慨无私的，还是另有所图的，还是公私兼顾的。只有那种真正无私的帮助，才是值得真心酬谢的。再次取决于帮助的时机，一般情况下，危难之中见真情。因此，得到帮助的时机是日后酬谢他人的最重要的衡量标准。

（4）以公关为目的的馈赠

这种馈赠，表面上看来不求回报，而实质上其索取的回报往往更深地隐藏在其后的交往中，或是金钱，或是权势，或是其他功利，是一种为达到某种目的而用礼品的形式进行的活动。多发生在对经济、政治利益的追求和其他利益的追求活动中。

3. 馈赠内容

馈赠内容即馈赠物，是情感的象征或媒介，包括赠物和赠言两大类。赠物可以是一束鲜花、一张卡片或一件纪念品。赠言则有多种形式，如书面留言、口头赠言、临别赠言、毕业留言等。馈赠时，应考虑赠物的种类、价值的大小、档次的高低、包装的式样、蕴含的情义等因素。

4. 馈赠时机

就馈赠的时机而言，及时适宜是最重要的。中国人很讲究"雨中送伞"、"雪中送炭"，即十分注重送礼的时效性，因为只有在最需要时得到的才是最珍贵的、最难忘的。因此，要注意把握好馈赠的时机，包括时间的选择和机会的择定。一般说来，时间贵在及时，超前滞后都达不到馈赠的目的；机会贵在事由和情感及其他需要的程度，"门可罗雀"时和

"门庭若市"时，人们对馈赠的感受会有天壤之别。所以，对于处境困难者的馈赠，其所表达的情感就更显真挚和高尚。

5. 馈赠场合

馈赠场合即馈赠的具体地点和环境，主要应区分公务场合与私人场合，根据馈赠的内容和形式来选择适当的场合。

6. 馈赠方式

馈赠方式主要有亲自赠送、托人转送、邮寄运送等。

七、宴请礼仪

宴请是为了表示欢迎、答谢、祝贺、喜庆等举行的餐饮活动，以增进友谊和融洽气氛，是国际交往中最常见的交际活动形式。宴请的形式多样，礼仪繁多，掌握其礼仪规范是十分重要的。

1. 宴会的种类

宴会具有就餐人数多，消费标准高，菜点品种多，气氛隆重热烈、就餐时间长，接待服务讲究等特点。宴会一般要求格调高雅。在厅堂布置及台面上既要舒适、干净，又要突出隆重热烈的气氛。在菜点选配上有一定格式和质量要求，按一定的顺序和礼节递送上台，讲究色、香、味、形、器、质、名，注重菜式的季节性，用拼图及雕刻等形式烘托喜庆、热烈的气氛。在接待服务上强调周到细致，讲究礼节礼貌，讲究服务技艺和服务规格。

（1）从规格上分，有国宴、便宴。从进餐形式分，有立式宴会和坐式宴会。从宴会的餐别上分，有中餐、西餐、自助餐和鸡尾酒会等。从举行宴会的时间上分，有早宴、午宴和晚宴。从礼仪上分，有欢迎宴会，答谢宴会等。此外，还有各种形式的招待会及民间举办的婚宴、寿宴、筵席等。

①国宴。国宴是国家领导人或政府首脑为国家庆典活动或为欢迎来访的外国元首、政府首脑而举行的正式宴会。这种宴会规格最高，庄严而又隆重。宴会厅内悬挂国旗，设乐队演奏国歌及席间乐，席间有致辞或祝酒，代表性强，宾主均按身份排位就座，礼仪严格。

②正式宴会。正式宴会通常是政府和团体等有关部门为欢迎应邀来访的宴客，或来访的宾客为答谢主人而举行宴会。这种形式除不挂国旗，不演奏国歌以及出席者规格低于国宴外，其余的安排大致与国宴相同。宾主同样按身份就座，礼仪要求也比较严格，席间一般都有致辞或祝酒，有时也有乐队演奏席间乐。

③便宴。便宴多用于招待熟识的亲朋好友，是一种非正式宴会。这种宴会形式简便，规模较小，不拘严格的礼仪，不用排席位，不做正式致辞或祝酒，宾主间较随便、亲切，用餐标准可高可低，适用于日常友好交往。

④招待会。招待会是一种灵活便利、经济实惠的宴请的形式，常见的有冷餐会、鸡尾酒会、茶话会等。

a. 冷餐会（自助餐）。冷餐会是中西餐形式的自助餐，不排座位，但有时设主宾席。冷餐会供应的食品以冷餐为主，兼有热菜。食品有中式、西式或中西结合式，分别以盘碟盛装，连同餐具陈设在菜台上，供宾客自取。酒水饮料则由服务员端至席间巡回奉上。由于冷餐会对宾主来说都很方便,特别是省去了排座次步骤;消费标准可高可低,丰俭由人,参加可多可少;时间亦灵活,宾主间可以广泛交际,也可以与任何人自由交谈,拜会朋友。这种形式多为政府部门或企业、银行、贸易界举行人数众多的盛大庆祝会、欢迎会、开业典礼等活动所采用。

b. 鸡尾酒会。鸡尾酒会也是一种用餐形式,它以供应鸡尾酒为主,附有各种小食如三明治、小串烧、炸薯片等,鸡尾酒会一般在正式宴会之前举行。鸡尾酒会与冷餐会一样,都不需要排座次。宾客来去自由,不受约束,既可迟到又可早退。整个酒会气氛和谐热烈、轻松活泼、交际面广。近年来,庆祝各种节日、欢迎代表团访问以及各种开幕、闭幕典礼、会议公布要闻,文艺、体育招待演出前后等,往往都采用鸡尾酒会这种形式。

c. 茶话会。茶话会也是一种简便的招待形式,多为社会团体单位举行纪念和庆祝活动所采用。会上备茶、点心和数种风味小吃。茶话会对茶叶、茶具的选择要有讲究并具地方特色。外国人一般备红茶、咖啡和冷饮。茶话会不排列座次,但在入座时有意识地将主宾和主人安排在一起,其他人则随意入座,宾主共聚一堂,饮用茶点、亲切交谈,席间常安排一些短小的文艺节目助兴。

(2) 按宴会菜点的性质、规格、标准,又可分为高档宴会、普通宴会、素食宴会、清真宴会等。

① 高档宴会。高档宴会是选用山珍海味或土特产为原料,由名厨师精心烹调制作的菜品而组成的宴会。如"燕翅席"、"鱼翅席"、"全羊席"、"满汉全席"等。要求其色、香、味、形、器、质、名俱佳,餐厅环境高雅华贵,餐具考究,配合优质的宴会服务,使客人在精神和物质上都得到高档次享受。

② 普通宴会。普通宴会是用猪、牛、羊、鸡、鹅、禽蛋、水产品等一般原材料制作的菜肴组成的宴会。由于它比较经济实惠,菜肴质量高低均可,数量可多可少,烹制方法多种多样,不受格局限制,是一种非常适合大众的宴会形式。一般的婚礼、祝寿、酬谢、饯行、团聚等活动均适用。

素食宴会和清真宴会略。

2. 赴宴的礼仪

(1) 赴宴前的礼仪规范

① 应邀礼仪。接到正式的宴会请柬,不管能否出席,一般应尽早答复对方,以便对方安排席位。对请柬上注有"R, S, V, P"(敬请赐复)字样的,无论出席与否,均应迅速答复。不能应邀的,要婉言谢绝。接受邀请的,不要随意变动,按时出席。如确有意外,不能前去的,要提前解释,并深致歉意。作为主宾不能如约的,更应郑重其事,甚至登门解释、致歉。

② 注意仪容、仪表。出席宴会前,要认真梳洗打扮,以表示对主人以及参加宴会者的尊重。应注意仪表整洁,穿戴大方,忌穿工作服。一般情况下,男士应穿西服系领带,女士应着套装。应该强调,女性参加宴会不宜穿裤子,也不宜穿短裙,以过膝的裙子为好。女士要适当化妆,头发要梳理整齐,要重视,显得隆重,有气氛;男士要刮净胡须,如有时间还应理发。注意鞋子是否干净,光亮,袜子是否有臭味,以免临时尴尬。

③ 备礼。赴宴者视宴会的类型适当备礼。如参加家庭宴会,可准备酒、鲜花等,也可

为对方的孩子带些礼物。

(2) 赴宴中的礼仪

①按时抵达。赴宴要遵守约定的时间，既不得迟到，也不要太早。迟到是非常失礼的，去早了显得急于进餐，主人未准备好，难免尴尬，也不得体。最好事先探询一下，可依据请柬注明的时间，稍微提前一点。如果你与主人关系密切，则不妨早点到达，以帮助主人招待宾客，或做些准备工作。

②问候，赠礼。当你抵达宴请地点时，首先跟主人握手，问候致意。按当地习惯，可送礼品。对其他客人，无论认识与否，都应礼貌问候，见到熟人落落大方地打招呼，见到生人可礼貌的微笑致意。对长辈老人，要主动让座请安；对小孩则应多加关照。万一迟到，在你坐下之前，应先向所有客人微笑打招呼，同时说声抱歉。

③礼貌入座。通常客人的座位是男女主人安排，客方不要自己决定，亦不要过分客气、推让。在服务人员的引导下按照主人安排的座次入席，不能乱坐座位。入座时，要和其他客人礼让，并从椅子左边入座。如与上司同行，必要时，你应为上司作介绍。只有当主人或上司入座后，你才能从椅子左方入座。入座后不要东张西望，也不要坐在那儿发呆，或摆弄餐具餐巾，而应该把双手放在自己的腿上，神态自如，风度优雅地和邻座的上司或客人轻声谈几句，或是神态安详地倾听别人的谈话。

3. 用餐时的基本礼仪

餐桌礼仪在餐桌上有许多应注意的地方，而这些礼仪常被忽视。

(1) 就座和离席

①应等长者坐定后，方可入座。

②席上如有女士，应等女士坐好后，方可入座。如女士座位在隔邻，应招呼女士。

③用餐后，须等男、女主人离席后，其他宾客方可离席。

④坐姿要端正，与餐桌的距离保持得宜。

⑤在饭店用餐，应由服务生领台入座。

⑥离席时，应帮助隔座长者或女士拖拉座椅。

(2) 餐巾的使用

①餐巾主要防止弄脏衣服，兼做擦嘴及手上的油渍。

②必须等到大家坐定后，才可使用餐巾。

③餐巾摊开后，应放在双膝上端的大腿上，切勿放入腰带，或挂在西装领口。

④切忌用餐巾擦拭餐具。

(3) 餐桌上的一般礼仪

①入座后坐姿要端正，脚放在本人座位下面，不得随意伸直；手肘不得放在桌子边缘，或将手搭在邻座椅背上。

②进餐前，如果女士涂抹口红，需擦掉。

③进餐时须温文尔雅，从容安静，不能急躁。

④在餐桌上不能只顾自己，也要关心别人，尤其要招呼两侧的女宾。

⑤嘴里有食物时，应尽量不说话。

⑥食物应小口小口地送入口中，细嚼慢咽，不要大口大口地狼吞虎咽，也不要在进餐

时发出声音。

⑦取菜舀汤，应使用公筷公匙。

⑧汤、菜太烫时，不要用嘴去吹，应放在碗里凉后再吃；如果吃到滚烫的食物，不能吐出来，可喝水或果汁冲凉。

⑨送食物入口时，两肘应向内靠，不应向两旁张开，碰及邻座。

⑩自己手上持刀叉，或他人在咀嚼食物时，应尽量避免跟人说话或敬酒。

⑪好的吃相是食物就口，不可将口就食物。食物带汁，不能匆忙送入口，否则汤汁滴在桌布上，极为不雅。

⑫切忌用手指剔牙，应用牙签，并以手或手帕遮掩。

⑬宴会上严禁随地吐痰、扔烟头；应避免在餐桌上咳嗽、打喷嚏。若咳嗽、打喷嚏时，应用手或餐巾把嘴遮住，万一不禁打了喷嚏，应说声"对不起"。

⑭喝酒宜随意，敬酒以礼到为止，不要硬劝强灌，切忌劝酒、猜拳、吆喝。

⑮如餐具坠地，可请侍者拾起。

⑯遇有意外，如不慎将酒、水、汤汁溅到他人衣服，表示歉意即可，不必恐慌赔罪，反使对方难为情。

⑰如欲取用摆在同桌其他客人面前的调味品，应请邻座客人帮忙传递，不可伸手横越，长驱取物。

⑱进餐时不要对宴会和饭菜妄加评论，如遇主人亲自烹调食物，应给予主人赞赏。

⑲如吃到不洁或异味，不可吞入，也不可直接吐出，应用筷子从嘴里取出放入盘中。如吃前发现菜肴中混有昆虫和碎石等异物，不要大惊小怪，应请侍者走近，轻声告知侍者更换。

⑳食毕，餐具务必摆放整齐，不可凌乱放置。餐巾应该折好，放在桌上。

㉑主食进行中，不宜抽烟，如需抽烟，必须先征得邻座的同意。

㉒在餐厅进餐，不能抢着付账，推拉争付，实为不雅。未征得朋友同意，亦不宜代友付账。

㉓进餐的速度，宜与男女主人同步，不宜太快，亦不宜太慢。

㉔餐桌上尽量选择愉快、轻松的话题，避免提及使人感到悲伤、难过的话题，以免影响大家的心情和胃口。

㉕在餐桌上，手势、动作幅度不宜过大，更不能用餐具指点他人。

㉖敬酒时应按身份地位由高而低，或者按座次顺序依次进行；碰杯的时候，主人与主宾先碰；人多的时候可同时举杯不需逐一碰杯；身份地位低的人举杯应低于身份地位高的人，如男士举杯应略低于女士酒杯；主人祝词时应暂停饮酒或进餐。

㉗就餐过程中，不宜抽烟，如需抽烟，须先征得邻座的同意。

㉘用餐完毕，等主人示意宴会结束时，客人才能离席，客人应向主人道谢、告别。

八、位次礼仪

1. 会议的位次

会议不同于会客，会客是少数人甚至只是两个人之间的交往，而会议则一般是许多人甚至上百人之间的交往。因此，在会议中对宾主进行排位尤为复杂。

(1) 小型会议

小型会议，一般指参加者较少、规模不大的会议。它的主要特征是全体与会者均应排座，不设立专用的主席台。

举行正式会议时，通常应事先排定与会者，尤其是其中重要身份者的具体座次。越是重要的会议，它的座次排定往往就越受到社会各界的关注。对有关会场排座的规范，我们不但需要略知一二，而且必须认真恪守。在实际操办会议时，由于会议的具体规模都有不同，因此其具体的座次排定便存在一定的差异。

确定上位的基本方法：面门为上、居中为上、以右为上（中国政府惯例是左高右低、国际惯例是右高左低）（图 4-1-11）。

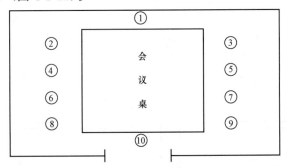

图 4-1-11 小型会议排座

小型会议的排座，目前主要有以下三种具体形式。

①面门设座。它一般以面对会议室正门之位为会议主席之座。其他的与会者可在其两侧自左而右地依次就座（图 4-1-12）。

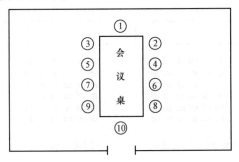

图 4-1-12 会议面门设座

②依景设座。所谓依景设座，是指会议主席的具体位置，不必面对会议室正门，而是应当背依会议室之内的主要景致之所在，如字画、讲台等。其他与会者的排座，则与前者略同。

③自由择座。自由择座的基本做法是不排列固定的具体座次，而由全体与会者完全自由地选择座位就座。

(2) 大型会议

大型会议一般是指与会者众多、规模较大的会议。会场上应设主席台与群众席，前者必须认真排座，后者的座次则可排可不排。

①主席台排座。大型会场的主席台，一般应面对会场主入口。在主席台上就座的人，通常应当与在群众席上就座的人呈面对面之势。在其每一名成员面前的桌上，均应放置双向的桌签。主席台排座，具体又可分为主席团排座、主持人座席、发言者席位三个不同方面的排座。

a. 主席团排座。主席团是指在主席台上正式就座的全体人员。国内目前排定主席团位次的基本要求有：一是前排高于后排、中央高于两侧、右侧高于左侧（商务会议）、左侧高于右侧（政务会议）。具体来讲，主席团的排坐又有单数排座（图 4-1-13）与双数（图 4-1-14）排座。二是主席台必须排座次、放名签，以便领导同志对号入座，避免上台之后互相谦让。三是主席台座次排列，领导为奇数时，主要领导居中，2 号领导在 1 号领导左手位置，3 号领导在 1 号领导右手位置图（4-1-15）；领导为偶数时，1、2 号领导同时居中，2 号领导依然在 1 号领导左手位置，3 号领导依然在 1 号领导右手位置（图 4-1-16）。

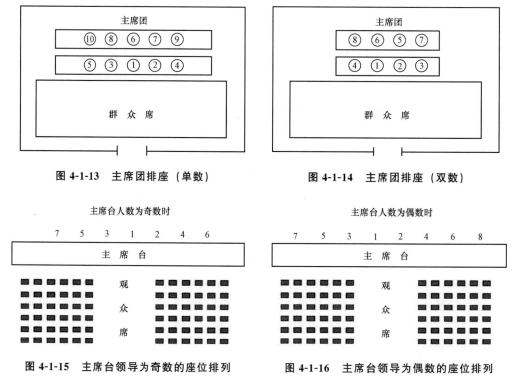

图 4-1-13　主席团排座（单数）　　　图 4-1-14　主席团排座（双数）

图 4-1-15　主席台领导为奇数的座位排列　　　图 4-1-16　主席台领导为偶数的座位排列

b. 主持人坐席。会议主持人，又称大会主席。其具体所在位置有三种方式可供选择：一是居于前排正中央；二是居于前排的两侧；三是按其具体身份排座，但不宜令其就座于后排。

c. 发言者席位。发言者席位，又称发言席。在正式会议上，发言者发言时不宜就座于原处发言。发言席的常规位置有两处：一是主席台的正前方（图 4-1-17），二是主席台的右前方（图 4-1-18）。

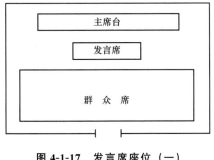
图 4-1-17　发言席座位（一）

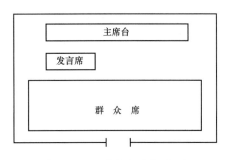
图 4-1-18　发言席座位（二）

②群众席排座。在大型会议上，主席台之下的一切座席均称为群众席。群众席的具体排座方式有两种：

a. 自由式择座。即不进行统一安排，而由大家自由择位而坐。

b. 按单位就座。它指的是与会者在群众席上按单位、部门或者地位、行业就座。它的具体依据，既可以是与会单位、部门的汉字笔画的多少、汉语拼音字母的前后，也可以是其平时约定俗成序列。按单位就座时，若分为前排后排，一般以前排为高，以后排为低；若分为不同楼层，则楼层越高，排序便越低。

在同一楼层排座时，又有两种普遍通行的方式：一是以面对主席台为基准，自前往后进行横排（图 4-1-19）。二是以面对主席台为基准，自左而右进行竖排（图 4-1-20）。

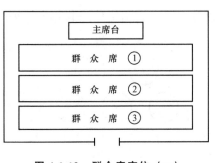
图 4-1-19　群众席座位（一）

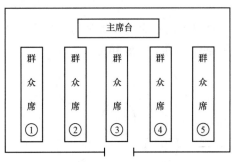
图 4-1-20　群众席座位（二）

2. 用餐的位次

（1）中餐的席位排列

①桌次排列。

a. 两桌组成的小型宴请。当两桌横排时，面对正门右边的为第一桌，左边的为第二桌，即遵循以右为尊，以左为卑的原则（图 4-1-21）。

当两桌竖排时，桌次高低讲究离正门越远越高，离门越近越低，即遵循以远为上，以近为下的原则（图 4-1-22）。

b. 三桌或三桌以上的宴请。在安排多桌宴请的桌次时，要注意"以门定位"、"以右为尊"、"中间为大"、"以远为上"等原则。当三桌横排时，中间那桌的桌次最高，面对正门的右桌的桌次为第二，最左边的桌次为第三，即遵循居中为大，以右为尊的原则（图 4-1-23）；

当三桌竖排时，中间的那桌为第一桌，接着是离门最远的为第二桌，最后是离门最近的为第三桌，即遵循以中为大，以远为上的原则（图4-1-24）。

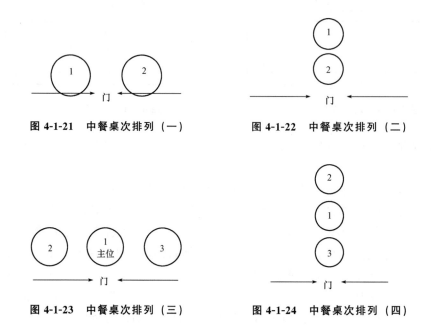

图4-1-21　中餐桌次排列（一）　　　　图4-1-22　中餐桌次排列（二）

图4-1-23　中餐桌次排列（三）　　　　图4-1-24　中餐桌次排列（四）

当三桌以上的桌次进行排列时，讲究"面门定位"、"以右为上"、"居中为上"、"以远为上"等原则（图4-1-25和图4-1-26）。

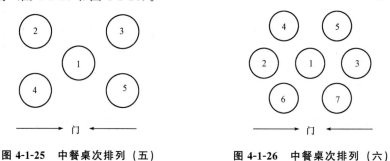

图4-1-25　中餐桌次排列（五）　　　　图4-1-26　中餐桌次排列（六）

②位次排列。

a. 每桌只有一个主位的排列方法。一般遵循"面门为上"、"以右为尊"的原则，主人在主位上就座，第一主宾坐在主人的右手位置，第二主宾坐在主人的左手位置，其余客人按此顺序排列下去（图4-1-27）。

b. 每桌有两个主位的排列。如果每桌有两个主位的时候，第一主人坐在面对正门的位置，第一、第二主宾分别坐在其右手和左手的位置。第二主人则坐在背对正门的位置，第三、第四位客人分别坐在其右手和左手的位置（图4-1-28）。

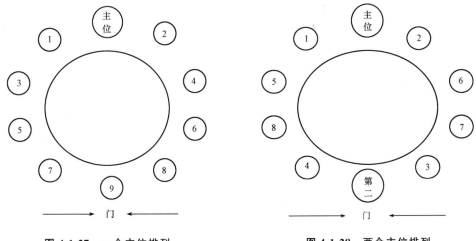

图 4-1-27　一个主位排列　　　　图 4-1-28　两个主位排列

总的来说，所见较多的位次的排列，主要遵循以下方法：面门为上、右高左低、中座为尊、观景为佳、临墙为好。

如果主宾身份高于主人，为表示尊重，可安排其在主人位次上就座，而请主人坐在主宾的位次上；如果本单位出席人员中有高于主人的，可请其居于主位而坐，而请实际上的主人坐在其左侧。以上两种特殊情况亦可遵守常规，不作变动。

如果出席者都是平辈，年长者在前，年幼者在后；如果出席者辈分有高低，按辈分高低依次入座。

(2) 西餐的席位

① 西餐用桌。在西餐用餐时，人们所用的餐桌有长桌、方桌和圆桌。有时，还会以之拼成其他各种图案。不过，最常见、最正规的西餐桌当属长桌。下面就来介绍一下西餐排位的各种具体情况。

a. 长桌。以长桌排位，一般有两个主要方法。一是男女主人在长桌中央对面而坐，餐桌两端可以坐人，也可以不坐人；二是男女主人分别就座于长桌两端。某些时候，如用餐者人数较多时，还可以参照以上方法，以长桌拼成其他图案，以便安排大家一道用餐。

b. 方桌。以方桌排列位次时，就座于餐桌四面的人数应相等。在一般情况下，一桌共坐 8 人，每侧各坐两人的情况比较多见。在进行排列时，应使男、女主人与男、女主宾对面而坐，所有人均各自与自己的恋人或配偶坐成斜对角。

c. 圆桌。在西餐里，使用圆桌排位的情况并不多见。在隆重而正式的宴会里，则尤为罕见。其具体排列，基本上是各项规则的综合运用。

② 西餐座次的安排原则。

a. 恭敬主宾。在西餐中，主宾极受尊重。即使用餐的来宾中有人在地位、身份、年纪方面高于主宾，但主宾仍是主人关注的中心。在排定位次时，应请男、女主宾分别靠着女主人和男主人就座，以便进一步受到照顾。

b. 女士优先。在西餐礼仪里，女士处处备受尊重。在排定用餐位次时，主位一般应请女主人就座，而男主人则须退居第二主位。

c. 以右为尊。在排定位次时，以右为尊依旧是基本指针。就某一特定位置而言，其右位高于其左位。例如，应安排男主宾坐在女主人右侧，应安排女主宾坐在男主人右侧。

d. 面门为上。有时又称迎门为上。它所指的是面对餐厅正门的位子，通常在序列上要高于背对餐厅正门的位子。

e. 距离定位。一般来说，西餐桌上位次的尊卑，往往与其距离主位的远近密切相关。在通常情况下，离主位近的位子高于距主位远的位子。

f. 交叉排列。用中餐时，用餐者经常有可能与熟人，尤其是与其恋人、配偶在一起就座，但在用西餐时，这种情景便不复存在了。商界人士所出席的正式的西餐宴会，在排列位次时，要遵守交叉排列的原则。依照这一原则，男女应当交叉排列，生人与熟人也应当交叉排列。因此，一个用餐者的对面和两侧，往往是异性，而且还有可能与其不熟悉。这样做，据说最大的好处是可以广交朋友。不过，这也要求用餐者最好是双数，并且男女人数各半。

实施与考核

请你判断下列行进中的位次排列是否正确：
1. 一位女士陪三四位客人乘电梯，女士先入后出。
2. 一位男士与一位女士上楼、下楼，男先女后。
3. 一位男士与一位女士在公司门口迎候客人。一位客人走了过来，男士、女士将其夹在中间行进，至较窄之处，让客人先行。

思考与练习

1. 自我介绍的类型有哪些？为自己写一份不同类型的自我介绍。
2. 名片的内容应包括哪些要素？
3. 婉拒他人索取名片时有哪些比较正确的方法？
4. 会议的位次礼仪。
5. 行进中的位次礼仪。

素养环节

理解什么是规则

规则就是规定出来供大家遵守的制度或章程，或者说是规定出来让大家遵守的做事规范和行为准则。

规则不仅是制度和章程，更是权利、责任和义务。规则无处不在。例如，交通规则、经商规则、竞赛规则，就连做游戏也要遵守游戏规则。规则是享受权利的保证，一定的规则能保证人们更好地生活，每个人在用规则约束自己行为的同时，也从中获得了最大的自由和安全。

礼仪小故事

没有人知道一个人一生要更换多少张名片。一张名片就是一个人的肖像，透露出这个人的性格、情趣修养和格调。一些人热衷于制造自己的名片，在那个方寸之地极尽其心智。有的将自己的肖像扫描在名片上，有的在名片上密密麻麻印了一大堆头衔，正面反面都印满了，有的还加了折页。可是看了半天，委员、理事、总监、首席执行官、名誉教授、特邀代表、董事长、总经理等，什么都有，让人眼花缭乱，却不知道他究竟是干什么的。

电影演员赵丹有一次出国，叫办公室同志印名片。办公室同志问："名片上头衔印三个，全国政协委员、全国影协常务理事、全国文联委员，行不行？"赵丹回答："你把最重要的忘了。"对方问："还有什么更重要的？"赵丹说："我是个演员，首先要印上电影演员！"上海剧作家沙叶新则为自己印了这样一张名片："沙叶新。上海人民艺术剧院院长——暂时的；剧作家——长久的；××理事、委员、教授、主席——挂名的。"既幽默又实在，这是名片的创意之最。

第二节 汽车销售人员交往礼仪

学习目标

1. 掌握有哪些汽车销售人员的交往礼仪。
2. 每种交往礼仪的注意要点。
3. 每种交往礼仪的具体应用。

素养目标

赋予职业行为以道德责任感。

礼仪格言

道之以德，齐之以礼。——《论语》

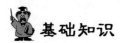

一、汽车销售人员介绍礼仪的应用与要求

1. 汽车销售人员介绍礼仪的应用

第一，汽车销售人员在做具体介绍时，应礼貌地平举右手掌心斜向上示意，且眼神要

随手势指向被介绍的对象,而不应该指手画脚的,切忌用食指示意,否则给人指着鼻子骂的感觉。

第二,汽车销售人员对介绍时所表述的内容要字斟句酌,介绍别人时要将有的信息进行核对,保证准确无误,如姓名、职务。

第三,汽车销售人员在做介绍之前,必须考虑或观察被介绍人双方有无相识的必要或愿望,如果把握不好则最好征求一下被介绍双方的意见,切勿自作主张。否则,会造成尴尬的局面。

第四,作为汽车销售人员,在做介绍时,自己应起身站立于被介绍双方之间,自己陈述的时间不宜太长,内容应简洁明了。

第五,汽车销售人员在做介绍时,尽可能地做到公平地对待双方,要避免给任何一方厚此薄彼的感觉。

第六,汽车销售人员在做介绍时,如果忘记某人的名字或遗漏某个人时,应随机应变,既可以通过幽默的话语来化解尴尬的场面,也可以通过巧妙地示意问题所在,以便指出并加以纠正。

2. 汽车销售人员介绍礼仪的要求

(1) 时机恰当

汽车销售人员的介绍时机恰当就是指在什么时间、什么地点、以什么身份进行介绍。通常情况下,正确时机的介绍能给对方留下深刻的印象,而不恰当的时机即使介绍很精彩也将适得其反。以下就是汽车销售人员介绍的恰当时机:

(2) 要有特点

汽车销售人员的介绍可以先声夺人,使对方一下子就认识你,并留下深刻印象。

【例】"您好,我叫李国庆,国庆这一天出生的,希望以后多多关照。"

(3) 要自信、友善、清楚

汽车销售人员的介绍要充满自信和勇气;要面带微笑,正视对方或大家;语气要自然,声音不宜过高或过低、语速清晰。介绍时,注意自己的眼神问题,避免眼神左右看或上下看,尤其不要翻白眼,否则会给对方留下极不好的印象。

二、汽车销售人员名片礼仪的应用与要求

1. 汽车销售人员名片礼仪的应用

(1) 递交名片

①观察意愿。名片一般在交往双方欲结识对方并欲建立联系的前提下递送,这种愿望往往会通过"幸会""认识你很高兴"等一类谦语以及表情、体姿等非语言符号体现出来,如果双方或一方并没有这种愿望,不要递送名片,否则可能会让人觉得你在故意炫耀。

②掌握时机。把握发送名片的正确时机,可以使名片发挥功效,一般应选择初识之际或分别之时,不宜以职务高低决定发送顺序,最好是由近至远,按顺时针或逆时针方向依次发送。

③招呼首位。递上名片前,可先做一下自我介绍,也可以说声"对不起,请稍后""可

否交换一下名片"之类的招呼语，令对方有所准备。

④态度谦恭。递交名片的过程应当表现得郑重其事。要面带微笑起身站立，主动走向对方，上体前倾15度左右，以双手或右手持握名片，举至胸前，并将名片正面面对对方，切勿以左手持名片，同时要说："请多多指教""欢迎前来拜访"等礼节性用语，递交时候应该得体大方（图4-2-1）。

图4-2-1　态度谦恭

（2）接受名片

①态度谦和，接受名片时，要暂停手中一切事物，面带微笑起身站立，双手接过名片，不得只使用左手，至少也应该使用右手。

②仔细阅读。接过名片后先致谢，然后至少要用一分钟时间将其从头至尾默读一遍。遇有显示对方荣耀的职位、头衔不妨轻读出声，以示尊重和敬佩，若对方名片上的内容有所不明，可当场询问。

③认真存放，接到名片后，切勿将其随意乱放乱折，而应将其谨慎的置于名片夹、公文包、办公桌或上衣口袋之内，且应与其他名片区别放置。

④不忘回赠。接受了他人的名片后，一般应当即刻回给对方一张自己的名片，如果没有名片，或是名片用完，忘带，应向对方解释并致歉。

（3）索要名片

一般情况下不要直接开口向他人索要名片，但如果想要结识对方，或是有其他原因有必要索取对方名片时，可采取下列方法。

①互换法。在主动递上自己的名片后，对方按常理会回给自己一张他的名片，如果担心对方不回送，可在递上名片时暗示："能否有幸与您交换一下名片？"

②暗示法。即用含蓄的语言暗示对方，例如，向尊长索要名片时可说："请问今后如何向您请教？"向平辈或晚辈表达此意时可以说："请问今后怎样与您联系？"

当他人向自己索取名片时，不要直接拒绝对方，如确有必要则需注意分寸，最好向对方表示自己忘带了或是刚用完，但是假如自己手里正好拿有名片或刚与他人交换过名片，还是不要这么说的好。

在汽车销售中遵守好名片礼仪，不仅可以给顾客留下好的印象，还可以保留顾客信息，以便日后电话拜访合作。

2. 汽车销售人员名片礼仪的要求

名片礼仪要求汽车销售人员在交换名片时所遵循的基本礼节是：双手向客户奉上名片、

使客户能从正面看到名片的主要内容、双手接住客户递过的名片、拿到名片时表示感谢并郑重地重复客户姓名或职务。除此之外，与客户交换名片时，汽车销售人员还应该注意一些其他事项：

(1) 善待客户名片：最好事先准备一个像样的名片夹，在接到客户名片后慎重地把名片上的内容看一遍，然后再认真放入名片夹中。既不要看也不看就草草塞入皮夹，也不要折损、弄脏或随意涂改客户名片。

(2) 巧识名片信息：除了名片上直接显示的客户姓名、身份、职务等基本信息之外，销售人员还可以通过一些"蛛丝马迹"了解客户的交往经验和社交圈等。

三、汽车销售人员电话礼仪的应用与要求

1. 汽车销售人员电话礼仪的应用

(1) 汽车电话销售人员要确定目标客户

在目标客户最集中的地方寻找客户，才能取得更好的效果，所以一定要准确地定位你的目标客户。拨打陌生拜访电话后，成功的第一步就是要找对人。如果连有权做决定的人都无法找到，销售技巧再好也是白费周折。因此，电话销售员拨出陌生电话的首要环节就是要确认与你通话的人就是你要找的关键人。

如何判断这个人就是你要找的关键人呢？关键人一般具有三个特征，可以用英文的MAN表示：M表示有钱，关键人必须有预算来购买你的产品；A表示有权，关键人必须有采购决策权或对决策有重要影响；N表示有需求。

(2) 汽车电话销售人员需要有效的销售准备

明确给客户打电话的目的。你的目的是想成功地销售汽车还是想与客户建立一种长久的合作关系？一定要明确，这样才能有的放矢。明确打电话的目标。目标是什么呢？目标是电话结束以后的效果。目的和目标是有关联的，一定要清楚打电话的目的和目标，这是两个重要的方面（图4-2-2）。

图4-2-2 明确电话目标

明确为了达到目标所必须提问的问题。为了达到目标，需要得到哪些信息、提哪些问题，这些在打电话之前必须要明确。接通电话开始就要获得更多的信息和了解客户的需求，如果不提出问题，显然是无法得到客户的信息和需求的。所以，电话销售中提问的技巧非

常重要，应把需要提的问题在打电话前就写在纸上。

设想客户可能会提到的问题并做好准备。给客户打电话时，客户也会向你提问一些问题。如果客户的问题你不是很清楚，要花时间找一些资料，客户很可能怕耽误自己的时间而把电话给挂掉，这也不利于信任关系的建立。所以明确客户可能提一些什么问题，而且应该事先就知道怎么去回答。

所需资料的准备。如果给客户的某些回应需要查阅资料，你不可能有太多的时间。要注意，千万不能让客户在电话另一端等待太长时间，所以，资料一定要放在手边，以便需要查阅时立刻就能找到。

把客户可能经常问到的问题做成一个工作帮助表，客户问到这些问题时，你可以随时快速地查阅。还有一个所需资料就是相关人员的联系电话表，尤其是同事的联系电话很重要。如果客户问的问题你不是很清楚，你可以请同事中的技术人员帮忙给客户解答。

（3）汽车电话销售人员要取得客户信任

对于电话销售人员来说，最头疼的是在接触新客户的最初阶段。这一阶段并不是单纯地依靠产品知识、权威形象就可以接近客户的。许多销售专家得出一个最重要结论：如果不能取得客户的信任，销售根本就无法进行下去。

（4）汽车电话销售人员设计出引人注意的开场白

作为一个成功的电话销售人员，在报上自己的公司和姓名后，可以再问客户："现在接电话方不方便？"事实上，很多时候客户接到推销电话都是在不方便的时间，但是很少有人真的会这么回应。他们反而会问你为什么打电话来，这就暗示你可以继续讲话了。你也可以采取比较诚实而幽默的方式，例如："这是一个推销电话，我想您不会挂电话吧？"根据人们的经验，此时10人中只有1人挂断电话。

所以，电话销售中前10秒就要抓住顾客的注意力，并引发他的兴趣。30秒内就决定了后面的命运：是结束还是继续。

2. 汽车销售人员电话礼仪的要求

汽车销售人员电话礼仪最重要的就是控制声音和表情，并尽量杜绝无效沟通的发生。良好的声音可以使顾客心情愉悦，因此电话销售人员必须要很好地掌握与顾客电话交流时运用的声音，而这完全是可以通过训练的方式弥补的。在电话销售中，一些用语相当重要，尽量避免用一些否定的字眼去应付顾客的疑问。例如，有一些汽车电话销售人员在接到顾客咨询电话的时候，会用"不知道"、"不明白"、"这个人走开了"等字眼来搪塞，这些话不但会让顾客没有购买产品的欲望，还会损害公司的形象。并且，在讲话的过程中尽量要注意停顿，以及时地获取顾客的反馈信息。因为这既是尊重对方的一种表现，也更加能够了解客户的需求。

聆听也是很关键的，这也是一大技巧，也是说要善于抓细节，从对方的言语中找出自己需要的信息。同样，观察也能达到你的目的。在与客户谈话期间，你也可以趁机观察周围的事物，没准儿能给你一些灵感。

真诚地赞美是拉近与客户距离的最好方式。在电话的交流中，声音是可以赞美对方的第一点。"在与客户的交流中，只要汽车销售人员细心聆听，实际上可以通过声音掌握到客户很多方面的信息，例如：年龄、教育程度、做事情的态度等。"

汽车电话销售人员必须对自己的行业充满热情。对自己有充足的信心，对自己销售的汽车有很深入的了解和体验。电话沟通是通过对方的语音、语气、语速、语言等来判断对方的心理活动。而面对面的交流，则更容易通过对方的神情、目光、肢体动作、语言、语气等来判断其心理活动。所以，对于汽车电话销售人员来说，能够一步到位找到目标客户，引起客户的兴趣，掌握客户的心理，获取客户的信任，已经成为决定电话销售成功的关键步骤。

四、汽车销售人员商业仪式礼仪的应用与要求

1. 汽车销售人员商业仪式礼仪的应用

预备：请来宾就座，出席者安静，介绍嘉宾。第一，宣布商业仪式正式开始，全体起立，奏国歌，唱本单位之歌。第二，本单位主要负责人致辞。其内容是，对来宾表示感谢，介绍此次商业仪式的缘由，等等。第三，邀请嘉宾讲话，大体上讲，出席此次的上级主要领导、协作单位及社区关系单位，均应有代表讲话或致贺词。不过应当提前约定好，不要当场当众推来推去。对外来的贺电、贺信等，可不必一一宣读，但对其署名单位或个人应当公布。在进行公布时，可依照其"先来后到"的顺序，或是按照其具体名称的汉字笔画的多少进行排列。第四，安排文艺演出。这项程序可有可无，如果准备安排，应当慎选内容，注意不要有悖于庆典的主旨。第五，邀请来宾进行参观。如有可能，可安排来宾参观本单位的有关展览或车间等。当然，此项程序有时亦可省略。

在以上几项程序中，前三项必不可少，后两项则可以酌情省去。

2. 汽车销售人员商业仪式礼仪的要求

第一，仪容要整洁。所有出席商业仪式的人员，事先都要洗澡、理发，男士还应刮光胡须。

第二，服饰要规范。汽车销售人员制服要有统一式样，应要求以制服作为本单位人士的商业仪式着装。

第三，时间要遵守。遵守时间，是汽车销售人员最基本的商务礼仪之一。对本单位商业仪式的出席者而言，更不得小看这一问题。上到本单位的最高负责人，下到级别最低的员工，都不得姗姗来迟，无故缺席或中途退场。

第四，表情要庄重。在商业仪式举行期间，不允许嬉皮笑脸、嘻嘻哈哈，或是愁眉苦脸、一脸晦气、唉声叹气，否则会使来宾产生很不好的想法。

第五，态度要友好。这里所指的主要是对来宾态度要友好。遇到了来宾，要主动热情地问好。对来宾提出的问题，都要立即予以友善的答复。不要围观来宾、指点来宾，或是对来宾持有敌意。当来宾在商业仪式上发表贺词时，或是随后进行参观时，要主动鼓掌表示欢迎或感谢。

第六，行为要自律。既然参加了本单位的商业仪式，汽车销售人员就有义务以自己的实际行动，来确保它的顺利与成功。至少，大家也不应当因为自己的举止失当，而使来宾对庆典做出不好的评价。

第七，发言要简短。倘若汽车销售人员有幸在本单位的商业仪式中发言，则务须谨记以下四个重要的问题：一是上下场时要沉着冷静。二是要讲究礼貌。三是发言一定要在规

定的时间内结束，而且宁短勿长，不要随意发挥，信口开河。四是应当少做手势。

五、汽车销售人员接待拜访礼仪的应用与要求

1. 来宾接待礼仪

(1) 提前到门口迎接顾客

客人距4S店两三步时，汽车销售人员主动为其拉门，迎接顾客。对于重要顾客，有关领导要亲自前去迎接。并用敬语"欢迎光临"。顾客听到后会倍感亲切，产生一种备受尊重、宾至如归的感觉。

(2) 真诚会客、热情接待

欢迎来宾，贵在真诚。客人到访时，接待者应从座位起立，主动握手，表示欢迎。在问候对方，互换名片的基础上，了解来客到访目的、具体要求及有关事项，以便妥善处理，认真接待。接待时候还有可能遇到未经预约的客人，但无论身份如何，因何目的而来，都应热情接待，不可以貌取人，言语冷淡。切忌让客人坐"冷板凳"，置之不理，做些与接待无关的事情，诸如翻报纸、写东西、"煲"电话。

(3) 饮品接待

顾客在等待区域入座后，应马上询问需要什么饮品并至少说出三种以上的饮品供顾客选择。按我国的传统习惯，奉茶敬烟也是常见的待客礼仪。奉上茶。奉茶前要将茶杯洗净，水温以80℃为宜，不可太烫。常言"茶七酒八"，将茶水倒入杯中七分即可。双手端给客人，说声"打扰了，请您用茶"或"请喝茶"。同时，也要为顾客介绍等待区域的设施位置。比如，"您的左手边是书报区域、正前方是网络区域、右手边为儿童区域、右手边左转有卫生间。我将在您的不远处，如有需要可以叫我。"

2. 拜访的要求

(1) 拜访前的相邀礼仪

汽车销售人员在拜访时，都不能搞"突然袭击"，突然访问容易让对方措手不及，造成麻烦。尽量不要做"不速之客"，不得已必须要突然拜访时，可在5分钟前打个电话征得对方同意，所以拜访前要与被访顾客电话联系。联系的内容主要有5点：自报家门（姓名、单位、职务）；询问被访者是否在单位（家），是否有时间或何时有时间；提出访问的内容，使对方有所准备；在对方同意的情况下约定具体拜访的时间、地点；最后对对方表示感谢。

在一年四季中，春夏秋冬都可以找到探亲访友的好时机。不过，夏天因为天气炎热，穿戴举止都不太方便，如果可能应尽量避免在夏天安排太多的私宅拜访活动。在具体的拜访时间选择上，最好是利用对方比较空闲的空间。到办公室拜访，最后不要选择星期一，如果是到家拜访，最好选择在节假日前夕。由于中国人普遍有午休的习惯，登门时间最好不安排在中午，当然更不要选在用餐时间。从我国目前的实际情况看，晚上7点30至8点也许是私宅拜访较好的时机。

(2) 拜访前的时间观念

原则上必须提前5分钟到达，第一次去的地方要留有充裕的时间。但在现实生活中去办公区域拜访应提前5~7分钟到达，而去私宅拜访则尽量准时到达最佳。

(3) 拜访前的着装礼仪

出门拜访之前,应根据访问的对象、目的等,选择适合自己的服饰和妆容,头发要梳理好,面容要干净而且应作适当的修饰,蓬头垢面、衣冠不整的形象不但给别人不愉快的感觉,而且是不尊重主人的表现。整洁的衣帽反映的是你对访问者的尊重程度。注意衣帽应整洁,该扣的衣裤扣子应扣好,鞋带应系好。女士尤其注意一下自己的丝袜。应防止丝袜被刮坏,给别人留下不好的形象。在平时社交访问中,尤其是在访问老顾客时,这一点却往往容易被许多人忽视,要按照汽车销售人员的仪表去做。

六、汽车销售人员馈赠礼仪的应用与要求

1. 赠礼礼仪

(1) 礼品的选择

①根据馈赠目的选择礼品。在本质上,送礼是为了向他人表示友好、尊重与亲切之意,只有本着这种目的,才能选择出适合的礼品,表达自己的情意,使所赠送的礼品发挥出正常的效应。

赠送礼品应考虑送礼的情况和场合。如,公司庆典一般会赠送花篮,慰问病人可以送鲜花、营养品等,朋友生日可以送卡片、蛋糕等,旅游归来可以送当地纪念品及地方特产,走亲访友一般送水果、糖酒食品等。

②根据馈赠对象选择礼品。在选择礼品时,必须考虑到自己与受赠对象之间的关系现状,不同的关系应当选择不同的礼品。应根据与馈赠对象的亲缘关系、地缘关系、业缘关系、性别关系、友谊关系、文化习惯关系、偶发性关系等在选择礼品时都要有所不同,区别对待。如玫瑰是爱情的象征,是送给女友或夫人的最佳礼品,但如果把它送给普通关系的异性朋友,就可能引起不必要的误会(图 4-2-3)。

图 4-2-3 馈赠礼品

送礼前最好了解受赠对象的爱好和需求。如能选择受赠人喜欢或需要的礼品,往往可以使受赠人增加对送礼者的好感。因为在受赠人看来,只有了解和关心他的人,才会明白他的需求。正如鲜花赠予美人,宝刀赋予勇士。

在礼品的选择过程中,还应尊重对方的个人禁忌,要了解受赠人士是否有个人禁忌,避免赠送礼品非但没达到良好预期效用,反而引起负面作用。

由于民族、生活习惯、生活经历、宗教信仰以及性格、爱好的不同，不同的人对同一礼品的态度是不同的，或喜欢或厌恶。因此，我们在送礼时应投其所好，避免禁忌。在这里尤其强调要避其禁忌。禁忌是一种人的心理和精神上的倾向，对人的活动产生强烈影响。当有人冒犯到自己的禁忌时，无论是有意还是无意，心中都会产生强烈不满，甚至引起纠纷，产生冲突。所以，在馈赠前一定要了解受赠人存在何种禁忌。例如，中国人普遍有"好事成双"的说法，因而凡是大贺大喜之事，所送之礼，均好事成双忌用单，但广东人则忌讳"4"这个偶数，因为在广东话中，"4"听起来就像是"死"，是不吉利的。再如，白色虽有纯洁无瑕之意，但中国人比较忌讳，因为在中国，白色常是悲哀之色和贫穷之色；同样，黑色也被视为不吉利，是凶灾之色、哀丧之色；而红色，则是喜庆、祥和、欢庆的象征，受到人们的普遍喜爱。另外，我国人民还常常讲究给老人不能送"钟"，给夫妻或情人不能送"梨"，因为"送钟"与"送终"，"梨"与"离"谐音，是不吉利的。这类禁忌，还有许多需要我们去遵循，这里就不一一列举了。

（2）礼品的包装

①礼品包装的必要性。精美的包装不仅使礼品的外观更具艺术性和高雅的情调，亦显现出赠礼人的文化和艺术品位。好的礼品若没有讲究包装，不仅会使礼品逊色，使其内在价值大打折扣，使人产生"人参变萝卜"的缺憾感，而且还易使受礼人轻视礼品的内在价值，而无谓地折损了由礼品所寄托的情谊。

②礼品包装的要求。

a. 不论礼品本身有没有盒子都要用彩色花纹纸包装，用彩色缎带捆扎好，并系成好看的结，如蝴蝶结、梅花结等。

b. 包装所用的材料，要尽量好一点。

c. 在礼品包装纸的颜色、图案、包装后的形状、缎带的颜色、结法等方面，要注意尊重收礼人的文化背景、风俗习惯和禁忌，不要犯忌。

d. 注意数字禁忌，如"4"、"9"是日本的忌讳，"13"是欧美人的忌讳等。

e. 注意色彩，如日本忌绿色，喜红色；美国人喜欢鲜明的色彩，忌紫色；伊斯兰教徒讨厌象征死亡的黄色，喜欢绿色。

（3）赠送的时机

赠送礼品必须选择恰当的时机。时机上应注意把握四点：

①选择好最佳时机。

a. 注重送礼的时效性。因为只有在最需要时得到的才是最珍贵的，才是最难忘的。因此，要注意把握好馈赠的时机，包括时间的选择和机会的择定。

b. 时间贵在及时，超前滞后都达不到馈赠的目的。机会贵在事由和情感及其他需要的程度，"门可罗雀"时和"门庭若市"时，人们对馈赠的感受会有天壤之别。所以，对于处境困难者的馈赠，其所表达的情感就更显真挚和高尚。

②选择具体时间。一般来说，客人应在见面之初向主人送上礼品，主人应当在客人离去之时把礼品送给对方。另外，送礼还应考虑在对方方便之时，或选取某个特定时间给对方造成惊喜。

③控制好送礼时限。送礼时间应以简短为宜，只要向对方说明送礼的意图及相应的礼

品解释后即可,不必过分渲染。

④注意时间忌讳。不必每逢良机便送礼,致使礼多成灾。尽量不要选择对方不方便的时候送礼,比如对方刚刚做完手术尚未痊愈之时就不宜立即送礼。

(4) 赠送的场合

赠礼场合的选择,是十分重要的。尤其那些出于酬谢、应酬或有特殊目的的馈赠,更应注意赠礼场合的选择:通常情况下,当众只给一群人中的某一个人赠礼是不合适的。因为那会使受礼人有受贿和受愚弄之感,而且会使没有受礼的人有受冷落和受轻视之感。给关系密切的人送礼也不宜在公众场合进行,只有礼轻情重的特殊礼物才适宜在大庭广众面前赠送。既然是关系密切,送礼的场合就应避开公众而在私下进行,以免给公众留下你们关系密切完全是靠物质的东西支撑的感觉。只有那些能表达特殊情感的特殊礼品,方才在公众面前赠予。因为这时公众已变成你们真挚友情的见证人。如一本特别的书,一份特别的纪念品等。最好当着受礼人的面赠礼。赠礼是为巩固和维持双方的关系,赠礼也必须是有针对对象的。因此赠礼时应当受礼人的面,以便于观察受礼人对礼品的感受,并适时解答和说明礼品的功能、特性等,还可有意识地向受礼人传递你选择礼品时独具匠心的考虑,从而激发受礼人对你一片真情的感激和喜悦之情。

(5) 赠送的方法

①说明意图。应在适当的时机和场合赠送礼品,送礼前应先向对方致意问候,简要委婉说明送礼的意图,如"祝你工作顺利"、"真是感谢你上次的帮助"等。

②介绍礼品。赠送礼品时,送礼者应对礼品寓意、礼品使用方法、礼品特色等适当作明确解释。邮寄赠送或托人赠送时,应附上一份礼笺,用规范、礼貌的语句解释送礼缘由。在当面赠送礼品时,则应亲自道明送礼原因和礼品寓意,并附带说一些尊重、礼貌的吉言敬语。

③仪态大方。在当面交礼品时,送礼者应着装规范,起身站立,面带微笑,目视对方,双手递交。将礼品交与对方后,与对方热情握手。

2. 受礼礼仪

(1) 心态开放

接受礼品时,受赠者应保持客观、积极、开放、乐观的心态,要充分认识到对方赠礼行为的郑重和友善,不能心怀偏颇,轻易比较礼品的价值高低或做出对方有求于己的判断。

(2) 仪态大方

受礼时,受赠者应落落大方,起身相迎,面带微笑,目视对方,耐心倾听,双手接受。受礼后与对方热情握手。不可畏畏缩缩、故作推辞或表情冷漠、不屑一顾。

在一般情况下,对于一件得体的礼品,受礼人应当郑重其事地收下。大多数人很幸运地接受过礼品,但并不是每个人都能礼貌地接受别人的礼品。

当他人口头宣布有礼相赠时,不管自己在做什么事,都应立即中止,起身站立,面向对方,以便有所准备。在对方取出礼品,准备赠送时,不应伸手去抢,开口相问,或者双眼盯住不放,以求先睹为快。此时此刻,应保持风度。

(3) 受礼有方

在赠送者递上礼品时,要尽可能地用双手前去迎接。不要用一只手去接礼品,特别是不要单用左手去接礼品。在接受礼品时，勿忘面带微笑，双目注视对方。接过来的若是对方提供的礼品单，则应立即从头至尾细读一遍。正式场合下，受礼者应用左手托好礼物（大的礼物可先放下），抽出右手来与对方握手致谢。

您可能对礼品赞不绝口，但这是不够的。在双手接过他人礼品的同时，您应向对方立即道谢。"谢谢您"三个字表明，您谢的不是礼物本身，而是对方送给您礼物的这一举动。

您还可以找一些动听的话，或者令人开心的模棱两可的话来说。您可以感谢送礼人所花费的心血："您能想到我太好了。"您可以感谢对方为买到合适的礼品所付出的努力，如："您竟然还记得我收集邮票。"

接受礼物时要注意礼貌，但不要过于推辞，没完没了地说："受之有愧，受之有愧！"以致伤害送礼者的感情，即使送的礼物不合您意，也应有礼貌地加以感谢。

接受礼品后，欧美人喜欢当着客人的面，小心地打开礼物欣赏，从外包装夸赞到内包装，看见了礼物，也会好好地夸赞一番，甚至高兴时还会拥抱您一下，与送礼者共同分享收到礼物的喜悦。欣赏完礼物，他们会重新将礼物包装好，对他们而言，这才是一个完整的受礼礼仪。

而中国人在接受礼品时，一般不会当着送礼者的面把礼物打开，而是把礼物放在一边留待以后再看。这是为了避免自己万一不喜欢对方所送礼物时的尴尬，也是为了表示自己看重的是对方送礼的心意，而不是所送的礼品。还有一点是，如果给不同地位的人赠送不同的礼物，当场不打开礼物可以避免相互之间的比较。

但今天已不再这么刻板了。如果现场条件许可，时间充裕，人数不多，礼品包装考究，在接过他人相赠的礼品之后，应当尽可能地当着对方的面，将礼品包装当场拆封。这表示自己看重对方，同时也很看重获赠的礼品。在启封时，动作要井然有序，舒缓文明，不要乱扯、乱撕、乱丢包装用品，此时，撕破包装纸被认为是粗鲁的举止。但请注意，结婚礼品是不可当场打开的。

当面拆开包装后，要以适当的动作和语言，表示您对礼品的欣赏。比如，可将他人所送的鲜花捧起来闻闻花香，随后再将其装入花瓶，并置于醒目之处。

要是别人送了一条围巾给自己，则可以马上围在脖子上，照一照镜子，并告诉赠送者及其他在场者："我很喜欢它的花色"，或是"这条围巾真漂亮"。千万不要拿礼物开玩笑，除非那是一件恶作剧的礼物。

（4）表示谢意

接受礼品时，应充分表达谢意。表达时应让对方觉得真诚、友好，若是贵重礼品，往往还需要用打电话、电子邮件等方式再次表达谢意，必要时还应选择适当的时机加以还礼。

（5）回赠

收到馈赠的礼品后，受礼人一般要回赠，从而加强联系，增进友谊。在节日庆典时期，可以在客人走时立即回赠。在生日婚庆、晋级升迁等时候接受的礼品，应在对方有类似的情形或适当时候再回赠。

回赠的礼品切忌重复，一般要价值相当，也可以根据自己的情况而定，但也不必每礼必回。

每当接受他人的馈赠，您应留心记住礼物的内容，回赠时以选择类似的物品为宜。例如：他人送我一套陶器用品，回赠时可选择同是陶器类的物品作为礼物。

因为一般人在选择礼物时，无意之间会选择自己喜欢的物品。因此，回赠对方时，不妨参考一下对方馈赠的礼物，较易赢得对方的喜悦。

(6) 拒收礼品

一般而言，不要拒收礼品。但这种情况还是时有发生。当您不能接受礼品时，您可以礼貌地拒绝，但是必须注意礼节。符合社交礼仪的拒收礼品方法可以因人因事而异。婉言相告，拒绝对方的礼品。比如，当对方向自己赠送手机时，可告之："我已经有一台了。"直言缘由。即直截了当、所言不虚地向赠送者说明自己难以接受礼品的原因。在公务交往中拒绝礼品时，此法尤为适用。

例如：拒绝他人所赠的大额现金时，可以讲："我们有规定，接受现金就是受贿。"拒绝他人所赠的贵重礼品时，可以说："按照有关规定，您送我的这件东西，必须登记上缴。"

有时，拒绝他人所送的礼品，是在大庭广众下进行，往往会使受礼者有口难张，使赠送者尴尬异常。遇到这种情况，可采用事后退还法加以处理。即当时收下礼品，但不拆启开封。事后，尽快地单独将礼品物归原主，时间一般在 24 小时之内。

3. 国际交往中馈赠举例

由于各国文化的差异，社会、宗教的影响和忌讳，送礼成了一种复杂的礼仪。如果运用得当，送礼能巩固双方之间的业务关系；运用不当则会有碍于业务联系。选择适当的礼物、赠送礼物的时机以及让收礼人做出适当的反应，都是送礼时要注意的关键问题。

(1) 日本

日本人有送礼的癖好，因此给日本人送礼，往往采取这样的做法：即送对其本人毫无用途的物品以便收礼的人可以再转送给别人，那个人还可以再转送下去。到日本人家里做客，携带的菊花只能有 15 片花瓣，因为只有皇室徽章上才有 16 瓣的菊花。

日本人在送礼时，一般为奇数，表示吉利，回避偶数。日本人在收礼后，一般都要还礼，对身份低于自己的更要以相同价值的礼物回赠。

日本人送礼时一般不送花，也不送衬衫和领带。

(2) 阿拉伯国家

在初次见面时送礼可能会被视为行贿；切勿把用旧的物品赠送阿拉伯国家的人；不能把酒作为礼品；要送在办公室里可以用得上的东西。盯住阿拉伯主人的某件物品看个不停是很失礼的举动，因为这位阿拉伯人一定会认为你喜欢它，并一定会要你收下这件东西。阿拉伯商人给他人一般都是赠送贵重礼物，同时也希望收到同样贵重的回礼。因为阿拉伯人认为来而不往是有失尊严的问题，不让他们表示自己的慷慨大方是不恭的，也会危害到双方的关系。他们喜欢丰富多彩的礼物，喜欢"名牌"货，而不喜欢不起眼的古董；喜欢知识性和艺术性的礼品，不喜欢纯实用性的东西。忌讳烈性酒和带有动物图案的礼品（因为这些动物可能代表着不吉祥）。送礼物给阿拉伯人的妻子被认为是对其隐私的侵犯，然而送给孩子则总是受欢迎的。

(3) 英国

去英国人家里做客，最好带些价值较低的礼品，因为花费不多就不会被误认为是一种贿赂。合宜的送礼时机应定在晚上，请人在上等饭馆用完晚餐或剧院看完戏之后。英国人也像其他大多数欧洲人一样喜欢高级巧克力、名酒和鲜花，苏格兰威士忌是很好的礼品，但烈性酒则不然。对于饰有客人所属公司标记的礼品，他们大多数并不欣赏，但他们非常欣赏具有我国民族特色的手工艺术品。

（4）法国

初次结识一个法国人时就送礼是很不恰当的，应该等到下次相逢时。礼品应该表达出对他的智慧的赞美，但不要显得过于亲密。法国人很浪漫，喜欢知识性、艺术性的礼物，如画片、艺术相册或小工艺品等。应邀到法国人家里用餐时，应带上几支不加捆扎的鲜花。但菊花是不能随便赠送的，在法国只有在葬礼上才用菊花。

（5）德国

"礼貌是至关重要的"，故此赠送礼品的适当与否要悉心注意，包装更要尽善尽美。玫瑰是为情人准备的，绝不能送给主顾。德国人喜欢应邀郊游，但主人在出发前必须作好细致周密的安排。

（6）美国

在美国，礼物可以是一瓶酒，或是给女主人的一束鲜花等。公务送礼的礼品可以是日历、钢笔、精装日记本等文具，一般不在公开场合送礼。会议礼品要在会议结束之后送，如在告别宴会上送礼品。美国人喜欢充满友情的礼物，礼物讲究包装，即使是选给亲友的礼品也要附上礼品卡；送礼目的要明确，否则会令人莫名其妙。

上门做客不一定带礼品，也不可在其他客人不送礼时单独送礼。蛋糕、点心、巧克力、乡土工艺品、书籍等，均可作为礼品（用单数）；探望病人一般应送鲜花；公务送礼不可送贵重礼品，以免有贿赂之嫌；礼品上不能有送礼人单位的标志，否则有广告之嫌；男子不可随便送香水、化妆品和玫瑰花给女士，因为这些是送给恋人的礼品。受礼时要当场打开礼物，致谢和赞美礼物；受礼后不必马上回赠。应邀赴宴时，情真意切的祝酒词是最好的礼品。平时最好的送礼方式是请人吃饭、喝酒或去别墅共度周末。

七、汽车销售人员宴请礼仪的应用与要求

1. 西餐礼仪

（1）衣着的要求

餐厅吃饭时穿着得体是欧美人的常识。上高档的餐厅，男士要穿整洁；女士要穿套装和有跟的鞋子。如果必须穿正式的服装的话，男士必须打领带。再昂贵的休闲服，也不能随意穿着。

（2）入座的要求

进入西餐厅后，需由侍应人员带领入座，不可贸然入位。最得体的入座方式是从左侧入座，慢慢拉开椅子，慢慢坐下，身体要端正，脊背不可紧靠椅背，一般坐于座椅的四分之三，手肘不要放在桌面上，与餐桌的距离以两个拳头为佳，不可伸腿、不可翘足，不能跷起二郎腿。女士双脚要并拢，餐桌上已摆好的餐具不要随意摆弄。

（3）用餐时的上菜程序

①正餐的菜序：开胃菜—面包—汤—主菜—点心—甜点—果品—热饮。

②便餐的菜序：开胃菜—汤—主菜—甜品—咖啡。

(4) 基本餐具的使用要求

①刀叉的使用。在使用刀叉时，应右手持刀左手持叉；切东西时左手拿叉按住食物，右手拿刀将其切成小块，每次切下的大小最好以一次入口为宜。英美人的饮食习惯不一样。吃肉菜时，英国人左手拿叉，叉尖朝下，把肉扎起来，送入口中，如果是烧烂的蔬菜，就用餐刀把菜拨到餐叉上，送入口中；美国人用同样的方法切肉，然后右手放下餐刀，换用餐叉，叉尖朝上，插到肉的下面，不用餐刀，把肉铲起来，送入口中，吃烧烂的蔬菜也是这样铲起来吃。

刀叉的使用顺序：叉如果不是与刀并用，叉齿应该向上；刀叉并用时，叉齿应该向下。

在暂停用餐时，刀在右、叉在左，刀口应向内、叉齿应向下，呈"一字形""八字形"摆放在餐盘之上，表示还是继续吃（图4-2-4）。

用餐完毕时，刀口应向内、叉齿应向上，刀右叉左并排纵放，或刀上叉下横放在餐盘里（图4-2-5）。

图 4-2-4　暂停用餐

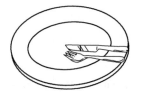
图 4-2-5　用餐完毕

②餐匙的使用。使用餐匙有以下几点须予以高度重视：

a. 餐匙除可以饮汤、吃甜品之外，绝对不可直接舀取其他任何主食、菜肴；

b. 已经开始使用的餐匙，不可再放回原处，也不可将其插入菜肴、主食中；

c. 尽量保持餐匙干净清洁；

d. 用餐匙取食时，动作应干净利索，切勿在甜品、汤中搅来搅去；

e. 取食不要过量；

f. 不能直接用茶匙去舀取茶饮用。

③餐巾的使用。

a. 先将餐巾展开，可对折为三角形，开口朝外放在膝盖上；

b. 餐巾用来为衣服保洁，用来擦拭口部，但不应用餐巾擦汗、擦脸，擦手也要尽量避免；

c. 切记餐巾不能用来擦餐具；

d. 餐巾可用来掩口遮羞，如当众剔牙或者吐东西时；

e. 餐巾的使用。可进行暗示，表示用餐开始、结束、暂时离开。

(5) 西餐的品尝

①色拉。色拉盘放在主菜盘的左边。美国人通常将色拉供应于主菜前，而欧洲人和法国人，通常将色拉放于主菜后供应。色拉用叉子吃，如菜叶太大，可用刀在色拉盘中切割，然后再用叉子吃。

②面包。面包位于主菜的左侧（图4-2-6）。食用时可用左手拿面包，再用右手把面包

撕成小块，然后用左手拿着小面包，用右手涂抹奶油。在意大利餐厅中，有时会以橄榄油取代奶油，可将面包用手撕一小块沾加了调味料及香料的橄榄油吃。面包切忌用刀子切割，不可用面包蘸汤吃，也不可一整块咬着吃。

图 4-2-6　面包位于主菜的左侧

③喝汤。西餐的汤分为清汤及浓汤，较正式的餐厅在供应清汤时使用椭圆形汤匙及汤杯，供应浓汤时使用圆形汤匙及宽口汤盘。

西餐喝汤时，切不可以汤盘就口，必须用汤匙舀着喝，姿势是：用左手扶着盘沿，右手用汤匙舀由内经外侧舀食，不可端盘喝汤，不要发出"吱吱"的声响，也不可频率太快。如果汤太烫时，不可用嘴将汤吹凉，应待其自然降温后再喝。食用完毕后把汤匙放在靠自己身前的底盘上，或是放在盘中。将汤匙的柄放在右边，而汤匙凹陷的部分向上；汤杯与汤盘都是如此。

④鱼、虾、海鲜。食用半只龙虾时，应用左手持叉，将虾尾叉起，右手持刀，插进尾端，压住虾壳，用叉将虾肉拖出再切食。

食用带头尾及骨头的全鱼时，宜先将头、尾切除，再去鳍，将切下的头尾鳍放在盘子一边，再吃鱼肉。

去除鱼骨，要用刀叉，不能用手。若口中有鱼骨或其他骨刺，则可用手自合拢的唇间取出放在盘子上。

吃完鱼的上层肉，切勿翻身，应用刀叉剥除龙骨再吃下层鱼肉。

还有附带的柠檬片，宜用刀叉挤汁。

⑤食用牛排。牛肉可依自己喜好熟度点餐，如三分熟、五分熟、七分熟、全熟。但猪肉及鸡肉均为全熟供应。

切牛排应是由外侧向内切片，如一次未切下，再切一次，但不能像拉锯子方式切，亦不要拉扯，不要发出声响，每次切肉的大小以一口为宜，切一块吃一块，不要将肉全部一次切小块，会导致肉汁流失及温度下降。嚼食肉时，两唇合拢，不要出声，且不要说话或以刀叉比画。

⑥水果和甜点。

a. 蛋糕及派、饼，用叉取食，较硬的用刀切割后，用叉取食。

b. 冰淇淋、布丁等，用匙取食。硬饼干小块的，用手取食。

c. 粒状水果如葡萄，可用手抓来吃。如需吐籽，应吐于掌中再放在碟里。

d. 多汁的水果如西瓜、柚子等，应用匙取食。

e. 西餐在吃完水果时，常使用洗手钵（finger bowl），用所盛的水来洗手。只用来洗手指。勿将整个手伸进去。

⑦咖啡和茶。喝咖啡时，用食指和拇指端起来喝，不须端起咖啡底盘，勿以咖啡匙舀起咖啡，尝是否够甜。

喝咖啡的时候，一般是不持杯碟的，只需手持咖啡杯即可。不过桌子较低时，以左手持杯碟饮用也可以。

⑧酒。酒类服务通常是由服务员负责将少量倒入酒杯中，让客人鉴别一下品质是否有误，只需把它当成一种形式，喝一小口并回答："Good"。接着，侍者会来倒酒，这时，不要动手去拿酒杯，而应放在桌上由侍者去倒。

喝酒时绝对不能吸着喝而是倾斜酒杯，像是将酒放在舌头上似的喝。可以轻轻摇动酒杯让酒与空气接触以增加酒味的醇香，但不要猛烈摇晃杯子。

饮酒时不要把酒杯斟得太满，不要和别人劝酒（这些都不同于中餐）。一饮而尽、边喝边透过酒杯看人、拿着酒杯边说话边喝酒、吃东西时喝酒、口红印在酒杯沿上等，都是失礼的行为。刚吃完油腻食物，最好先擦一下嘴再去喝酒，免得让嘴上的油渍将杯子弄得油乎乎的。不要用手指擦杯沿上的印迹，用面巾纸擦较好。干杯时，即使不喝，也应将酒杯在嘴唇边碰一下，以示礼貌。

正确的握杯姿势（图 4-2-7）是用手指握杯脚。为避免手的温度使酒温增高。应用大拇指、中指和食指握住杯脚，小指放在杯子的底台固定。

手持酒杯柱的部分，举高约低于眼睛5厘米左右

杯口如留有口红印，是不礼貌的，应趁人不注意，偷偷用手指擦掉唇印，再用餐巾擦手

图 4-2-7　握杯姿势

（6）用餐时的交谈

吃西餐时相互交谈是很正常的现象，在餐厅吃饭时就是要享受美食和社交的乐趣，如果沉默地各吃各的会很奇怪，但也不可以出现大声喧哗，放声大笑等失礼的行为，所以音量要保持在对方能听见的程度，不要影响到邻桌。

2. 中餐礼仪

（1）用餐规例

在饭食方面，中国人与西方人有点不同，西方人喜欢各自品尝放在自己面前的食物，中国人则有一定的用饭规例，他们喜欢叫数碟佳肴，放在饭桌的中央位置，各人有一碗饭共同配这数碟菜肴，饭吃完可再添；夹起的菜肴通常要先放在自己的饭碗中，直接把菜肴放入口是不礼貌的；依照惯例，客人出席正式或传统的晚餐，是不会吃光桌上的菜肴，以免令主人家误以为菜肴预备不足，因而感到尴尬。

（2）入座的礼仪

先请客人入座上席，再请长者入座客人旁，依次入座，入座时要从椅子左边进入，入座后不要动筷子，更不要弄出什么响声来，也不要起身走动，如果有什么事要向主人打招呼。

（3）进餐时的礼仪

任何国家的餐饮，都有自己的传统习惯和寓意，中餐也不例外。过年少不了鱼，表示"年年有余"；和渔家、海员吃鱼的时候，忌讳把鱼翻身，因为有"翻船"的意思。

用餐时可劝别人多用一些，或品尝某道菜肴，如果要给客人或长辈布菜，最好用公筷，否则会让人觉得不卫生，勉为其难接受。也可以把离客人或长辈远的菜肴送到他们跟前。如果同桌有领导、老人、客人的话，每当上来一个新菜就请他们先动筷子，或者轮流请他们先动筷子，以表示对他们的重视。

用餐时，每次夹菜应少一些，离自己远的菜就少吃一些。吃饭时不要出声音，喝汤时也不要发出声音，喝汤要用汤匙一小口一小口地喝，不宜把碗端到嘴边喝，汤太热时凉了以后再喝，不要一边吹一边喝。有的人吃饭时咀嚼食物会发出声音，特别是使劲咀嚼脆食物，会发出很清晰的声音来，这种做法是不合礼仪要求的，特别是和众人一起进餐时，就要尽量防止出现这种现象。

每次取菜的时候，不要左顾右盼，翻来覆去，用自己的餐具在菜盘内挑挑拣拣，不能夹起来又放回去。多人用餐要注意相互礼让，依次取用适量。不要好吃多吃，争来抢去，应考虑饭菜分量。够不到的菜，可以请人帮助，不要起身甚至离座去取。

用餐期间，不要敲打餐具，用筷子比画。尽量不要吸烟，如想吸烟，可询问同桌人是否介意。如需要清嗓子、擤鼻涕、吐痰等举动，应去洗手间解决。

用餐的时候，不要当众修饰：梳头、化妆、补妆、宽衣解带、脱袜、脱鞋等。用餐的时候不要离开座位，四处走动。如果有事要离开，也要先和旁边的人打个招呼，可以说声"失陪了"、"我有事先行一步"等。最好不要在餐桌上剔牙，如果要剔牙时，就要用餐巾或手挡住自己的嘴巴。

进餐时不要打嗝，也不要出现其他声音，如果出现打喷嚏，肠鸣等不由自主的声响时，就要说一声"真不好意思"、"对不起"、"请原谅"之类的话，以示歉意。

吃到鱼头、鱼刺、骨头等物时，不要往外面吐，也不要往地上扔，要慢慢用手拿到自己的碟子里，或放在紧靠自己餐桌边或放在事先准备好的纸上。

要适时地抽空和左右的人聊几句风趣的话，以调和气氛，不要光顾着吃饭，不管别人，也不要狼吞虎咽地大吃一顿，更不要贪杯。

（4）餐桌摆设

日常饭食的摆设是在各座席摆上一个饭碗、一双筷子、一只汤匙、一碟调味酱，用饭后通常会给客人一条热毛巾，代替纸巾抹手及抹嘴巴。所有菜肴同时端上餐桌中央，各人用自己的筷子直接从各碟共享的菜肴夹取食物；汤水一大锅的端上，各人同饮一锅汤。客人用饭时绝对不可以来一招"飞象过河",夹取放在远处的菜肴。由于中国人喜欢全体共享菜肴,他们的餐桌大多数是圆形或方形,而不是西方人多用的长形餐桌。

(5) 中餐上菜的顺序

中餐上菜的顺序一般是:先凉后热,先炒后烧,咸鲜清淡的先上,甜的味浓味厚的后上,最后是米饭。

用餐前,服务员为每人送上的第一道湿毛巾是擦手用的,最好不要用它去擦脸。

在上虾、蟹、鸡等菜肴前,服务员会送上一只小水盂,其中飘着柠檬片或花瓣,作洗手用的。

(6) 中餐的餐具

中餐的餐具主要有杯、盘、碗、碟、筷、匙六种。

在正式的宴会上,水杯放在菜盘上方,酒杯放在右上方。筷子与汤匙可放在专用的座子上,或放在纸套中。公用的筷子和汤匙放在专用的座子上。

① 筷子。筷子是中餐中最主要的进餐用具。在使用筷子时要注意以下几点:

a. 忌敲筷,即在等待就餐时,不能坐在餐边,一手拿一根筷子随意敲打,或用筷子敲打碗盏或茶杯。

b. 忌掷筷,即在餐前发放筷子时,要把筷子一双双理顺,然后轻轻地放在每个人的餐桌前;距较远时,可以请人递过去,不能随手掷在桌上。

c. 忌叉筷,即筷子不能一横一竖交叉摆放,不能一根是大头,一根是小头。筷子要摆放在碗的旁边,不能搁在碗上。

d. 忌插筷,即在用餐中途因故需暂时离开时,要把筷子轻轻搁在桌子上或餐碟边,不能插在饭碗里。

e. 忌挥筷,即在夹菜时,不能把筷子在菜盘里挥来挥去,上下乱翻,遇到别人也来夹菜时,要有意避让,谨防"筷子打架"。

f. 忌舞筷,即在说话时,不要把筷子当作刀具,在餐桌上乱舞;也不要在请别人用菜时,把筷子戳到别人面前,这样做是失礼的。

② 勺子。勺子是用来舀取菜肴、食物。用筷子取食时,可用勺子来辅助,不要单用勺子去取菜。用勺子取食物时,不要过满免得溢出来弄脏餐桌或自己的衣服。在舀取食物后,可以在原处"暂停"片刻,汤汁不会再往下流时,再移回来享用。

勺子暂时不用时,应放在自己的碟子上,不要直接放在餐桌上,或是在食物中"立正"。用勺子取食物后,要立即食用或放在自己碟子里,不要再倒回原处。如食物太烫,不可用勺子舀来舀去,也不要用嘴对着吹,可先放到自己的碗里等凉了再吃。不要把勺子塞到嘴里,或反复吮吸、舔食。

③ 盘子。盘子主要用来盛放食物,在使用方面和碗略同。盘子在餐桌上一般要保持原位,而且不要堆放在一起。

不吃的残渣、骨、刺不要吐在地上、桌上,而应轻轻取放在食碟前端,放的时候不能直接从嘴里吐在食碟上,要用筷子夹放到碟子旁边。如果食碟放满了,可以让服务员换。

④ 水杯。水杯主要用来盛放清水、汽水、果汁、可乐等软饮料的。不要用它来盛酒,也不要倒扣水杯。另外,喝进嘴里的东西不能再吐回水杯。

⑤酒杯。酒杯专用来盛酒。

⑥牙签。尽量不要当众剔牙。非剔不行时,用另一只手掩住口部,剔出来的东西,不要当众观赏或再次入口,也不要随手乱弹,随口乱吐。剔牙后,不要长时间叼着牙签,更不要用来扎取食物。

(7) 中餐菜肴

中式菜肴大多数不会只有一种材料,通常有其他伴菜或配料衬托主菜,以做出色香味俱全的菜肴,例如烹煮猪肉,会以爽脆的绿色蔬菜做伴菜,如芹菜或青椒,衬托粉红色的猪肉。一顿饭不会只有一款菜肴,通常同时端上两款甚至四款菜肴,且每款菜肴都要色香味俱全,端上次序则以菜肴的搭配为大前提,通常同类的菜肴会同时端上,不会前后分别端上,总之整顿饭都要讲求协调的搭配。

八、汽车销售人员位次仪式礼仪的应用与要求

1. 会谈的位次

在会谈时,安排位次具体有下述四种基本方式。

(1) 相对式

相对式的具体做法是宾主双方面对面而坐。这种方式显得主次分明,往往易于使宾主双方公事公办,保持距离。它多适用于公务交往中的会客。它通常又分为两种情况。

①双方就座后一方面对正门,另一方则背对正门。此时讲究"面门为上",即面对正门之座为上座,应请客人就座;背对正门之座为下座,宜由主人就座。

②双方就座于室内两侧,并且面对面地就座。此时讲究进门后"以右为上",即进门后右侧之座为上座,应请客人就座;左侧之座为下座,宜由主人就座。

当宾主双方不止一个人时,情况亦是如此。

(2) 并列式

并列式的基本做法是宾主双方并排就座,以暗示双方"平起平坐",地位相仿、关系密切。它具体分为两类情况。

①双方一同面门而坐

此时讲究"以右为上",即主人宜请客人就座在自己的右侧面。若双方不止一个人时,双方的其他人员可各自分别在主人或主宾的侧面按身份高低依次就座。

②双方一同在室内的右侧或左侧就座

此时讲究"以远为上",即距门较远之座为上座,应当让给客人;距门较近之座为下座,应留给主人。

(3) 居中式

所谓居中式排位,实为并列式排位的一种特例。它是指当多人并排就座时,讲究"居中为上",即应以居于中央的位置为上座,请客人就座;以两侧的位置为下座,而由主方人员就座。

(4) 主席式

主席式主要适用于在正式场合由主人一方同时会见两方或两方以上的客人。此时,一

般应由主人面对正门而坐，其他各方来宾则应在其对面背门而坐。这种安排犹如主人正在主持会议，故称之为主席式。有时，主人亦可坐在长桌或椭圆桌的尽头，而请其各方客人就座在他的两侧。

(5) 自由式

自由式的做法，是会见时有关各方均不分主次，不讲位次，而是一律自由择座。进行多方会面时，此法常常采用。

2. 乘车的位次

(1) 乘坐小轿车

首先存在上下车的问题，一般情况下让客人先上车，后下车。具体分为三种情况：

①公务。接待客人是一种公务活动，车辆是单位的，司机是专职司机；上座是后排右座，即司机的对角线；这种情况下，双排五座轿车上其他四个座位的座次，由尊而卑依次应为：后排右座、后排左座、后排中座、副驾驶座。

三排七座轿车上，其他六个座位的座次，由尊而卑依次应为：后排右座、后排左座、后排中座、中排右座、中排左座、副驾驶座。

三排九座轿车上其他八个座位的座次，由尊而卑依次应为（假定驾驶座居左）：中排右座、中排中座、中排左座、后排右座、后排中座、后排左座、前排右座、前排中座。

根据常识，轿车的前排，特别是副驾驶座，是车上最不安全的座位。因此，按惯例，在社交场合，该座位不宜请女性或儿童就座。在公务活动中，副驾驶座，特别是双排五座轿车上的副驾驶座被称为"随员座"，循例专供秘书、翻译、警卫、陪同等随从人员就座。

②社交。如果由主人亲自驾驶，以驾驶座右侧为首位，后排右侧次之，左侧再次之，而后排中间座为末席，前排中间座则不宜再安排客人。

这种情况下，双排五座轿车上其他四个座位的座次，由尊而卑依次应为：副驾驶座、后排右座、后排左座、后排中座。

三排七座轿车上其他六个座位的座次，由尊而卑依次应为：副驾驶座、中排右座、中排中座、中排左座、后排右座、后排中座、后排左座。

当主人亲自驾车时，若一个人乘车，则必须坐在副驾驶座上；若有两位客人乘车，则由与主人较熟悉、关系密切的一位坐副驾位。若多人乘车，必须推举一个人在副驾驶座上就座，不然就是对主人的失敬。若同坐多人，中途坐前座的客人下车后，在后面坐的客人应改坐前座，此项礼节最易疏忽。

主人夫妇驾车时，则主人夫妇坐前座，客人夫妇坐后座，男士要服务于自己的夫人，宜开车门让夫人先上车，然后自己再上车。

③重要客人。职业司机驾车，接送高级官员、将领、商界巨子、明星及知名公众人物。这种场合下，主要考虑乘坐者的安全性和隐私性，司机后方位置为上座，通常也被称作VIP位置。

(2) 乘坐旅行车

在接待团体客人时，多采用旅行车接送客人；旅行车以司机座后第一排即前排为尊，后排依次为小；而在各排座位中，则又讲究"右高左低"。

在乘坐车辆时以礼待人，不单是一种要求，而且应当落实到乘坐车辆时的许多细节上。

特别需要注意下列三个方面的问题。

其一，是上下车的先后顺序。在涉外交往中，尤其是在许多正式场合，上下车的先后顺序不仅有一定的讲究，而且必须认真遵守。

乘坐轿车时，按照惯例，应当恭请位尊者首先上车，最后下车。位卑者则应当最后登车，最先下车。乘坐公共汽车、火车或地铁时，通常由位卑者先上车，先下车。位尊者则应当后上车，后下车。这样规定的目的，同样是为了便于位卑者寻找座位，照顾位尊者。

其二，是就座时的相互谦让。不论是乘坐何种车辆，就座时均应相互谦让。争座、抢座、不对号入座，都是非常失礼的。在相互谦让座位时，除对位尊者要给予特殊礼遇之外，对待同行人中的地位、身份相同者，也要以礼相让。

其三，是乘车时的律己敬人。在乘坐车辆时，尤其是在乘坐公用交通工具时，必须将其视为一种公共场合。因此，必须自觉地讲究社会公德，遵守公共秩序。对于自己，处处要严格要求，对于他人，时时要友好相待。

3. 行进中的位次

所谓行进中的位次排列，指的是人们在步行的时候位次排列的次序。在陪同、接待来宾或领导时，行进的位次引人关注。

（1）平地行进位次

与客人并排行进和单行行进时，有不同的做法：

并排行进的要求是中央高于两侧，内侧高于外侧，一般情况下应该让客人走在中央或者内侧。

与客人单行行进，即成一条线行进时，标准的做法是前方高于后方，以前方为上，如果没有特殊情况，应该让客人在前面行进。

（2）上下楼梯（滚梯）位次

上下楼道是在商务交往中经常遇到的情况，简单地说，上下楼时应单行行进，前方应高于后方，以前方为上。但需要注意一点，如果陪同接待女性宾客的是一位男士时，宜女士居后，而女士又身着短裙，上下楼时，接待的陪同人员要走在女士前面，还可以免短裙"走光"，避免尴尬。上下楼时因为楼道比较窄，并排行走会妨碍其他人，因此没有特殊原因，应靠右侧单行行进。

在客人不认识路的情况下，陪同引导人员要在前面带路。陪同引导的标准位置是左前方1~1.5米处，一步之遥。别离太远，也别离太近，避免太近容易发生身体上的碰撞。原则上，应该让客人走在内侧，陪同人员走在外侧。行进时，身体侧向客人，用左手引导。我国道路行进规则是右行，实际上靠墙走是客人在里面我在外面，这样客人受到骚扰和影响少。上下楼梯时，要提醒客人："请小心"。

步行时的五个细节：

①忌行走时与他人相距过近，避免与对方发生身体碰撞。万一发生，务必要及时向对方道歉。

②忌行走时尾随于他人身后，甚至对其窥视、围观或指指点点。在不少国家，此举会被视为"侵犯人权"。

③忌行走时速度过快或者过慢，以免妨碍周围人的行进。

④忌一边行走一边连吃带喝，或是吸烟不止。那样不仅不雅观，而且还会有碍于他人。

⑤忌与已成年的同性在行走时勾肩搭背、搂搂抱抱。在西方国家，只有同性恋者才会这么做。

（3）电梯位次

①出入有人控制的电梯。出入有人控制的电梯，陪同者应后进后出，让客人先进先出。把选择方向的权利让给地位高的人或客人，这是走路的一个基本规则。当然，如果客人初次光临，对地形不熟悉，还是应该为他们指引方向。不过凡事无绝对，比如电梯里人太多，你最后进去已经堵门口了，如果你还硬要最后出去，那别人就没法出去了。

②出入无人控制的电梯。出入无人控制的电梯时，陪同人员应先进后出，并控制好按钮。电梯在楼层停留时间一般设定为30秒或者45秒。有时客人较多，导致后面的客人来不及进入电梯，所以陪同人员应先进电梯，控制好开关按钮，让电梯门保持较长的开启时间，避免给客人造成不便。但如果感觉电梯里可能会超员的时候，就要请客人先上，如果自己上电梯后超员的铃声响起，自己应迅速地出来。此外，如果有个别客人迟迟不进入电梯，影响了其他客人，在公共场合也不应该高声喧哗，可以利用电梯的唤铃功能提醒他。

如果电梯里人很多，自己的位置不方便按电梯钮，可以对靠近电梯门的人说："能否请您帮我按下某层的按钮"。别人帮你按了之后，你应该面带笑容说"非常感谢"。

出电梯的时候，如果人很多，要对周围的人说"对不起，我要出去"。和在公交车里一样，站在门口的人为了不妨碍里面的人出去，可以先走出电梯让出空间。最后出电梯的人，可以在走出电梯前按一下"关门"按钮，这样可以为等电梯的人节省时间。

电梯内不可大声喧哗或嬉笑吵闹；先上电梯应靠后站，以免妨碍他人乘电梯；电梯内已有多人时，后进入者应面向电梯门站立。

与客人共乘电梯的礼仪：陪同客人或长辈来到电梯前，先按电梯呼梯按钮。梯厢到达厅门打开时，若客人不止一人，可先行进入电梯，一手按"开门"按钮，另一手拦住电梯门，礼貌地说"请进"，请客人或长辈进入电梯梯厢。

进入电梯后，按下客人或长辈要去的楼层按钮。若电梯内有其他人员进入，可主动询问要去几楼，并帮忙按下按钮。电梯内可视情况是否寒暄，如没有其他人员时可略作寒暄，有外人或其他同事在时，可斟酌是否有必要寒暄。电梯内尽量侧身面对客人。

到达目的楼层，一手按住"开门"按钮，另一只手做出请的动作，可说："到了，您先请！"客人走出电梯后，自己立刻步出电梯，并热忱地为其引导行进的方向。

（4）出入房间位次

出入房门时，若无特殊原因，一般客人或位高者先出入，以示尊重。如有特殊情况时，比如需要引导、室内无灯或灯光昏暗，那么陪同人员要先进去，为客人开门、开灯；出的时候也是陪同人员先出去，为客人拉门导引。

实施与考核

把学生分为若干组，分别找到乘车的位置，并说明哪一个位置是最尊贵和最安全的位置。实际操作后，由教师总结。

思考与练习

1. 赠送礼品恰当的时机是什么？
2. 刀叉的使用顺序。
3. 使用筷子时要注意什么？
4. 在会谈时，安排位次具体有哪几种基本方式？分别是什么？

素养环节

赋予职业行为以道德责任感

职业行为是指人们对职业劳动的认识、评价、情感和态度等心理过程的行为反映，是职业目的达成的基础。从形成意义上说，它是由人与职业环境、职业要求的相互关系决定的。职业行为包括职业协作行为、职业沟通行为、职业创新行为和职业法纪行为等方面。

职业行为体现着一定的道德关系，因此，才有必要培养从业者的职业行为的道德责任感。

礼仪小故事

一代戏剧宗师梅兰芳先生，不仅谦虚好学，而且十分尊重老师。因为他曾向齐白石学画，便一直尊齐白石为自己的老师，无论在什么场合，均不曾有所怠慢。

有一次，在一位"大官家"的家宴上，两人同被邀请，赴宴那天，齐白石不慎丢了帖子，他身穿深褐色布袍，虽洗得整洁干净，但已发白陈旧。如此装束在满屋达官显贵的绫罗绸缎间，实在不起眼。加上他又一时没找着相熟之人，只能独坐一隅。偏偏门子不识相，走上前又盘问了几句。齐白石大窘，悔不该来。这时梅兰芳进来见到了孤零零的老人，独自坐在一边，忙甩开众人，快步走上前，恭恭敬敬地唤道："老师。"然后，亲自搀扶着他，走上前排。大家一阵诧异，窃窃私语："这个怪老头是谁？"梅兰芳将头一摇，自豪地答道："这是名画家齐白石，也是我的老师。"齐白石认为梅兰芳在关键时刻为他"圆了面子"，因此对梅兰芳十分感激。回家后，精心画就了一幅《雪中送炭图》，配诗一首，送给梅兰芳。诗云：曾见先朝享太平，布衣蔬食动公卿。而今沦落长安市，幸有梅郎识姓名。梅兰芳收到画，读过诗，感慨良久。提笔给齐白石回了一首诗：师传画艺情谊深，学生怎能忘师恩。世态炎凉虽如此，吾敬我师是本分。

第五章　汽车销售人员应注意的其他礼仪

第一节　求职礼仪

学习目标

了解求职者面试的仪态礼仪，掌握求职者应聘面试时应注意的问题。

素养目标

在求职中体现出自信从容。

礼仪格言

以爱己之心爱人则尽仁。——张载

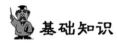基础知识

一、求职者的仪态礼仪

1. 求职者站姿的基本要求

站姿是仪态美的起点，又是发展不同动态美的基础。良好的站姿能衬托出求职者良好的气质和风度。

站姿的基本要求是挺直、舒展，站得直，立得正，线条优美，精神焕发。其具体要求是：头要正，头顶要平，双目平视，微收下额，面带微笑，动作要平和自然；脖颈挺拔，双肩舒展，保持水平并稍微下沉；两臂自然下垂，手指自然弯曲；身躯直立，身体重心在两脚之间；挺胸、收腹、直腰，臀部肌肉收紧，重心有向上升的感觉；双脚直立，女士双膝和双脚要靠紧，男士两脚间可稍分开点距离，但不宜超过肩膀。

2. 求职者坐姿的基本要求

坐姿是仪态的重要内容。良好的坐姿能够传递出求职者自信练达、积极热情的信息，同时也能够展示出求职者高雅庄重、尊重他人的良好风范。

求职者坐姿的基本要求是端庄、文雅、得体、大方。具体要求如下：入座时要稳要轻，不可猛起猛坐使椅子发出声响。女士入座时，若着裙装，应用手将裙子稍向前拢一下。坐定后，身体重心垂直向下，腰部挺直，上体保持正直，两眼平视，目光柔和，男子双手掌

心向下，自然放在膝盖上，两膝距离以一拳左右为宜。女士可将右手搭在左手上，轻放在腿面上。坐时不要将双手夹在腿之间或放在臀下，不要将双臂端在胸前或放在脑后，也不要将双脚分开或将脚伸得过远。坐于桌前应该将手放在桌子上，或十指交叉后以肘支在桌面上。

入座后，尽可能保持正确的坐姿，如果坐的时间长，可适当调整姿态以不影响坐姿的优美为宜。

3. 求职的走姿要求标准

走姿是站姿的延续动作，是在站姿的基础上展示人的动态美，无论是日常生活还是社会场合，走路往往是最吸引人注意的体态语言，最能表现一个人的风度和魅力。

求职者走姿的具体要求是：行走时，头部要抬起，目光平视对方，双臂自然下垂，手掌心向内，并以身体为中心前后摆动。上身挺拔，腿部伸直，腰部放松，腿幅适度，脚步宜轻且富有弹性和节奏感。

男士应抬头挺胸，收腹直腰，上体平稳，双肩平齐，目光直视前方，步履稳健大方，显示出男性刚强雄健的阳刚之美。

女士应头部端正，目光柔和，平视前方，上身自然挺直，收腹挺腰，两脚靠拢而行，步履匀称自如，轻盈端庄文雅，含蓄恬静，显示女性庄重而文雅的温柔之美。

4. 求职仪态礼仪应注意的七个问题

在面试时，求职者的行为举止十分的重要。一般而言，求职者的行为举止要注意七个问题：

(1) 应聘时不要结伴而行。

(2) 要有信心。无论应聘什么职位，独立性、自信心都是招聘单位对每位应聘者的基本素质要求。

(3) 保持一定的距离。面试时，求职者和主考官必须保持一定的距离，不适当的距离会使主考官感到不舒服。如果应聘的人多，招聘单位一般会预先布置好面试室，把应试人的位置固定好。当求职者进入面试室后，不要随意将椅子挪来挪去。有的人喜欢表现亲密，总是把椅子向前挪。殊不知，这是失礼的行为。如果应聘的人少，主考官也许会让你同坐在一张沙发上，求职者这时应界定距离，太近了，容易和主考官产生肌肤接触，这是失礼的行为。

(4) 不卑不亢。求职面试的过程实际上一种人际交往过程，求职双方都应用平和的心态去交流。

(5) 举止大方。举止大方是指求职者举手投足自然优雅，不拘束，从容不迫，显示良好的风度。

(6) 忌不拘小节。有求职者，自恃学历高，或者有经验、有能力，不愁用人单位不用，在求职时傲慢不羁，不拘小节，表现出无所谓的样子，这是不可取的。正是这些不易被人注意的细节，使很多人失去了一些好的工作机会。

(7) 勿犹豫不决。一般来说，求职者应聘时举棋不定的态度是不明智的。会让主考官感到你是个信心不足的人，难免怀疑你的工作作风和实际能力，这样容易让招聘的单位有更多的选择机会，而自己却丧失了一次机遇。

二、求职面试礼仪

1. 遵时守信

求职者一定要遵时守信,千万不要迟到或毁约。迟到和毁约都是不尊重主考官的一种表现,也是一种不礼貌的行为。如果求职者有客观原因不能如约按时到场应事先打个电话通知主考官,以免对方久等。如果已经迟到,不妨主动陈述原因,宜简洁表达,这是必需的礼仪。

2. 放松心情

许多求职者一到面试点就会产生一种恐惧心理,害怕自己思维紊乱,词不达意,出现差错,以致痛失良机。于是往往会因为紧张而出现心跳加快,面红耳赤等情况。此时,应控制自己的呼吸节奏,努力调节,尽量达到最佳状态后再面对招聘考官。

3. 以礼相待

求职者在等候面试时,不要旁若无人,随心所欲,对接待员熟视无睹,自己想干什么就干什么,给人留下不好的印象。对接待员要礼貌有加,也许接待员就是公司经理的秘书、办公室的主任或人事单位的主管人。如果你目中无人,没有礼貌,在决定是否录用时,他们可能也有发言权,所以,你要给所有的人留下良好的印象,而并非只是对面试的主考官。面试时,自觉将手机关掉。

4. 入室敲门

求职者进入面试室的时候,应先敲门,即使面试房间是虚掩的,也应先敲门,千万别冒冒失失地推门就进,给人鲁莽、无礼的感觉。

敲门时要注意门声的大小和敲门的速度。正确的是用右手的手指关节轻轻地敲三下,问一声:我可以进来吗?待听到允许后再轻轻地推门进去。

5. 微笑示人

求职者在踏入面试室的时候,应面露微笑,如果有多位考官,应面带微笑地环视一下,以眼神向所有人致意。

一般而言,陌生人在相互认识时,彼此会首先留意对方的面部,然后才是身体的其他部分。面带真诚、自然、由衷的微笑,可以展示一个人的风度、风采。有利于求职者塑造自己的形象,给人留下美好的印象。

求职者与主考官相识之后,便要稍微收敛笑容,集中精神,平静的面容有助于求职者面试成功。

6. 莫先伸手

求职者进入面试室,行握手之礼,应是主考官先伸手,然后求职者单手相应,右手热情相握。若求职者拒绝或忽视了主考官的握手,则是失礼。若非主考官主动先伸手,求职者切勿贸然伸手与主考官握手。

7. 请才入座

求职者不要自己坐下,要等主考官请你就座时再入座。主考官叫你入座,求职者应该表示感谢,并坐在主考官指定的椅子上。如果椅子不舒适或正好面对阳光,求职者不得不眯着眼,那么就最好提出来。

8. 递物大方

求职者求职时必须带上个人简历、证件、介绍信或推荐信,面试时一定要保证不用翻找就能迅速取出所有资料。如果送上这些资料,应双手奉上,表现得大方和谦逊。

三、求职者的着装要求

1. 男性面试时的服饰礼仪

(1) 西装。男生应在平时就准备好一两套得体的西装,不要到面试前才匆匆去购买,那样不容易选购到合身的西装。应注意选购整套的两件式的,颜色应当以主流颜色为主,如灰色或深蓝色,这样在各种场合穿着都不会显得失态,在价钱档次上应符合学生身份,不要盲目攀比,乱花钱买高级名牌西服,因为用人单位看到求职者的衣着太过讲究,不符合学生身份,对求职者的第一印象也会打折扣的。

(2) 衬衫。以白色或浅色为主,这样较好配领带和西裤。平时也应该注意选购一些较合身的衬衫,面试前应熨平整,不能给人"皱巴巴"的感觉。崭新的衬衣穿上去会显得不自然,太抢眼,以至于削弱了人事主管对求职者其他方面的注意。这里要提醒一点,面试时你所穿的西服、衬衫、裤子、皮鞋、袜子都不宜给人以崭新发亮的感觉,原因是人事主管会认为你的服饰都是匆匆凑齐的,那么你的其他材料是不是也加入了过多人工雕琢的痕迹呢?而且太多从没穿过的东西从头到脚包裹在你的身上,一定有某些东西会让你觉得别扭,从而分散你的精力,影响你的面试表现。

(3) 皮鞋。不要以为越贵越好,而要以舒适大方为度。皮鞋以黑色为宜,且面试前一天要擦亮。

(4) 领带。男生参加面试一定要在衬衣外打领带,领带以真丝的为好,上面不能有油污,不能皱巴巴,平时应准备好与西服颜色相衬的领带。

(5) 袜子。袜子的颜色也有讲究,穿西服革履时的袜子必须是深灰色、蓝色、黑色等深色,这样在任何场合都不失礼。

(6) 头发。尽量避免在面试前一天理发,以免看上去不够自然,最好在三天前理发。男生女生都应在面试前一天洗干净头发,避免头屑留在头发或衣服上,保持仪容整洁是取得用人单位良好第一印象的前提。

此外,男生要将胡须剃干净,并且在刮的时候不要刮伤皮肤,指甲应在面试前一天剪整齐。

2. 女性面试时的服饰礼仪

(1) 套装。每位女生应准备一两套较正规的套服,以备去不同单位面试之需。女式套服的花样可谓层出不穷,每个人可根据自己的喜好来选择,但原则是必须与准上班族的身份相符,颜色鲜艳的服饰会使人显得活泼、有朝气,素色稳重的套装会使人显得大方干练。记住这个原则,针对不同背景的用人单位选择适合的套装。

(2) 化妆。参加面试的女生可以适当地化点淡妆,包括口红,但不能浓妆艳抹,过于妖娆。

(3) 皮鞋。鞋跟不宜过高,过于前卫,夏日最好不要穿露出脚趾的凉鞋,更不宜将脚趾甲涂抹成红色或其他颜色，丝袜以肉色为雅致。

（4）皮包。女生的皮包要能背的，与面试材料的公文包有所区别，可以只拿公文包而不背皮包，但不能把公文包里的文件全部塞在皮包里而不带公文包。

（5）手表。面试时不宜佩戴过于花哨的手表，给人过于稚气的感觉。面试前应调准时间，以免迟到或闹笑话。

（6）着装禁忌。男女生都不能在面试时穿T恤、牛仔裤、运动鞋，一副随随便便的样子，百分之百是不属于人事主管欢迎的一类。女生一定不要在服饰上给人错误的信号，例如过于花枝招展、性感暴露的打扮会让人有别的想法，惹来许多不必要的麻烦甚至性骚扰，对求职本身毫无益处。

四、应聘面试时应注意的问题

1. 基本注意事项

（1）要谦虚谨慎

面试和面谈的区别之一就是面试时对方往往是多数人，其中不乏专家、学者，求职者在回答一些比较有深度的问题时，切不可不懂装懂，不明白的地方就要虚心请教或坦白说不懂，这样才会给用人单位留下诚实的好印象。

（2）要机智应变

当求职者一人面对众多考官时，心理压力很大，面试的成败大多取决于求职者是否能机智果断，随机应变，能当场把自己的各种聪明才智发挥出来。首先，要注意分析面试类型，如果是主导式，你就应该把目标集中投向主考官，认真礼貌地回答问题；如果是答辩式，你则应把目光投向提问者，切不可只关注甲方而冷待乙方；如果是集体式面试，分配给每个求职者的时间很短，事先准备的材料可能用不上，这时最好的方法是根据考官的提问在脑海里重新组合材料，言简意赅地作答，切忌长篇大论。其次要避免尴尬场面，在回答问题时常遇到这些情况：未听清问题便回答，听清了问题自己一时不能作答，回答时出现错误或不知怎么回答问题时，可能使你处于尴尬的境地。避免尴尬的技巧是：对未听清的问题可以请求对方重复一遍或解释一下；一时回答不出可以请求考官提下一个问题，等考虑成熟后再回答前一个问题；遇到偶然出现的错误也不必耿耿于怀而打乱后面问题的思路。

（3）要扬长避短

每个人都有自己的特长和不足，无论是在性格上还是在专业上都是这样。因此在面试时一定要注意扬我所长，避我所短。必要时可以婉转地说明自己的长处和不足，用其他方法加以弥补。例如有些考官会问你这样的问题："你曾经犯过什么错误吗？"你这时候就可以选择这样回答："以前我一直有一个粗心的毛病，有一次实习的时候，由于我的粗心把公司的一份材料弄丢了，害得老总狠狠地把我批评了一顿。后来我经常和公司里一个非常细心的女孩子合作，就从她那里学来了很多处理事情的好办法，一直到现在，我都没有因为粗心再犯什么错。"这样的回答，即可以说明你曾经犯过这样的错误，回答了招聘官提出的问题，也表明了那样的错误只是以前出现，现在已经改正了。

（4）显示潜能

面试的时间通常很短，求职者不可能把自己的全部才华都展示出来，因此要抓住一切时机，巧妙地显示潜能。例如，应聘会计职位时可以将正在参加计算机专业的业余学习情况漫不经心地讲出来，可使对方认为你不仅能熟练地掌握会计业务，而且具有发展会计业务的潜力；报考秘书工作时可以借主考官的提问，把自己的名字、地址、电话等简单资料写在准备好的纸上，顺手递上去，以显示自己写一手漂亮字体的能力等。显示潜能时要实事求是、简短、自然、巧妙，否则也会弄巧成拙。

2. 面试时如何消除紧张感

由于面试成功与否关系到求职者的前途，所以面试时往往容易产生紧张情绪，有的人可能还由于过度紧张导致面试失败，所以紧张感在面试中是常见的。

紧张是应考者在考官面前精神过度集中的一种心理状态，初次参加面试的人都会有紧张感觉，慌慌张张、粗心大意、说东忘西、词不达意的情况是常见的。那么怎样才能在面试时克服、消除紧张呢？

（1）要保持平常心

在竞争面前，人人都会紧张，这是一个普遍的规律，面试时你紧张，别人也会紧张，这是客观存在的，要接受这一客观事实。这时你不妨坦率地承认自己紧张，也许会求得理解。同时要进行自我暗示，提醒自己镇静下来，常用的方法是大声讲话，把面对的考官当熟人对待；或掌握讲话的节奏，慢慢道来；或握紧双拳、闭目片刻，先听后讲；或调侃两三句等，都有助于消除紧张。

（2）不要把成败看得太重

"胜败乃兵家常事"，要这样提醒自己，如果这次不成，还有下一次机会；这个单位不聘用，还有下一个单位面试的机会等着自己；即使求职不成，也不是说你一无所获，你可以分析这次面试过程中的失败，总结经验，得出宝贵的面试经验，以新的姿态迎接下一次的面试。在面试时不要老想着面试结果，要把注意力放在谈话和回答问题上，这样就会大大消除你的紧张感。

（3）不要把考官看得过于神秘

并非所有的考官都是经验丰富的专业人才，可能在陌生人面前也会紧张，认识到这一点就用不着对考官过于畏惧，精神也会自然放松下来。

（4）要准备充分

实践证明，面试时准备得越充分，紧张程度就越小。考官提出的问题你都会，还紧张什么？知识就是力量，知识也会增加胆量。面试前除了进行道德、知识、技能、心理准备外，还要了解和熟悉求职的常识、技巧、基本礼节，必要时同学之间可模拟考场，事先多次演练，互相指出不足，相互帮助、相互模仿，到面试时紧张程度就会减少。

（5）要增强自信心

面试时应聘者往往要接受多方的提问，迎接多方的目光，这是造成紧张的客观原因之一。这时你不妨将目光盯住主考官的脑门，用余光注视周围，既可增强自信心又能消除紧张感；在面试过程中，考官们可能交头接耳，小声议论，这是很正常的，不要把它当成精神负担，而应作为提高面试能力的动力，你可以想象他们的议论是对你的关注，这样你就可以增加信心，提高面试的成功率；面试中考官可能提示你回答问题时的不足甚至错误，这也没有必要紧张，因为每个人都难免出点差错，能及时纠正就纠正，是事实就坦率承认，不合事实还可婉言争辩，关键要看你对问题的理解程度和你敢于和主考官争辩真伪的自信程度。

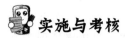
实施与考核

训练每名学生在全班同学面前进行面试展示,最后由教师进行点评和打分。

思考与练习

1. 求职者的着装有哪些要求?
2. 应聘面试时应注意的问题有哪些?

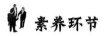
素养环节

在求职中体现出自信从容

怎么能像很多人那样在求职中体现出自信从容?

其实他们和你一样,对初次见面的人也存在着惶恐不安的心理,区别是他们知道如何调整自己,驱除心中的紧张罢了。

每一个人最初面试的时候多少都会有恐惧感,如果更进一步问他们到底怕什么,他们会说:"我只是害怕,自己也不知道为什么。""我一向就不愿和陌生人打交道。""人家烦我怎么办?""怎么才能给人留下良好的第一印象?""如果陷入尴尬,我怎么办呀?""我晚上睡觉前还挺有决心,天一亮就害怕。"答案虽然各不相同,但是对自己缺乏信心,是害怕被拒绝的主要的原因。其实,勇气不是天生就有的,它也是我们后天培养的。叔本华说过:"勇气就是一种坚韧;正因为它是一种坚韧,才使我们具有任何形式的自我否定和自我战胜的能力。"

礼仪小故事

北京有一家外资企业招工,对学历、外语、身高、相貌的要求都很高,但薪酬也高,所以有很多高素质人才都来应聘。这一些年轻人,过五关斩六将,到了最后一关——总经理面试。这些年轻人想,这很简单,只不过是走走过场罢了,准十拿九稳了。

没想到,这一面试出问题了。一见面,总经理说:"很抱歉,年轻人,我有点急事,要出去10分钟,你们能不能等我?"年轻人说:"没问题,您去吧,我们等您。"老板走了,年轻人一个个踌躇满志,得意非凡,闲不住,围着老板的大写字台看,只见上面文件一摞,信一摞,资料一摞。年轻人你看这一摞,我看那一摞,看完了还交换:哎哟,这个好看。

10分钟后,总经理回来了,说:"面试已经结束。""没有啊?我们还在等您啊。"老板说:"我不在的这一段时间,你们的表现就是面试。很遗憾,你们没有一个人被录取。因为,本公司从来不录取那些乱翻别人东西的人。"这些年轻人一听啊,捶胸顿足。他们为什么这么感慨万千呢?他们说:"我们长这么大,就从来没听说过不能乱翻别人的东西。"

想想看,我们哪个家庭、哪个学校,经常进行这样的教育?翻东西,是儿童时期的一种习惯，是一种好奇。小孩去串门，看到人家的抽屉，挨着个儿地翻。爸爸妈妈下班了，孩子就翻爸爸妈妈的包。但是，对儿童来说，这是一个特点，不是一个缺点，他就是好奇，他的社会化程度很低，他还不知道要尊重别人。

第二节　整车销售核心流程及其礼仪规范

学习目标

了解4S店展厅汽车销售流程，熟悉汽车销售顾问岗位销售礼仪的基本知识，熟练应用汽车销售过程中的礼仪和基本技巧。

素养目标

掌握职业意识的内涵。

礼仪格言

对于不会说话的人，衣服是一种语言，随身带着的袖珍戏剧。——张爱玲

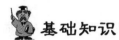

现如今，中国的各个品牌的汽车销售活动多以经销商展厅"4S"店为主要场所，汽车销售人员的销售活动大多是围绕展厅进行的。"4S"店是1998年以后才逐步由欧洲传入中国的舶来品。所谓"4S"店是一种以"四位一体"为核心的汽车特许经营模式，包括整车销售（Sale）、零配件（Spare part）、售后服务（Service）、信息反馈（Survey）。"4S"店不仅要求品牌专卖、被厂家授权，而且，有良好的信誉、专业的售后服务保障、人性化的服务和可靠的配件支持等，目前，已经成为汽车工业发展的重要组成部分。

"4S"店展厅销售流程包括客户开发、展厅接待、需求分析、产品展示、试乘试驾、报价签约、新车递交和售后跟踪服务八个环节。

一、客户开发

1. 客户开发的目的

目前，汽车行业竞争日益激烈，无论是汽车的品种、款式、价格还是服务的质量，供顾客选择的范围越来越广泛，顾客的选择也呈现出流动性的趋势。

客户开发主要是汽车销售人员分析能够成为潜在客户的条件及寻找潜在客户的方法，确认谁是我们的潜在顾客，包括主动打来电话咨询者、主动上门来展厅的顾客和汽车销售员主动出击获得的顾客，同时，有计划地对潜在客户直接拜访或电话拜访，只有掌握寻找、挖掘潜在客户的各种方法和渠道，并尝试与客户进行广泛地接触，才能够获得更广泛的客

户资源，为实现销售奠定基础。

2. 客户开发的礼仪

汽车销售人员在直接拜访顾客之前一定要做好充分的准备，这是取得拜访成功的前提条件，如果在直接拜访顾客之前没有做好充分的准备，再好的机会也不能有效地把握。

汽车销售人员在直接拜访客户前要做好自身的准备，其中包括：仪容仪表、握手寒暄、适度的微笑、合适的坐姿和交换名片，不仅如此，了解顾客的情况，把握顾客的需求也是拜访前销售人员必要的准备。

二、客户接待礼仪

1. 展厅接待目的

一般情况下，顾客大多数有购车意愿时，都会选择来4S店咨询，如何让顾客体验"顾客至上"的服务理念和品牌形象，是4S店和汽车销售人员所要面对的挑战，各个汽车品牌4S店都在展厅的设计上下足了工夫，走进宽敞明亮的展厅，你会置身在高雅愉悦的背景音乐所营造的洁净环境中，轻松、舒适的购车环境，会消除顾客的疑虑和戒备，再加上汽车销售人员热情、周到的接待，使顾客有在展厅逗留更长时间的愿望，并且想与销售人员建立联系，这有助于增强顾客对于品牌、公司和个人的信任，为达成交易做好铺垫。

2. 展厅接待流程及标准

（1）客户进入展厅

①汽车销售人员随时注意有没有客户进入展厅。

②客户一进门口，销售人员必须面带微笑、双眼注视客户（有的品牌要求销售人员向顾客点头示意，有的品牌则要求销售人员向顾客鞠躬15°并问候"欢迎光临"）。

③当顾客走进展厅，销售人员就要依据其衣着、姿态、面部表情、眼神、肤色等评估出顾客的态度、购买倾向等，注意不要以貌取人，如果恰好和你的目光相遇，则点头示意。

④如顾客点头回应，应即刻走上前进行接待，面带微笑，做自我介绍并说："先生（小姐）您好，我是销售顾问×××，请问有什么可以帮您的吗？"

⑤如果顾客视而不见，且直奔展车专注看车，有的品牌要求给顾客1~2分钟的自由看车时间，有的品牌则等待顾客的回应，销售人员再跟进服务。

⑥汽车销售人员随时注意客户动态，若客户有疑问状或需要服务的迹象时，要立刻趋前服务，用礼貌语向顾客打招呼。

⑦若同时有两三批人来看车，要请求支援，不可让任何人受到冷落。

⑧如顾客是再次来展厅的，销售顾问应该用热情的言语表达已认出对方，最好能够直接称呼对方。如"王女士，您来了！"

⑨顾客要求自行看车或随便看看时，回应话术是"请随意，我愿意随时为您提供服务"，并适当选择撤离，在顾客目光所及范围内，随时关注顾客是否有需求。

⑩在顾客自行环视车辆或某处10分钟左右，仍对销售顾问没有表示需求时，销售顾问应再次主动走上前"您看的这款车是……""请问，……"

⑪如果未等销售员再次走上前，顾客就要离开展厅，应主动相送，并询问快速离开的

原因，请求留下其联系方式或预约下次看车时间。

(2) 与顾客交流的礼仪规范

①汽车销售人员在与顾客交流时要提开放式问题，了解顾客购买汽车的相关信息，话术：您理想中的车是什么样的？您购车考虑的最主要因素是什么？

②汽车销售人员获取顾客的称谓"可以告诉我，您怎么称呼吗？"并在交谈中称呼对方（刘先生、韩女士等）。

③汽车销售人员主动递送相关的产品资料，为顾客看车提供参考。

④不要长时间站立交流，汽车销售人员应在适当时机或请顾客进入车内感受，或请顾客到洽谈区坐下交流。

⑤汽车销售人员主动提供饮用的茶水，递杯子时，左手握住杯子底部，右手伸直靠到左前臂，以示尊重和礼貌。

⑥汽车销售人员充分利用这段时间尽可能多的收集潜在顾客的基本信息，尤其是姓名、联系电话。话术："麻烦您填一下这张卡片，便于今后我们能把新产品和展览的信息通知您。"

⑦汽车销售人员交换名片时要把握时机，注意技巧，初次相识，可在刚结识时递上自己的名片，并将自己的姓名自信而清晰地说出来，这有利于顾客迅速知晓自己的基本情况，加速交往进程。交换名片的话术："很高兴认识您，可否有幸跟您交换一下名片？这是我的名片，常联系"；"这是我的名片，可以留一张名片给我吗？以便在有新品种或有优惠活动时，及时与您取得联系"。

⑧汽车销售人员还可以多借用推销工具，如公司简介、产品宣传资料、媒体报道、售后服务流程，以及糖果、香烟、小礼物等。

(3) 顾客离开展厅

①当顾客离开展厅时，汽车销售人员应立即放下手中其他事务，陪同顾客走向展厅门口，并且，提醒顾客清点随身携带的物品以及销售与服务的相关单据。

②汽车销售人员若以前没有交换过名片，可以索要对方名片，并预约下次来访时间，表示愿意下次来店时仍由本销售顾问来接待，便于后续跟踪。

③真诚地感谢顾客光临本店，期待下次会面。汽车销售人员在展厅门外，挥手致意，目送顾客离去。

三、展厅接听电话礼仪

1. 接听电话礼仪

汽车销售人员展厅接听来电时，需要按照语言、时间、姿态和纪律要求，得体、友善地体现个人和品牌形象。

接听来电应在第二声铃响之后立即接听，在礼貌问候对方之后应主动报出公司或部门名称以及自己的姓名，切忌拿起电话劈头就问："喂，找谁"？同样，来电话人需要留话也应以简洁的语言清晰地报出姓名、单位、回电号码和留言。

2. 接听电话的流程

（1）电话铃响三声内，迅速接听。

（2）自报家门：您好！×××汽车销售公司！我是销售顾问×××。

（3）认真倾听电话内容，不打断客户，适当记录细节，并且复述一遍确认。

（4）迅速给出答案：回答、拒绝或转接其他同事。

（5）主动邀请客户来店参观，并尽可能让客户留下客户资料。

（6）同事不在时帮助接听并记录留言。

（7）等对方挂断后再挂电话。

（8）挂电话前，要再一次感谢客户来电。

四、顾客需求分析

1. 分析潜在客户的购车动机

从汽车销售人员的角度来看，对顾客的需求分析应该从五个方面入手，即弄清来意、购买车型、购买角色、购买重点、顾客类型。

（1）弄清来意

首先，汽车销售人员在顾客一进入展厅就要了解他们到底是来干什么的？是否是顺便路过的？如果发现顾客开始仔细地看某一种确定的车型，那么就可以推断他们有一些购买的可能。汽车销售人员对顾客观察的重点包括：

衣着：一定程度上反映经济能力、选购品位、职业、喜好。

姿态：一定程度上反映职务、职业、个性。

眼神：可传达购车意向、感兴趣点。

表情：可反映情绪、选购迫切程度。

行为：可传达购车意向、感兴趣点、喜好。

随行人员：其关系决定对购买需求的影响力。

步行/开车：可以传达购买的是首部车？什么品牌？置换、预购车型等信息。

购买车型：他们需要购哪种款式？哪种颜色？哪种车型？

汽车销售人员对顾客观察还不能够反映顾客的真实需求，接下来汽车销售人员就必须通过询问的方式，进一步获得相关信息。

询问的技巧包括开放式询问和封闭式询问。

开放式询问多适用于希望获得大信息量时。通过开放式询问能够了解顾客的信息越多，越有利于把握顾客的需求。比如：谁（who）：您为谁购买这辆车？何时（when）：您何时需要您的新车？什么（what）：您购车的主要用途是什么？您对什么细节感兴趣？为什么（why）：为什么您一定要选购三厢车呢？哪里（where）：您从哪里获得这些信息的？您从哪里过来？怎么样（how）：您认为这款车动力性怎么样？

封闭式询问（肯定或否定）适合于获得结论性的问题，比如：你喜欢这辆捷达车吗？我们现在可以签订单吗？

(2) 购买角色判断

汽车销售人员对顾客购买角色进行判断，抓住重点，比如：到展厅一起来的三四个人，只有一个才是真正有决策权的人，那么其他的人是什么角色？是参谋？行家？是司机，还是秘书，还是朋友？通过判断找到突破口。

(3) 购买重点

汽车销售人员对顾客购买重点进行分析，因为，购买重点是影响这个客户做出最终采购决定的重要因素。如果他的购买重点只是价格，那么车的任何领先的技术对他来说都没有什么作用；如果他的购买重点是地位，那么你谈任何优惠的价格等因素对他也不构成诱惑。

(4) 顾客类型

客户的购车动机类型包括理智动机和感情动机。理智动机主要考虑是否适用、经济、可靠、安全及是否有良好的售后服务及备件保障等；感情动机则追求个性化，有炫耀和攀比心理特征，希望通过此举获得他人的尊重。需要把握的礼仪是根据不同心理特征客户选择适当的语言及服务，不可以用讥讽和刺激性语言。

(5) 倾听的技巧

汽车销售人员要学会倾听，真正成功的销售顾问都是一个好的听众，只有认真倾听才能获得有价值的信息，才能够推进销售。

总之，汽车销售要根据自己的产品特征锁定目标客户，通过技巧性的沟通与交流和潜在客户建立一种良好的关系。

五、产品介绍礼仪

1. 新车展示的目的

新车展示的目的是通过全方位车辆展示来突显每款车的品牌特点，使顾客近距离感受车辆带来的视觉冲击，确信产品的物有所值，为促成交易奠定基础，同时，通过汽车销售人员细致有效的产品说明和异议处理来解决顾客对于产品及服务的问题和困惑，达到进一步满足顾客的购买需求，实现最终销售的目的。

2. 新车展示的程序和方法

(1) 汽车产品介绍程序

在新车展示介绍产品这一环节，汽车销售人员多采用六方位绕车法向顾客全方位介绍车辆，顺序如下：

①左前方——介绍汽车品牌、尺寸、造型。

②正前方——介绍发动机、技术、性能。

③乘客侧——介绍安全性。

④车后部——介绍空间。

⑤驾驶侧——介绍操控性。

⑥车内部——介绍舒适度、便捷性。

六方位绕车介绍法如图 5-2-1 所示。

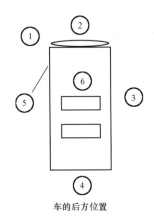

图 5-2-1　六方位绕车介绍法

（2）展示体验

展示体验要求汽车销售人员面带微笑一边介绍一边让顾客通过看、听、触摸等感官感受，进一步了解汽车的有关情况。

①触摸（座椅、门拉手）。

②感受（引擎盖）。

③声音（关门、发动机）。

④声音（车内）。

⑤看（零间隙、腰线）。

3. 汽车产品介绍的礼仪

展厅销售人员引导客户到展车旁边，向客户介绍产品时采用标准站姿，双臂自然下垂，处于身体两侧。男士右手轻握左手的腕部，放在小腹前，或者置于身后；女士双手自然交叠，放在小腹前。

（1）站姿：抬头，目视前方，挺胸直腰，肩平，双臂自然下垂，收腹，双腿并拢直立，脚尖分开呈 V 字形，身体重心放到两脚中间。也可两脚分开，比肩略窄，双手合起，放在腹前或背后。

（2）行姿：方向明确、身体协调，姿势稳健；步伐从容，步态平衡，步幅适中，步速均匀，走成直线；双臂自然摆动，挺胸抬头，目视前方。

（3）蹲姿：适合顾客在驾驶位置上，销售人员在车外介绍时采用。要领：一脚在前，一脚在后，两腿向下蹲，前脚全着地，小腿基本垂直于地面，后跟提起，脚掌着地，臀部向下。

（4）引导讲述：引导客户到洽谈区入座后，坐姿服务于客户时，要求将上身挺直，身体趋近于桌子，手臂自然弯曲，将腕至肘部的三分之二处搭在桌面，双手自然叠放在桌面上。

从语气上尽量从顾客的角度出发来陈述，话题不要转移太快，尽量集中在顾客所关心的问题，设法使顾客参与进来，并鼓励顾客动手做一些事。

需要注意的是在向顾客分析产品过程要体现产品分析的原则：首先，做到不用失礼的语言去诋毁产品，客观、实事求是地介绍产品，以免造成客户的误会和反感，不利于销售活动的进行；其次，销售人员要结合反问技术，了解客户为什么喜欢产品车型，然后，有的放矢地运用销售技巧，加深顾客对自己产品的了解认识；最后，销售人员要善于利用先肯定对方，然后通过重点强调的手段介绍突出自己产品优势的方法，让顾客接受、喜欢自己的产品，达到战胜同类竞争品种的目的。

在汽车销售中，产品包括：价格、配置、定位等。这就需要汽车销售人员具备广泛的产品知识，在与顾客的交流中有得体的语言，获得销售的成功。

实施与考核

安排每组两名学生完成绕车法的训练，学生之间进行互评。

思考与练习

1. 六方位绕车法的具体内容。
2. 如何运用接待礼仪与顾客建立良好的关系？
3. 检查学生在汽车销售流程中的实际应用能力。

素养环节

掌握职业意识的内涵

职业意识是作为职业人所具有的意识，以前叫做主人翁精神。具体表现为：工作积极认真，有责任感，具有基本的职业道德。

职业意识是约定俗成、师承父传的。职业意识是用法律、法规、行业自律、规章制度、企业条文等来体现的。职业意识是有社会共性的，也是和行业或企业相通的。它是每一个人从事你所工作的岗位的最基本，也是必须牢记和自我约束的。

礼仪小故事

从前，夏部落的首领鲧建造了三仞（八尺为一仞）高的城池来保卫自己，大家都想离开他，别的部落对夏虎视眈眈。后来禹当了首领，发现这一情况，就拆毁了城墙，填平了护城河，把财产分给大家，毁掉了兵器，用道德来教导人民。于是大家都各尽其职，别的部落也愿意来归附。禹在涂山开首领大会时，来进献玉帛珍宝的首领上万。"化干戈为玉帛"比喻变战争为和平或变争斗为友好。玉帛：玉即玉，帛为丝织品。二者皆为进贡之上品，在此引申为重修于好，相互礼尚往来的意思。

第三节　试乘试驾礼仪

学习目标

掌握汽车销售试乘试驾的标准流程，根据不同顾客采用相应的试乘试驾礼仪接待过程和礼仪的基本技巧，熟练应用试乘试驾的基本流程。

素养目标

如何培养乐观的心态。

礼仪格言

让者，礼之实也。——朱熹

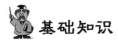

一、试乘试驾的目的

展厅销售顾问在给顾客新车展示后，根据FABQ法则，邀请顾客方便的时候试乘试驾，亲身感受一下你所关注汽车的性能，最好的办法就是去亲自试驾体验。

一般4S店都有驾驶体验服务，顾客可以在不用交纳任何费用的情况下，只需承诺不损坏新车，试驾前出示驾照，就能亲身感受到汽车的总体性能，这无疑给大多数购车的顾客提供了一个绝佳的了解汽车的方式。

顾客可以通过直接的驾驶体验，对车有一个感性的认识，强化顾客对于车辆各项功能的实际驾驶印象，增强购买信心，促使顾客产生拥有的感觉，提高顾客对产品的高度认同，增强顾客对汽车品牌的信任，有利于进一步激发顾客的购买欲望，为促成交易做好铺垫。

二、试乘试驾体验

1. 试乘试驾的标准流程

（1）完善试乘试驾的流程和车辆等准备工作。

（2）销售人员在顾客试乘时充分展示车辆特性，并作说明。

（3）让顾客有时间自己体验车辆的动态特性。

（4）适时询问顾客的订约意向，收集顾客信息。

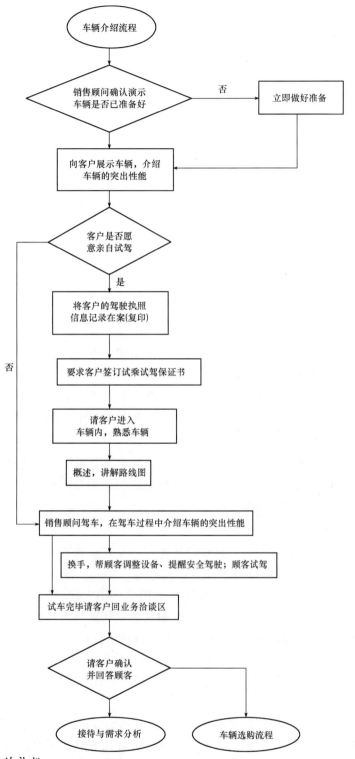

2. 试乘试驾的礼仪

(1) 邀请客户试乘试驾

汽车销售顾问提前准备必要的资料包括:车辆行驶证、保险单、试驾预约记录单、试驾协议书、客户驾驶资格的确认、签订试乘试驾协议，善用试乘试驾预约登记表，这里除了慎重以外，还有留取客户资料的功能，邀请客户带全家人一同参与试驾，让客户感受实际拥有这部车的快乐情境。

主动提供试车，首先要检查汽车与样车的内、外观，内容包括观察选定的汽车与样车是否一致，车门开启是否灵活，门窗升降是否平顺，角落边缘有无锈迹，座位有无污垢，轮胎面是否干净等，不要认为顾客都曾驾过车，试车路段的确认，轮换驾乘，关闭音响，试车最好由有开车经验的人陪同。

（2）试乘试驾的产品介绍

汽车销售顾问让客户集中精神对车辆进行体验，以建立客户的信任感。在试乘试驾中安全问题是最重要的，销售顾问要适当地保持安静，要避免多说话，应针对客户的需求及购买动机来进行解释说明，使客户享受驾驶的乐趣。给客户引导，操作车内的各项设施。最后不忘将客户带回展厅，填写试乘试驾满意度调查表。

（3）试乘试驾的安全

试乘试驾时要考虑到客户的驾驶水平，事前进行询问，要求无论是乘客还是司机都要系上安全带，保障司乘人员的安全。

3. 试驾车辆管理与准备

经销商应准备试乘试驾专用车，尤其新车上市期间由专人负责，保证车况良好，排除任何临时故障——如各种功能、空调、轮胎气压、车灯、收音机、CD等，保证数量，且加满油，要求车辆整洁、清新、无异味；车里不能放有私人物品，车座位带座套，车内可放有脚垫，车辆座椅、方向盘调整到规定位置，其他如临时牌照、保险要齐全等。

4. 试驾行驶路线的确定

试驾行驶路线应能够充分展示汽车性能和特色、尽可能避开交通拥挤时段或路段，汽车销售人员实地查看确认路况的正常，熟悉路线及路况，如是否修路、改道等状况，汽车销售人员要把试驾路线制成路线图备用。

5. 主动邀请顾客试乘试驾

汽车销售人员与顾客确定时间、提醒带好驾照，并且询问有何特殊需要，了解试驾者的驾驶技能及是否有家人（他人）陪伴等。

试驾前坐进车内查看汽车，坐在驾驶座位上用手晃动方向盘，上下不能有窜动现象，方向盘虚位要符合使用说明书的要求。仪表及副仪表台装配工整，没有歪斜现象。开钥匙检查灯光、喷水清洁及雨刮、喇叭、各个仪表及警告指示灯是否正常。

驾驶主要检查汽车的运行状态和运转声音。一般来说，新车的运行状态在出厂前均已经过严格检查，所以汽车的启动、换挡、转弯、制动不必仔细检查。

6. 顾客试乘试驾前

试乘试驾前汽车销售顾问给顾客讲解试驾流程和相关规定，并由试驾者签署试驾协议，登记驾驶证，填写相关信息。汽车销售顾问将驾驶证复印存档，并且，向顾客介绍行驶路线，指导顾客调整各项装备，例如座椅、方向盘、后视镜、空调、音响等，解释基本功能和指示器，车内准备水、纸巾，方便顾客使用，如果由其他的工作人员陪同试乘试驾，销售员应向顾客介绍，以方便沟通，出发前，提醒顾客系好安全带。

7. 试乘试驾中

开始由销售人员先开第一段路，边示范、边讲解，让顾客充分感受车的优势，选择安全地点换手，将车熄火，手刹拉起，并移交给顾客。指导顾客重新调整座椅、方向盘、后视镜等，使其产生已拥有的感觉，驾驶过程中简要提醒顾客体验的重点内容，以强化感受。

驾驶中销售人员应关注并记下顾客个性化要求。提醒顾客在驾驶中注意安全（话术："前边有弯道，请您注意减速行驶。"）当顾客有危险的和违章动作和行为时，果断采取措施，并请顾客在安全地点停车，向顾客讲解保障安全的重要性，取得顾客的理解，改试驾为试乘，由销售人员驾驶返回经销店。

8. 试驾后

提醒顾客携带好随身物品，以免遗忘在车内；引导顾客回到展厅洽谈区，提供免费饮品；询问顾客试驾的感受并填写试驾意见调查表（如您觉得乘坐的空间如何？）；对于顾客试驾中的个性化要求，进行重点解释以及异议处理，以进入报价阶段。

三、报价签约礼仪

在报价签约这一环节，汽车销售人员要运用得体的礼仪表现，透明、公平和有效的报价和价格谈判技巧，赢得顾客对于产品的性价比的充分认识，增强对汽车品牌产品的尊重和信赖，同时，汽车销售人员要敏感的把握成交信号，不失时机地采用积极的成交技巧来促成交易，实现个人和公司销售业绩的提升。

1. 报价签约的过程礼仪要求

（1）汽车销售人员要面带微笑、认真倾听他们说什么？他们试图说什么？他们的真实用意是什么？倾听的时候汽车销售人员还要做到专注，要目视对方的双眉之间，让顾客感觉到汽车销售人员的专注，同时，身体前倾，左手拿本，右手拿笔，适当记录。让对方有跟我们一见如故的感觉。

（2）在报价签约环节汽车销售人员沟通中的"说"，必须要与顾客最关心的"利益"两个字有关系，这点如果发挥得比较好，客户就会很感兴趣，对销售人员的服务也会更加满意。

（3）在面对杀价时更要表现汽车销售人员的专业性，努力做到把"坚持公司产品的价格"和坚持"自我品牌的价值"看得一样重要，强调"物有所值"。同时，还要掌握讨价还价的技巧，如果客户在价格上要挟销售人员，就和他们谈质量；如果客户在质量上苛求销售人员，就和他们谈服务；如果客户在服务上挑剔销售人员，就和他们谈条件；如果客户在条件上逼近销售人员，就和他们谈价格。语言礼仪要求是面带微笑、控制语音、语速、语调，做到娓娓道来、不急不躁。

2. 报价签约注意事项

（1）汽车销售人员在报价签约过程要禁忌立即、直接回答；直接反驳。

（2）汽车销售人员经常出现的问题是缺乏足够的耐心、慌神且多言；过度兴奋或者表现出傲慢情绪。

思考与练习

1. 汽车营销顾问如何才能把握好试乘试驾礼仪流程，为顾客提供满意的服务？
2. 报价签约的过程礼仪要求是什么？

素养环节

如何培养乐观的心态

1. 学习辩证的看待问题

任何事物都有正反两面，看到困难问题时也要看到机会，事物的发展规律就是波浪式前进。汽车销售人员的成长之路一样是在面对激烈竞争、解决市场问题之中一点点积累经验，一次次的被客户否定之后仍不断摸索找到新的方法之后成长起来的。正所谓不经历风雨怎能见彩虹！

2. 在工作和生活中学习，不断发现和把握事物发展的规律

相对于其他业务员来说本月没有完成任务受到老板的批评，也没有发到奖金，这是一件坏事，但如果因此使业务员认识到自身的差距，转变工作的态度、学习业务技能、在领导的帮助下改进工作方法，那下个月业绩提高了，坏事就变成了好事。

礼仪小故事

曾子避席

曾子是孔子其中一个弟子，有一次他在孔子身边侍坐，孔子就问他："以前的圣贤之王有至高无上的德行，精要奥妙的理论，用来教导天下之人，人们就能和睦相处，君王和臣下之间也没有不满，你知道它们是什么吗？"曾子听了，明白老师孔子是要指点他最深刻的道理，于是立刻从坐着的席子上站起来，走到席子外面，恭恭敬敬地说道："我不够聪明，哪里能知道，还请老师把这些道理教给我。"

在这里，"避席"是一种非常礼貌的行为，当曾子听到老师要向他传授时，他站起身来，走到席子外向老师请教，是为了表示他对老师的尊重。曾子懂礼貌的故事被后人传诵，很多人都向他学习。

第四节 汽车售后服务礼仪

学习目标

了解汽车售后服务的整个流程及各个流程的主要任务、基本行为规范。初步形成汽车4S服务顾问岗位能力，为胜任服务顾问岗位工作奠定扎实的基本功。

素养目标

学会在工作中不推脱、不逃避、不找借口，提高责任意识。

礼仪格言

国尚礼则国昌，家尚礼则家大，身有礼则身修，心有礼则心泰。——颜元

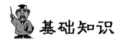

基础知识

优秀的产品和出色的服务是决定企业成功的关键因素。在成功地签订了购车协议之后，服务用户的工作主要由服务顾问负责。一流的售后服务是一个全方位的概念，可以确保用户在购车之后能持续地体验到汽车品牌及产品的承诺，并使客户产生因做出了正确的决定而放心的感受。作为汽车营销商，不仅要执行服务核心流程，还要让用户享受尊贵礼遇，这样才能既满足用户的高度期望，又可以为其带来新的惊喜。一流的售后服务在激发品牌忠诚度和再次购买同一品牌其他车型上扮演着非常重要的作用。

一、汽车售后服务概述

从应用范围分类汽车营销礼仪的售后服务部分应属于服务礼仪，而服务礼仪是服务行业的从业人员应具备的基本素质和应遵守的行为规范。由此可见，这些或称"流程及行为指导手册"，或称"标准售后服务流程"的主要功能，就在于规范服务人员的行为，其核心部分就是一种行为规范，是汽车营销服务人员在具备了一些专业、礼仪基本素养的基础上必须遵守的岗位行为规范。各大品牌汽车多建立了类似《流程及行为指导手册》之类的规章，为售后服务人员提供详细的指导，完善流程并建立以"提供一流服务"为核心的行为规范。

二、接车和制单

通过为预约所做的完全准备，能够展示经销商在接待用户方面具有高水准的服务能力，同时可以增强与用户的关系。这种情况下，核心内容从接待车辆转变为对用户的接待。当制定了预约时，会提前明确部分信息，以便在预约之前做好相应的准备。接车的结果是为车间制定清楚、明确的任务委托书，这能确保经销商高效的工作流程。

1. 用户的期望分析

（1）对于提前预约的用户，服务人员应该给予用户特别的专注。与用户的谈话是优先的并且不应该被打断。

（2）服务伙伴的所有员工应具有友好的个人形象。服务伙伴期待用户的光临并做好适当准备（用户停车位、清洁程度、欢迎、方向指引）。

（3）实施所有关于接车时间、替代交通工具、取车时间和报价的安排。

（4）准确及完整的车辆登记专家（服务顾问）准确完整地检查整个车辆（必要时进行路试），并记录用户的要求、问题和故障。服务顾问对于他发现的任何问题提出清晰、易于用户理解的解决方案。

（5）在任务单上书面总结并登记接待的所有结果并与用户签字确认：服务/维修范围；取车类型及时间；商议的价格或价格区间；用户如果需要，提供替换车。

2. 接车/制单流程要点及其要求

下面的基本要求和组织的总体条件应该满足完成在任意给定的时间内，按要求的标准进行接车登记的工作；规划停车位置（清楚地标明用户位置）；清晰的一级及二级标志（停车及步行方向指示）；执行诊断；如果可能，在直接接车处放置IT终端并能连接到所有相关的系统；任何必要的提示都要及时更新并且让用户都能清楚地看到。

3. 友好的接车

（1）核心信息：友善的个人形象会给用户一个良好印象，期待着用户的来访并将为此做好准备。

（2）负责人：服务顾问。

（3）辅助工具：停车/服务登记的图示、欢迎板。

（4）流程：好的指示牌（例如清楚的标记，充足可用的用户停车位，并靠近主入口），可确保用户在"到达"时感觉到很舒适。经销商的周边环境及服务中心要保持干净，组织良好、有序的印象。在用户去信息中心/服务登记的路上，（电子）欢迎板上应显示用户的名字来迎接用户。在用户名字旁边，欢迎板完美地显示已安排好的预约时间及服务顾问的名字。

（5）完成本流程必须遵守的行为规范

准时是用户表示礼貌的最好表现，用户一进门我们就对他保持关注。

规范行为：用眼神交流、友好的微笑或点头表示服务人员已注意到用户的到来。利用服务人员的外表、声音、眼神。服务人员的表情——一个微笑会产生奇迹。

禁忌：如果对用户视而不见，也不理睬他，这是极大的侮辱。这将告诉用户，"服务人员对我并不意味着什么"。装出来的微笑或对立的表情很容易被用户识别出。

4. 亲自欢迎

（1）核心信息：我们自豪地代表我们的公司。我们开诚布公地对待用户。

（2）负责人：服务顾问

（3）辅助工具：CRM系统

（4）流程：在信息/服务登记处，做好准备的服务顾问以用户尊称及友好的接待方式对用户表示欢迎；陪同用户去服务顾问的办公桌；与用户沟通之前商定好的预约事项。

（5）完成本流程必须遵守的行为规范

规范行为：欢迎用户光临经销商；陪同用户到服务顾问的办公桌；服务顾问欢迎他的用户；主动配合用户的视线高度，如果正坐着，此时必须站起来与用户保持同一高度，根据情况，与用户一起坐下，或在（用户）下一步的位置站立或蹲下相同的水平位置——相同的视线高度，避免了一方仰视或俯视另一方的情况；主动伸出右手与用户握手示意。注视用户，表示对用户的重视；如果用户有女士相伴，先向女士问候。"您好，我是某某，您的服务顾问。欢迎光临!"展开谈话,使用户感觉更放心地去接近服务人员。而且这也会创造一个愉快的氛围;与用户商定车辆登记所需的时间:"我们将用5~10分钟进行车辆登记,可以吗?"服务人员应让用户来决定他是否能够接受更新他的详细资料所用的时间;提供饮料。

禁忌:不要离用户太近。如果侵占个人空间,是不受欢迎的,用户会失去兴致,并变得带有侵略性而且很焦虑,这将在用户脸上表现出一种拒绝的表情。不要拒绝去握一只伸出的手。这是不礼貌的并且这是对用户缺乏尊重的表现。不要不提供饮料或限定选择,如果仅提供了咖啡,会显得并不愿意找出用户想要的饮料。

5. 预先谈论维修工作

(1) 核心信息:我们要对用户表示出专注。与用户的谈话是优先保证的,一定不要被打断。

(2) 负责人:服务顾问。

(3) 辅助工具:预约单、任务委托书、服务钥匙、路试清单、保护罩、手套(白色棉手套)。

(4) 流程:借助于预约单和准备的任务委托书,检查用户的情况及他的要求和希望,并确认通常的维修范围。在服务钥匙上保存的数据在这里能够起到作用。确保服务人员用的钥匙是用户上次开车的钥匙。如果用户有技术问题,服务顾问要与用户详细讨论。在这里,他决定是否需要与用户进行一次必要的路试。参考ElsaWin系统进行路试。当着用户面使用保护罩。

(5) 完成本流程必须遵守的行为规范

① 留意用户关注的问题。

规范行为:用一些确认词来表明自己正在注意倾听,例如"好的、我明白了、哦、是的、我理解"。这表明自己对用户关注的问题是感兴趣的。他会感觉到服务人员对他的尊重。

禁忌:避免在交谈过程中接电话或表现得不够积极。用户将变得局促不安并因此被激怒。从不在交谈中打断对方的谈话。由于打断而影响用户谈话的思路,以至于他不能完整地表达他的想法,这将会使用户的兴致受到打击。

② 认真对待用户的情况及期望。

规范行为:与用户商定维修需求,通过确认以获得用户的授权;重视用户关注的事情和用户的感受并认真对待:"根据您向我描述的情况,我将详细检查您的车辆并且在必要的时候进行路试,然后做出准确的诊断";对每一步进行示范,告诉用户服务人员想要做什么,边做边讲。服务人员正向用户表明服务人员已经在倾听并认真对待他的情况并关注他的直觉感受。这会使服务人员的用户感到受到了重视。

禁忌:不要忽略用户的感受,也就是说,如果用户认为他能听到车辆的异响,不要解释说:"那是不对的!"用户的感受是非常个人化的。如果服务人员不重视客户的感受,就是不重视用户本人。

③ 反复核对所有信息。

规范行为:确认从用户那里收集来的信息,对任何修正做好书面标记,如果必要时更新信息并将之传送到相应环节。通过反复核对信息,可以避免误解。告诉用户服务人员正在做什么，让他知道服务人员对他非常关注。

④总结用户需求并要求用户确认。

规范行为：总结要点并定时提及用户的名字（如果合适）。通过这样的行为，表明你正告诉用户在此时没有什么事是更加重要的了。

⑤提供路试服务（如果必要）。

规范行为：邀请用户参与路试（必要时）。这向用户表明服务人员明白他的需求。用户对于自己的情况是最了解的，并且比任何人更了解自己的车及存在的问题。

⑥确定试车时的驾驶员。

规范行为：让用户选择由谁在试车时驾驶车辆。始终将用户和用户的需求放在第一位。

⑦处理个人物品。

规范行为：始终亲手移交个人物品及文档。确保当服务人员做这件事时，服务人员的手是空着的。如果用户给了服务人员个人物品及文档或者如果服务人员正给用户个人物品及文档，确保服务人员的手是干净和整洁的。服务人员张开的手掌是对用户信赖的标志。

禁忌：从不在用户面前把经销商钥匙环（包含车牌号及用户名字）拴到用户的钥匙上。这会破坏用户对服务人员的个人信任。不要折叠或弄脏服务人员从用户接过来的文档或者服务人员交给用户的那些文档。仔细整理、清洁属于用户的文档及项目表明服务人员尽责的职业道德和对用户的重视。

⑧陪伴用户时候的适当行为。

规范行为：陪伴用户到展厅出口，并确保服务人员走在用户的左边。这向用户表明了服务人员对他的尊敬和重视；适当地介绍自己并陪同用户走到他的车旁。沿途向每个碰到的人打招呼。如果展厅门是向里开的，扶住门，保持开启，让用户先行。如果展厅门是向外开的，服务人员先行并为用户扶住门，保持开启状态。这向用户表明了服务人员对他的尊重及重视。

⑨帮助用户进入车辆。

规范行为：由于身材不同，所以要始终努力确保不会仰视或俯视对方，主动配合用户的视线高度；根据情况，与用户一起坐下或站在下一步的位置上或者蹲下。相同的水平位置——相同的视线高度，避免了一方仰望另一方的情况；必要时，为用户打开车门并帮助他进入。

⑩服务顾问驾驶车辆。

规范行为：套上保护罩并戴手套；在操作和驾驶用户车辆时，重视用户的车并悉心对待；尽量保持用户车辆的原始设置。如果不可能，则在路试之后把它们恢复原状。用户没有必要把精力放在重新设置个人车辆上。要尽可能向用户展示自己对他的重视以及尊重他的个人偏好（例如由他的身材决定的一些设置）；在打开行李舱、仪表盘下的手套厢等之前，要征求用户的同意。不要太靠近用户，应让用户决定你是否可以进入他的个人空间。

⑪执行路试。

规范行为：始终表现得愿意去帮助用户并谨慎地驾驶；给予用户及他的车全面的关注；服务人员的驾驶方式会反映出服务人员的沉稳，要根据掌握的故障情况调整路试；服务人员悉心地处理用户车辆以及在路上的风度和体谅不仅表明了对用户的关心，也体现对其他道路使用者的关心。

禁忌：即使是在对待其他道路使用者而不是针对用户，也不能用失礼的姿势或诅咒性的词语，不能表现出任何侵略性的行为。这表明服务人员是尊重他人的，用户会将服务人员对他人的行为联系到服务人员的个人行为上。

⑫路试后进行直接接车。

6. 在车旁全面商议

(1) 核心信息：服务是100%透明的，透明性对建立信任是至关重要并能增强用户的忠诚度。

(2) 负责人：服务顾问、直接接车助理。

(3) 辅助工具：汽车钥匙、钥匙标签、保护罩、服务工作、直接接车检查表。

(4) 流程：

①服务顾问从用户手中拿到钥匙并挂上钥匙环（包含车牌号，用户姓名）；推荐安排一名"直接接车助理"（服务员工中的一员）来协助服务顾问并确保流程运行流畅；直接接车助理从服务顾问那里拿来车钥匙，套上三件套，进行路试诊断，开展车辆初始检查（检查前后灯，标记车辆的任何损坏等）。服务顾问有了这项支持的优势是，在照顾用户时，服务顾问不会被打断；其他员工已做好初始工作；两个人同时做这项工作可减少相应的接车时间；服务顾问讨论所有任务委托书上的所需维修服务工作；对于直接接车，在清单上记录进一步的工作或安排。有两种车辆登记的方式：理想地，在直接接车时进行用户接待，在不同层面上评估车辆时，提供给用户进一步的维修服务（例如，由附件专家提供）。许多制造商比较推崇推荐直接接车。第二个选择也需要服务顾问参与进来与用户走到车辆处去讨论需要完成的维修服务工作。不用在车辆举升机处，而要在停车区域进行讨论。然而，对于这个方式有一些缺点——不能现场指出车辆的问题也不能积极地进行服务营销。

②把车开到直接接车工位上（举升机）。

③服务顾问记录的车辆状况及对用户情况的清楚分析。

④对用户进行维修范围的描述。

⑤积极的服务营销。

⑥确定车辆其他可能存在的问题并因此扩展维修范围。

⑦完成本流程必须遵守的行为规范：

a. 重视用户关注的事情和用户的感受

规范行为：与用户商定维修需求，通过确认以获得用户的授权。重视用户关注的事情和用户的感受并认真对待，可以说："根据您向我描述的，我将详细检查您的车辆并且在必要的时候进行路试，然后做出准确的诊断"；对每一步进行示范，告诉用户服务人员想要做什么，边做边讲。用户可能会看到服务人员很忙，但是可能不知道服务人员正在忙什么。如果这种情况持续一段时间，会使他不知所措。通过向用户解释，可以让用户参与进来。

禁忌：不要忽略用户的感受。

b. 记录、提出、论证诊断

规范行为：在诊断前告诉用户："我将详细检查车辆以便做出准确的诊断"；向用户描述服务人员正在做什么，这会让他更加理解并向他表明服务人员的工作方法是高水平和可靠的；评估整个车辆，记录用户愿望、问题、抱怨及故障。服务人员要让用户知道自己很关心他的安全，他的车辆的保值性以及他个人关心的问题。这些对服务人员都是很重要的；

提出的解决方案要清楚并易于理解。让用户确认他理解所讨论的每件事情。并不是所有问题都能第一时间被理解。如果服务人员能询问用户是否理解，这表明并不仅是对于事实的理解而且是理解了背景及内容。

c. 推荐额外的服务（特别的促销服务、车辆检查、内部清洁）

规范行为：利用每个与用户交流的机会来销售服务，用户将为之感谢服务人员。可以说，"我注意到了轮胎已经磨损了，而且快要达到安全线了。很高兴以优惠的价格为您定购一套新的轮胎。我会在系统中记录您需要再次检查轮胎的时间，所以您不必记住日期。必要时，我将在轮胎检测及更换前联系您。可以吗？"如果服务人员积极地为用户提供额外的适合用户的服务项目，不仅向用户表明服务人员对用户安全及车辆保值性的关心，也表明了服务人员对用户及用户需求的重视。

7. 总结所有的安排

(1) 核心信息：对接车时间、替代交通工具、取车时间、报价做出安排。

(2) 负责人：服务顾问。

(3) 辅助工具：ElsaWin—I时工位目录、任务委托书、保养表、ERP系统。

(4) 流程：

根据诊断，服务顾问总结的维修和服务工作范围包括额外工作，并在工作文件中记录更新用户不同意的任何有关安全的工作。服务顾问借助系统，能够回答用户关于检查和标准维修工作固定价格的质询或者在用户任务委托书上给用户标出的对应的价格。在检查的情况下，在ElsaWin系统中添加保养表中讨论过的额外工作、当前里程数并把任务委托书连同保养表打印出来。如果适合，应该与用户检查下列项目并添加或在任务委托书中标记：

①检查所有文档/随车工具（任务委托书、车辆/主钥匙、车辆行驶证等）。

②如果发生任务增项，确认费用界限；提供付款方式并让用户决定。

③确认维修期间用户的可联系性。

④必要时，检查、更新并确认可能的取车时间。

最后，服务顾问口头总结即将进行的工作；用户在任务委托书上签字并获得副本；服务顾问感谢用户的光临并道别；如果给用户安排了替换车，那么服务顾问陪同用户到替换车登记处。

⑤完成本流程必须遵守的行为规范：

a. 处理个人物品

规范行为：始终亲手移交个人物品及文档；确保移交个人物品及文档时手是空着的；用户给服务人员个人物品及文档或者服务人员给用户个人物品及文档时，必须确保手是干净的。服务人员张开的手掌是值得信赖的标志。

禁忌：从不在用户面前把经销商钥匙签（包含车牌号及用户名字）挂到用户的钥匙上。这与对用户的尊重是相抵触的；不要折叠或弄脏从用户手中接过来的文档或者那些交给用户的文档。仔细地整理、清洁属于用户的文档及物品表明服务人员尽责的职业道德和对用户的重视。

b. 价格透明

规范行为：在任何时候，必须能解释标准工作及额外服务项目的价格；如果不能清楚地阐述价格，问清楚后给用户打回电话。这将保证服务人员的服务是透明的；协议是约定的。告知用户在服务完成之前，用户将收到书面形式的报价。努力提供给用户足够的信息表明服务人员没有隐瞒什么并且服务人员认同并遵守服务的价值；在每次解释之后，询问用户是否理解了所有的价格并向用户强调用户的功能及情感性目的："那么您能在下次去长途旅行时放心驾驶，因为您知道您的车得到了很好的服务。"在没有认识到服务活动进行的目的时，用户主要把服务活动看作是一种财务负担；如果服务人员能让用户更加明确服务活动目的，不仅向用户表明服务人员对用户安全及用户车辆保值性的关心，也可以积极地销售服务项目。

c. 提供多种付款方式并让用户决定

规范行为：让用户确认他对付款方式的选择感到很满意，可以说："您想如何进行付款？"提供选择方式，描述区别及利弊。用户喜欢能够自我决定的感觉，不同方案的选择能满足这种期望，这对提升用户的满意度有积极的影响。

d. 总结用户需求并要求确认

规范行为：在每次解释之后，询问用户是否明白了价格构成并强调它们的功能及情感利益。这能向用户表明服务人员对他是诚心诚意的。通过解释每一步，有助于用户更好的理解并帮助他明白对他的益处。

e. 对变化优先提醒

规范行为：服务人员要向用户确保可提前通知任何变化："您能否告诉我您的电话号码，以便当有任何变化时，我们能提前通知到您？如果我们联系不到您，可以给您留言或发短信息吗？"让用户决定通知方式以及他想用的联系号码。

f. 使每次谈话的结束规范化

规范行为：创建一个包含最重要信息的表格（服务顾问的名字、接车时间、接车方式、替换车、初步的取车时间；价格、维修服务范围、必要的文档和停车/维修登记示意图），并把这个表格通过电子邮件、信件或传真的方式发给用户；询问用户是否每件事都清楚了："你是否都清楚了？"询问用户是否完全明白能确保用户的满意；致谢，"谢谢，占用您的时间了！"服务人员的致谢表明对用户的重视；表达愉悦。"我期待着令您满意地完成您的任务委托书。"向用户表达服务人员的愉快可以展现亲和力以及对用户的重视。

g. 签署任务委托书

规范行为：作为一个象征，递给用户纪念笔来签署任务委托书。这意味着用户赋予服务人员一项艰巨的任务。

h. 陪同用户到替换车登记处的办公桌

规范行为：陪同用户到替换车登记处的办公桌；途中，以友好的方式向每个人打招呼；将用户介绍给替换车登记人员；向用户表明自己为自己的公司感到自豪并且表明个人接触对自己来说是很重要的；确保走在用户的左侧，这是一个对用户尊重和重视的特殊信号。

i. 感谢用户惠顾并道别

规范行为：主动伸出右手，用坚定的握手向用户道别。注视着用户并说："某某职务、姓名的女士/先生，感谢您的惠顾和信任！再会！"甚至当告别时，服务人员要给予用户全部的关注并表明自己期待着下次的见面。这向用户表明自己的重视及用户信任对自己来说是很重要的事实。

j. 完成替换车的租赁协议——替换车登记人员接替服务顾问完成补充登记讨论的任务

规范行为：服务顾问登记流程的同时，替换车登记人员完成租赁协议（替换车）。这么做的结果是服务人员能缩短用户在经销商的时间，用户不会对烦琐的手续感到有任何负担。

k. 把经销商钥匙签挂到钥匙上——替换车登记人员接替服务顾问完成补充登记讨论的任务

规范行为：服务顾问正在处理用户所关心的事情的过程中，当完成检查时，替换车登记人员准备一个将挂到车钥匙上的钥匙签（车牌号、用户姓名）。这么做的结果是能缩短用户在经销商的时间，也能避免钥匙的混淆。

8. 移交替换车并道别

（1）核心信息：从不让用户在没有交通工具的情况下离开。因此要有100%机动性保障的解决方案。

（2）负责人：替换车登记人员。

（3）辅助工具：驾驶证、租赁车协议。

（4）流程：替换车登记人员检查用户的驾驶证并完成租赁协议。用户签字并保留副本。替换车登记人员陪同用户到车旁，解释车辆的特点，再次对用户的惠顾表示感谢并道别。

（5）完成本流程必须遵守的行为规范：

①令用户惊喜—小动作——大印象。

规范行为：替换车应是最好的销售产品。选择适合用户形象的车型令用户感到惊喜。不需要服务人员做任何事情，只要让用户通过替换车方式进行试驾就可以了。这对于服务人员是没有任何销售压力的展示新车型的绝佳机会。

②陪同用户到替换车旁。

规范行为：陪伴用户到出口，并确保服务人员走在用户的左边，服务顾问对客户关怀负责，包括确保从不把用户单独留在经销商那里；适时地介绍自己并陪伴用户走到替换车处，要向沿途遇到的每个人打招呼；如果展厅门是向里开的，扶住门，保持开启，让用户先行，如果展厅门是向外开的，服务人员先行并为用户扶住门，保持开启状态。这向用户表明了服务人员对他的尊重和重视。

③帮助用户进入车内。

规范行为：由于身材不同，所以服务人员要始终努力确保不出现仰视或俯视对方的情形，要主动配合用户的视线高度。根据情况，与用户一同坐下、站在下一步的位置或蹲下。必要时，为用户打开车的车门并帮他进入。以相同的水平位置——相同的视线高度，避免了一方仰望另一方的情况。这些都让用户感到自己受到了重视。

④骄傲地介绍并展示车的操作方法。

规范行为：让这一刻给用户留下深刻的印象。每个车型都是企业的代言人。

⑤感谢用户惠顾并道别。

规范行为：主动伸出右手，用坚定的握手向用户道别；注视着用户并表示："某某职务、姓名的女士/先生，感谢您的惠顾和信任！再会！"；甚至当告别时，服务人员要给予用户全部关注并表明自己期待着下次的见面。这向用户表明服务人员对他的重视及他的信任对自己来说是很重要的事实。

9. 向车间发送任务委托书计划

（1）核心信息：我们内部的IT系统对我们的沟通进行支持。之后我们能够为用户提供更完整更专业的服务。

（2）负责人：服务顾问、车间班组长。

（3）辅助工具：任务委托书、保养表。

（4）流程：服务顾问立即将清晰书写的维修任务书连同完成的文件和保养表（额外任务的）移交给车间。根据经销商的大小及运行结构，或者通过任务委托书直接地交给维修技工或者将任务委托书交给班组长，班组长负责分配维修技工的任务以及按时完成工作。

（5）完成本流程必须遵守的行为规范：

①把所有收集到的信息存储在IT系统中。

规范行为：仔细更新核心用户资料，为新用户完整地创建数据并且谨慎地处理信息。要有责任心地处理这些信息并会收到持久的效果。统计数据表明，至少每14个月，用户的4项基本信息中（车主、地址、电话、电子邮件）至少一项会发生改变。最新的用户数据库对公司来说有不可估量的价值。利用每一次机会来更新用户的详细资料，销售人员对这些信息也是需要的。

②用户档案——职责。

当用户档案在服务人员的手中时，服务人员承担着责任。要做好用户档案，档案内容包括：

第一页：用户简介。

第二页：驾驶证的复印件。

第三页：车型。

第四页：车辆行驶证。

第五页：获取的数据。

第六页：预约单。

第七页：车辆历史，结果，车辆基本特征、召回、车辆信息反馈单。

第八页：任务委托书。

第九页：保养表。

第十页：分订单。

第十一页：租赁车协议。

③如何处理用户档案。

规范行为：更新文档中的数据，负责人能迅速找到他想要的服务人员的职责包括更新用户档案。这么做确保每个负责人的责任；在用户档案中的每一页上签字。服务人员的签字确认了服务人员已完成了服务人员的工作，只有当服务人员在每页都签字后，服务人员才能将这份档案交给下一个负责的人。

④移交用户档案——把职责转给车间班组长。

规范行为：像上面那样，准备用户及车辆数据（用户档案）并将之移交给负责的服务顾问（口头及书面）。这将确保流程顺畅。服务人员的工作方法要符合相应品牌的要求。这是建立在100%专业知识的基础上，并结合服务人员在工作中的条理性和自我掌控的能力。

⑤用可靠的方式将所有信息移交给车间班组长。

规范行为：培养团队合作精神；服务人员不是孤军奋战的士兵，要信守承诺；流程的各阶段在结合点处将职责移交给不同的角色；经常会出现的是，工作在这些结合点上被打断或延迟；所以结合点常常是执行的弱点。

三、修理/进行工作

修理/进行工作即服务核心流程的第四步，服务人员需要满足用户对经销商的基本期望。现在的问题是"准确、完整地完成所有任务委托书中指定的任务"。用户理所应当地会认为用户有权获得优质的维修保养服务。他相信服务人员能提供这种服务。并且这就是他要为之付款的东西。当安排预约、准备预约和接车时，用心准备，这是高质量工作和高效流程的基础。

1. 用户的期望分析

优质的维修服务工作依照制造商技术标准及指南，用心正确全面地完成所有任务；如果发生变化，提前通知用户；如果达成的协议中有不能满足的，提前通知用户；服务/修理范围；取车类型及时间；商议的价格或价格区间；保证商议的安排顺利完成是用户基本的要求。

2. 基本要求

为车间准备好所需的IT系统，提供所有车辆的详细服务及修理信息。确保检查和测量的设备、专用工具及设施是有序放置、整洁、工作正常的。使用透明车间管理系统。有足够数量的有资质的维修技工、机电工程师和服务技术人员，并通过服务培训资格认证系统对员工持续的培训。同下一个流程的负责人对即将进行的修理任务进行清晰、完整的沟通。

3. 修理/进行工作流程步骤概述

分派任务委托书；记录任务花费的时间；系统诊断/故障排除；认真负责地完成工作；对任何必需的任务增项，给出迅速的通知；如果任务发生变化，给出迅速的通知；记录状态；移交给质检员。

（1）分派任务委托书

①核心信息：用户理所应当地认为有权获得优质的维修服务，因此我们要遵守对用户做出的承诺。

②负责人：车间班组长、维修技工。

③辅助工具：任务委托书，透明四间管理系统。

④流程：各阶段在结合点处将职责移交给不同的角色。经常会出现的是，工作在这些结合点上被打断或延迟，所以结合点常常是弱点。

四、交车流程阶段的概要

友好的接待及欢迎；检查并收回替换车；关于维修服务及发票/结算单的全部信息；付款；用户档案的移交；移交车辆；与用户沟通维修相关的信息。

1. 友好的接待及欢迎

规范行为：用眼神交流、友好的微笑或点头示意来表达服务人员已注意到用户的到来。利用好服务人员的外表、声音、眼神。服务人员的表情——一个微笑会产生奇迹。

禁忌：对用户来说，没有比被忽视、不被理睬更大的侮辱。这告诉用户，"服务人员对我没有什么"。一个装出来的微笑或对立的表情很容易被用户看到。

2. 检查并收回替换车

(1) 核心信息：每个用户对我们都是很重要的。每个负面的评价代表着一个我们可以改进的机会。每个正面的评价都会激励我们做得更好。

(2) 负责人：服务顾问，替换车登记人员。

(3) 辅助工具：结算单。

(4) 流程：服务顾问询问用户是否对替换车满意并收回钥匙。在 ERP 系统中的用户记录中添加用户的所有反馈并同时通知销售部。陪同用户到服务台，服务顾问负责为用户交车并解释结算单。同时，替换车登记人员开始对替换车是否有损坏进行目视检查，标记里程数并检查燃油液位。

3. 关于维修服务及结算单的全部信息

(1) 核心信息：正确地给用户开具结算单能体现出服务的透明化及专业化，并提升用户的忠诚度。

(2) 负责人：服务顾问。

(3) 辅助工具：结算单、替换的备件。

(4) 流程：对完整的结算单给出清晰的解释，解释已完成的工作（必要时，在车辆旁进行）和结算金额是如何计算出的；解释索赔及优惠索赔的维修项目；指出潜在的没有处理的问题，或者我们即将要解决的问题；展示更换下来的旧件（如果用户要求）；服务项目的概况（机动性保障，服务活动等）；解释并提醒下次进厂服务的时间。

(5) 完成本流程必须遵守的行为规范

价格透明规范行为：向用户介绍结算单以便让他很容易地读取到所有的条目；使用指示工具（纪念笔）来指出正解释的条目，努力提供给用户足够的信息会表明服务人员没有什么隐藏的，服务人员的服务是物有所值的；在每次解释之后，询问用户是否明白了价格构成并强调它们的功能及情感利益，"那么您能在下次去长途旅行时放心驾驶，因为您知道您的车得到了很好的服务。"因为在没有认识到服务活动进行的目的时，用户主要把服务活动看作是一种财务负担。如果服务人员能让用户明确服务活动目的，不仅向用户表明服务人员对用户安全及用户车辆保值性的关心，也正积极地销售自己的服务项目。

4. 付款

(1) 核心信息：给予优质产品表明了让用户支付的款项更有价值，这是物有所值的。

(2) 负责人：结算员。

(3) 辅助工具：任务委托书。

(4) 流程：在登记处为用户用商议的付款方式开具发票并在任务委托书上标记。发票总体上要与登记时制定的费用或商议的价格界限一致。

(5) 完成本流程必须遵守的行为规范

①现金付款。

规范行为：服务人员了解自己提供的服务的价值并且用户愿意支付真正相符的价格。这是唯一保证公司效益的方法。

禁忌：如果从用户那里接到现金，不要当着用户验钞，这是一个明显不信任的信号。

②信用卡。

规范行为：如果无法支付的问题出现应向用户表明："对不起，我们的数据暂时连接不上（或者我们的读卡器出现了故障）。如果您愿意的话，您可以用现金支付账单。"这可以使服务人员避免把可能出现的信用卡无法支付问题归咎于用户。

③收据。

规范行为：确保排列好发票、结算单和收据后，再在边缘后盖章，这可保证标志和其他重要的细节不被覆盖；把文档折叠成三个部分，确保每个部分是等尺寸而且边缘是整洁、平整的，并征询用户："我把发票、结算单折叠后放进一个信封，可以吗？"这向用户表明为他服务的经销商是干净、整洁地进行工作。

禁忌：如果服务人员的手是脏的，不要折叠纸张。这将在纸上留下难看的印记。

5. 用户档案的移交

（1）核心信息：为所提供的服务而骄傲且通过悉心地处理文档记录和更新记录的方式来证明。

（2）负责人：结算员、服务顾问。

（3）辅助工具：任务委托书、用户发票/结算单、名片、保养表、车辆行驶证、车钥匙、小册子。

（4）流程

结算员现在将所有相关文档移交给用户。这包括：已完成并盖好章的任务委托书；装在发票信封里的用户发票/结算单；在担保期内的任何已实施的工作的建议；（服务顾问的）名片；当前提供的项目、服务行动或新产品发布的详细资料；已签字的保养表；车辆行驶证；车钥匙（直到交接）；适用时，机动性保障手册。

（5）完成本流程必须遵守的行为规范

①把发票/结算单递交给用户（带有惊喜）。

规范行为：在发票信封中放置服务礼品（例如，巧克力）。礼品会增进友谊。服务礼品会使用户对发票/结算单感到愉快。

②感谢用户惠顾并道别。

规范行为：主动伸出右手，通过坚定的握手向用户道别。注视着用户说："某某职务、姓名的女士/先生，感谢您的惠顾和信任！再会！"这会传达出自己很期待用户的再次到来的愿望。

③服务顾问陪同用户进行交接。

规范行为：陪同用户到达出口；途中，友好地向每个遇到的人问好。这向用户表明：服务人员是为自己的公司感到骄傲，并且这种个人的接触是很重要的；确保服务人员走在用户的左侧。这是一个对用户尊重和重视的特殊信号；如果展厅门是向里开的，扶住门，保持开启，让用户先行。如果展厅门是向外开的，服务人员先行并为用户扶住门，保持开启状态。清理路上的障碍物，尽可能使通向用户车辆的路干净、整洁。

6. 移交车辆

（1）核心信息：提供给用户符合所经销的品牌的服务体验。任务是服务体验和我们自己的骄傲及快乐所传递的体验，给用户一次令人印象深刻的品牌体验。

(2)负责人：服务顾问。

(3)辅助工具：位置图。

(4)流程：服务顾问陪同用户共同交车。交车有多种选择：送车服务，晚间取车。

(5)完成本流程必须遵守的行为规范：

①在用户车辆旁直接交车。

规范行为：在用户车辆旁与用户谈论按照接车时的约定已执行了的修理和服务。这种方式能展示出经销商高水平的服务，并巩固用户对我们的信任。

②使用抛光布。

规范行为：使用抛光布。这意味着服务人员会随时去除可能会在车上发现的任何痕迹。

③去除保护罩。

规范行为：去除车间用的保护罩，认真确保内部没有污渍或尘土。这向用户表明服务人员对他的车辆进行了干净整洁的处理。

④从车钥匙上去除经销商钥匙签。

规范行为：用抛光布擦干净用户的车钥匙。随着时间的推移，尘土会在车钥匙的凹槽中沉积。

⑤在车辆仪表台上留下一个小礼物。

规范行为：在车辆的仪表台上放置一块擦玻璃的抹布，或者一块玻璃抛光布，带有题字："我们关注您的视觉感受。"如果可以，在旁边放置一个内部的反馈调查问卷。用户将会非常喜欢这样的小礼物。

⑥针对个人的"感谢"。

规范行为：感谢用户的信任并交给他一张名片。向用户展现公司的所有员工都在为了他的安全和舒适提供优质维修服务。而且这正是令服务人员骄傲的事情。从用户档案中删除第三页——"车型"（这页没有被替换并且应该包含所有与服务核心流程有关的人员签字），把它折起来并交给用户，作为一种"感谢"。这强调了经销商的私人化接触。

⑦交接/接收名片。

规范行为：把名片交给用户，而且这么做的时候要看着用户，名片应该始终看起来像"新的"，服务人员正向用户表明自己的重视；如果用户给了服务人员名片，要先仔细认真地阅读。这表明自己是重视用户的。

禁忌：服务人员的名片应该是没有折痕和没有弄脏的，清洁和整齐是服务人员应优先考虑的事，名片是经销商和服务人员自己的使者；如果用户给了服务人员名片，不要不看就放在一边。

⑧感谢用户惠顾并道别。

规范行为：主动伸出右手，用坚定的握手向用户道别。注视着用户。这表明了服务人员对用户非常重视；征询用户收集反馈信息时间："我可以通过电话在接下来的两天里联系您吗？什么时间对您来说合适？星期二的下午2：15还是星期五的8：15？"服务人员应该很自然地想知道所有做完的事情是否达到了用户的要求；打开直接接车的大门，并驶出用户车辆并为用户离开做好准备。如果服务人员留下用户单独驾车离开直接接车区域，会令用户感到不安；告别："××职务、姓名的女士/先生，感谢您的惠顾和信任！再会！"这表现服务人员非常期待与他再次相见。

⑨一个服务活动就是一次服务体验。

规范行为：象征性地用抛光布擦拭车的标志。这表明服务人员极为重视并尊重自己所经销的品牌。

思考与练习

1. 汽车售后服务流程的接车、制单的主要环节及规范行为是什么？
2. 交车流程阶段的主要内容是什么？

素养环节

学会在工作中不推脱、不逃避、不找借口，提高责任意识

工作中之所以存在推诿、拖拉、消极应付等现象，究其原因，在于个人责任意识缺失。为了强化责任意识，我们往往注重在制度建设上做文章，所立规章可谓很多，所划职责可谓很细，但没有了个人的主观努力，任何规章制度的执行都会大打折扣，最终难免流于形式。提高个人责任意识，才是解决问题的根本。首先，要正确认识自己的职责。我们每个人所处的岗位既是资源，更是责任，只有做好本职工作，才能实现个人价值，才有获得更大进步的机会。"我是一切的根源"，原因在我，行动在我，成败在我。

附　录

附录Ⅰ　售后服务流程

环节	步骤	考察对象	考察点	权重
电话预约	接听	电话接听人员	工作人员是否在电话铃响3声内（音乐彩铃8秒内）接听电话？电话延迟接听扣1分，无人接听扣2分。	2
			工作人员是否首先向您问候（或彩铃播报问好）？没有问候或使用不标准用语问候扣1分。	1
			工作人员是否主动报出经销店名称（或彩铃播报店名）？没有报出扣2分，使用不标准用语报出扣1分。	2
			工作人员是否主动询问您的电话来意？没有询问或使用不标准用语询问扣1分。	1
			工作人员是否主动问您什么时候过去做维修/保养？没有询问扣1分。	1
			工作人员是否主动询问或核对了您的姓名和电话号码？少询问一项扣1分。	2
			工作人员是否主动询问了您的车型及车牌号？少询问一项扣1分。	2
	挂断		工作人员是否主动询问了您的行驶里程和保养间隔？少询问一项扣1分。	2
			电话结束时工作人员是否向您致谢或祝福？没有致谢或祝福扣1分。	1
			工作人员是否再次确认了您的预约日期和时间？少询问一项扣1分。	2
			工作人员是否在您挂断电话之后才挂断电话？工作人员提前挂断电话扣1分。	1
入场接待	进入	服务顾问	等候服务顾问接待您之前是否有其他人员（助理服务顾问或保安）引导您？停车时和进入售后接待大厅时如无人引导，每项扣1分。	2
			服务顾问（助理服务顾问）是否在车辆停稳后30秒内主动上前接待？无人接待扣2分，超时接待扣1分。	2
	仪表		服务顾问（助理服务顾问）是否穿着统一制服、是否干净整洁、佩戴统一铭牌？没穿制服扣2分，穿着制服不干净整洁或没戴铭牌各扣1分。	2

续表

环节	步骤	考察对象	考察点	权重
入场接待	接待	服务顾问	服务顾问（助理服务顾问）是否主动向您问好，服务顾问（助理服务顾问）是否在您走近时站立问候，所有员工进入您2米范围内是否主动热情，面带笑容和您打招呼"您好"？无人主动面带笑容问好扣4分，服务顾问（助理服务顾问）主动面带笑容问好，其他人员在2米范围内不主动面带笑容问好扣2分，服务顾问（助理服务顾问）在您走近时没有站立问候扣2分。	4
			服务顾问（助理服务顾问）是否主动介绍自己或递给您名片？没有主动介绍自己或递名片扣2分，递名片方式不标准扣1分。	2
			服务顾问（助理服务顾问）是否主动为您提供饮水或饮料？没有主动询问和提供饮水或饮料扣2分，主动提供饮水或饮料但提供缓慢扣1分。	2
			服务顾问（助理服务顾问）与顾客交谈时是否存在任何不良语气或手势，是否在接待过程中全程使用文明敬语。存在不良语气或手势扣2分，未使用"您好、请、谢谢、对不起、再见"等文明敬语扣2分。	2
			经销店是否已知悉您是预约客户前来保养/维修并做好相应工作准备？不能知悉您的信息或未在系统中做预约登记扣2分，未准备预约工位、技师和配件扣2分。	2
			服务顾问（助理服务顾问）是否请您提供《保修手册》？没有主动要求您提供《保修手册》扣2分，在接待环节后再主动要求您提供《保修手册》扣1分。	2
问诊及诊断	受理及环检	服务顾问	是否提醒您保管车内的贵重物品并与您当面进行登记确认？没有主动提醒您保管扣2分，有主动提醒但未当面进行登记确认扣1分。	2
			服务顾问（助理服务顾问）是否当您的面安装座椅套、方向盘套、脚垫？未套三件套扣3分，未当您面套三件套扣2分。	3
			服务顾问（助理服务顾问）是否有当面检查车内的功能件（仪表、导航、CD机等系统），并与您确认？未检查车内功能件扣2分，未当面确认扣1分。	2
			服务顾问（助理服务顾问）是否有检查车辆外观、内饰和玻璃，并与您当面进行确认？未检查外观、内饰和玻璃扣3分，未当面确认扣2分。	3
			服务顾问（助理服务顾问）是否仔细询问您的维修/保养需求？未仔细询问扣2分。	2
			服务顾问（助理服务顾问）是否复述了您的维修/保养需求以确保您的需求被了解？未复述您的维修/保养需求扣2分。	2

续表

环节	步骤	考察对象	考察点	权重
问诊及诊断	受理及环检	服务顾问	服务顾问（助理服务顾问）是否将您的需求和描述进行书面记录，是否使用较专业语言在《接车检车清单》（沃尔沃品牌）、《维修委托书》（捷豹、路虎品牌）、《维修接车单》（克莱斯勒品牌）上填写维修/保养项目？书面记录漏项或不详细扣2分，未使用较专业语言填写扣1分。	2
			服务顾问（助理服务顾问）是否记录了里程、油量、备胎工具、收音机频率等信息？未详细记录相关信息扣2分，未当面记录扣1分。	2
			服务顾问（助理服务顾问）是否主动询问您的车辆是否还有其他故障？未主动询问和记录扣2分。	2
			服务顾问（助理服务顾问）是否主动询问您需要保留更换下来的旧零件？未主动询问扣1分。	1
			服务顾问（助理服务顾问）是否询问您的付款方式？未主动询问扣1分。	1
			服务顾问（助理服务顾问）在完成上述检查后，是否出示《接车检车清单》（沃尔沃品牌）、《维修委托书》（捷豹、路虎品牌）、《维修接车单》（克莱斯勒品牌）与您进行过书面确认？未出示相关单据扣2分。	2
			服务顾问（助理服务顾问）是否请您在《接车检车清单》（沃尔沃品牌）、《维修委托书》（捷豹、路虎品牌）、《维修接车单》（克莱斯勒品牌）上签字确认？未请您签字确认扣2分。	2
制单	估价	服务顾问	服务顾问（助理服务顾问）是否与您核对客户信息（包括姓名，电话及住址）及车辆信息？未核对扣4分，核对信息漏项则每项扣2分。	4
			服务顾问（助理服务顾问）是否有查看历史维修记录？未通过系统查看历史维修记录扣2分。	2
			服务顾问（助理服务顾问）是否向您出示《施工单》？未出示《施工单》扣2分。	2
			服务顾问（助理服务顾问）是否主动向您说明《施工单》上的维修/保养内容？未主动向您说明扣2分。	2
			服务顾问（助理服务顾问）是否主动向您解释各项费用的构成？未主动解释各项费用构成扣2分。	2
			服务顾问（助理服务顾问）是否介绍经销店服务项目与价格明细公示板（不含车用养护品）？未介绍公示板扣2分。	2
			服务顾问（助理服务顾问）是否主动向您说明维修/保养所花时间？未主动说明所花时间扣2分。	2

续表

环节	步骤	考察对象	考察点	权重
制单	估价	服务顾问	服务顾问（助理服务顾问）是否主动有和您确认洗车？未主动和您确认洗车扣2分。	2
			服务顾问（助理服务顾问）是否有提醒您不可单独进入车间，如需进入将会陪同？未提醒您不可单独进入车间扣2分，未陪同扣2分。	2
等待休息	引导	服务顾问	服务顾问（助理服务顾问）是否询问您是留店等待还是离开，或直接建议顾客到休息室休息？未询问留店等待还是离开扣1分，未建议去休息室扣1分。	2
			服务顾问（助理服务顾问）是否指引或带领您到客户休息室内休息？未引导或带领您去客户休息室扣2分。	2
			当等待时间超过1小时时，服务顾问（助理服务顾问）是否有主动向您说明进度？超时1小时未主动向您说明进度扣2分。	2
增加项目	处理增加项目	服务顾问	当有增加项目发生时，服务顾问（助理服务顾问）是否马上向您说明了增加项目的作业内容？未发现增加项目扣全部12分。未马上向您说明增加项目扣2分。	2
			服务顾问（助理服务顾问）是否主动向您说明了增加项目的必要性？未发现增加项目扣全部12分。未合理向您解释说明增加项目的必要性扣2分。	2
			服务顾问（助理服务顾问）是否向您解释了增加项目的费用构成？未发现增加项目扣全部12分。未合理向您解释说明增加项目的费用构成扣2分。	2
			服务顾问（助理服务顾问）是否在《施工单》上填写明确的增加施工项目和价格？未发现增加项目扣全部12分。未在《施工单》上填写明确的追加施工项目和价格扣2分。	2
			服务顾问（助理服务顾问）是否请您在《施工单》上再次签字确认？未发现增加项目扣全部12分。未主动要求您在《施工单》增加项目上签字扣2分。	2
			服务顾问（助理服务顾问）是否与您重新确认交车时间？未发现增加项目扣全部12分。未主动与您重新确认交车时间扣2分。增项没有记录完工时间视为不合格扣2分。	2
交车	通知	服务顾问	服务顾问（助理服务顾问）是否通知您完成了维修？没有通知扣2分。	2
			经销店是否在双方事先约定的时间完成维修/保养？预计交车时间如增项后以增项预估为准，准确率≥95%。低于95%扣2分。	2
			本次维修/保养是否一次完成？如果未一次完成所有交修项目则扣2分。	2

续表

环节	步骤	考察对象	考察点	权重
交车	效果展示		服务顾问（助理服务顾问）是否引导您做维修/保养效果展示？未引导并作应有的效果展示则扣2分。	2
			服务顾问（助理服务顾问）是否陪同您复查车辆外观？未陪同复查车辆外观扣2分。	2
			服务顾问（助理服务顾问）是否向您展示了更换下来的旧零件？未展示旧零件扣2分。	2
			车辆外部及内部是否干净整洁？车辆外部及内部有任何不干净整洁的地方扣2分。	2
	结算	服务顾问	效果展示说明后，是否有出示《施工单》？未出示《施工单》扣2分。	2
			《施工单》上有无技师或车间主管（质检人员）的完工签字？《施工单》上缺少技师签字扣1分，缺少车间主管（质检人员）签字扣1分。车间主管（质检人员）签字或体现在《维修质量控制检查单》、《保养检查清单》或《完工检查单》上。	2
			服务顾问（助理服务顾问）是否向您出示《结算单》？未出示《结算单》扣2分。	2
			服务顾问（助理服务顾问）是否主动向您解释《结算单》的维修内容？未主动解释《结算单》上的维修内容扣2分。	2
			服务顾问（助理服务顾问）是否主动解释《结算单》的维修费用？未主动解释《结算单》上的维修费用扣2分。	2
			是否与估算价格一致上下浮动10%范围内（以C6系统结算单为准）？估算价格超出上下浮动10%范围扣2分（以C6系统结算单为准）。	2
			服务顾问（助理服务顾问）是否请您在《结算单》上签字确认？未请您在《结算单》上签字扣2分。	2
			服务顾问（助理服务顾问）是否将《结算单》交给您？未将《结算单》交给您扣2分。	2
			服务顾问（助理服务顾问）是否将您引导到收银台？未主动引导您到达收银台扣2分。	2
	收银	财务人员	财务人员是否向您问好？未主动问好扣1分。	1
			财务人员是否向您确认费用总额，财务人员是否全程站立微笑服务，唱收唱付？未与您确认费用总额扣1分。财务人员未全程微笑站立式服务扣1分。未唱收唱付扣1分。	3
			财务人员或服务顾问（助理服务顾问）是否询问您采用哪种付款方式？未询问您采用哪种付款方式扣1分。	1
			服务顾问（助理服务顾问）是否有代替收银收款现象？如有非财务人员代替您收银收款现象直接扣4分，并将相关信息上报至集团。	4

续表

环节	步骤	考察对象	考察点	权重
交车	收银	财务人员	财务人员是否将发票等装在信封内给客户？未开发票扣2分，未装入信封扣1分。	3
			费用收取完成后，财务人员或服务顾问（助理服务顾问）是否有向您致谢？未致谢扣1分。	1
	交车	服务顾问	服务顾问（助理服务顾问）是否将《保修手册》交给您？未将《保修手册》交给您扣2分。	2
			《保修手册》相应位置是否有本次保养的记录？未在相应位置记录本次保养的记录（一般维修项目除外）扣2分。	2
			服务顾问（助理服务顾问）是否有向您说明预约的好处？未向您阐明预约的好处扣2分。	2
			服务顾问（助理服务顾问）是否向您说明下次保养的里程数及时间间隔？未向您明确说明下次保养的里程数和时间间隔扣2分（一般维修项目除外）。	2
			服务顾问（助理服务顾问）是否向您说明保养后将会有满意度调查？未向您说明将会有满意度调查扣1分。	1
			服务顾问（助理服务顾问）是否询问您偏好的服务跟踪方式？未询问扣1分。	1
			服务顾问（助理服务顾问）是否询问您方便联系的时间段？未询问扣1分。	1
			服务顾问（助理服务顾问）是否向您展示车上的400宣传贴纸或经销商接待大厅的400宣传图？未展示扣1分。	1
			服务顾问（助理服务顾问）是否陪同您取车？未陪同扣2分。	2
			服务顾问（助理服务顾问）是否当着您的面取下车内维修防护用品（座椅套、方向盘套、脚垫）？未当面取下扣2分。	2
			服务顾问（助理服务顾问）是否有向您道别并感谢您再次光临？未道别并感谢您再次光临扣1分。	1
			服务顾问（助理服务顾问）是否目送您离店？未目送离店扣2分。	2
紧急救援	救援电话	救援接线员	经销店是否提供救援服务？如以任何缘由回复无救援服务扣1分。	1
电话回访	电话回访	回访员	在约定的时间内，有专员对您进行回访（两日内）？未回访或未在规定时间内回访扣2分。	2
			跟踪回访时，对方首先自报店名和姓名？未自报店名和姓名扣1分。	1
			对方询问了您对这次维修服务是否感到满意？未用标准用语询问扣1分。	1
			对方询问了您对该店售后服务的意见和建议？未用标准用语询问扣1分。	1
			回访结束前，对方表示感谢或礼貌道别？未感谢和道别扣1分。	1

续表

环节	步骤	考察对象	考察点	权重
	环境及硬件设施			
接待区	标志/告示牌/画		接待大厅是否有明显的标志？未发现明显标志扣1分。	1
			是否标明营业时间并公示24小时服务电话？未发现公示的24小时服务电话（以400电话为准）扣2分。	2
			客户休息区或者接待大厅是否明示配件、工时价格表（不含车用养护品）？未发现明示配件、工时价格表（不含车用养护品）扣2分。	2
	清洁/整洁		接待大厅是否保持整洁、有序？接待大厅未能保持整洁、有序扣2分。	2
			服务顾问台是否保持干净，不堆放杂物？未保持干净，堆放杂物扣2分。	2
客户休息区	休息区		是否有独立的客户休息区并有效使用（不得与其他品牌混用）？有任何未有效使用的客户休息区设备扣1分。	1
	设施/标志/服务		客户休息区的指示标志无缺损？客户休息区的指示标志有破损扣1分。	1
			是否有明显指示标志？经营场所是否明显的指示标志，有未标示的经营场所则扣1分。	1
			座椅数量是否充足，吸烟区内烟灰缸能是否及时清理（不超过3个烟头，如无吸烟区则以任何一个烟灰缸为准）？座椅不充足或者烟灰缸未及时清理则扣1分。	1
			是否有电视机和影碟机，能正常播放；上网电脑是否有三台以上并能有效运行；是否有报纸、杂志并及时更新；是否有专人提供服务？电视机和影碟机不具备或不能正常播放扣1分。电脑数量不够或者不能正常使用扣1分。不提供报纸及杂志，或报纸不是当天、杂志不是当月（季）扣1分。无专人提供服务扣1分。	4
			饮水机、饮用水、水杯是否齐全，是否有吧台并正常使用，是否有免费饮料提供，是否有客户餐厅或者提供免费午餐，午餐质量是否符合高端品牌形象？以上有一项不满足扣1分。	1
			客户休息厅是否保证干净整洁，5S管理？存在不干净整洁，达不到5S标准则扣3分。	3
			客户卫生间是否清洁无异味，设施正常使用，保持干净整洁？客户卫生间内的设施出现无法正常使用或不能保持干净整洁有异味的扣2分。	2
			是否有专人负责客户休息厅和卫生间的整洁有序并有清洁记录，指示牌是否醒目，是否专人维护？指示牌不醒目或日常检查未正常使用或未有专人维护负责清洁扣1分。	1
共计106项。200分。				

附录Ⅱ 世界各国主要节日

世界主要节日中英对照（按时间排序）

1. 各国家国内节日

元旦（1月1日）——New Year's Day
成人节（日本，1月15日）——Adults Day
情人节（2月14日）——St. Valentine's Day（Valentine's Day）
元宵节（阴历一月十五日）——Lantern Festival
狂欢节（巴西，2月中下旬）——Carnival
桃花节（日本女孩节，3月3日）——Peach Flower Festival（Doll's Festival）
国际妇女节（3月8日）——International Women's Day
圣帕特里克节（爱尔兰，3月17日）——St. Patrick's Day
枫糖节（加拿大，3~4月）——Maple Sugar Festival
愚人节（4月1日）——Fool's Day
复活节（春分月圆后第1个星期日）——Easter
宋干节（泰国新年4月13日）——Songkran Festival Day
食品节（新加坡，4月17日）——Food Festival
国际劳动节（5月1日）——International Labour Day
男孩节（日本，5月5日）——Boy's Day
母亲节（5月的第2个星期日）——Mother's Day
把斋节——Bamadan
开斋节（4月或5月，回历十月一日）——Lesser Bairam
银行休假日（英国，5月31日）——Bank Holiday
国际儿童节（6月1日）——International Children's Day
父亲节（6月的第3个星期日）——Father's Day
端午节（阴历五月五日）——Dragon Boat Festival
仲夏节（北欧6月）——Midsummer Day
古尔邦节（伊斯兰节，7月下旬）——Corban
筷子节（日本，8月4日）——Chopsticks Day
中秋节（阴历八月十五日）——Moon Festival
教师节（中国，9月10日）——Teachers' Day
敬老节（日本，9月15日）——Old People's Day
啤酒节（德国十月节，10月10日）——Oktoberfest
南瓜节（北美10月31日）——Pumpkin Day
鬼节（万圣节除夕，10月31日夜）——Halloween
万圣节（11月1日）——Hallowmas

感恩节（美国，11月最后一个星期四）——Thanksgiving
护士节（12月12日）——Nurse Day
圣诞除夕（12月24日）——Christmas Eve
圣诞节（12月25日）——Christmas Day
节礼日（12月26日）——Boxing Day
新年除夕（12月31日）——New Year's Eve（a bank holiday in many countries）
春节（阴历一月一日）——Spring Festival（Chinese New Year）

2. 国际性节日

世界消费者权益日（3月15日）——World Consumer Rights Day
世界水日（3月22日）——World Water Day
世界卫生日（4月7日）——World Health Day
世界地球日（4月22日）——world earth day
国际秘书节（4月25日）——International Secretary Day
国际红十字日（5月8日）——International Red-cross Day
国际护士节（5月12日）——International Nurse Day
世界电信日（5月17日）——World Telecommunications Day
世界无烟日（5月31日）——World No-smoking Day
世界环境日（6月5日）——World Environment Day
世界人口日（7月11日）——World Population Say
世界旅游日（9月27日）——World Tourism Day
世界邮政日（10月9日）——World Post Day
世界粮食日（10月16日）——World Grain Day
世界住房日（10月第1个星期一）——World Housing Day
世界艾滋病日（12月1日）——World Aids Day
世界残疾日（12月3日）——World Disabled Day

3. 世界各国的国庆与独立日

1月1日，古巴解放日——Liberation Day（Cuba）
　　　　苏丹独立日——Independence Day（Sudan）
1月4日，缅甸独立日——Independence Day（Myanmar）
1月18日，突尼斯革命日——Revolution Day（Tunisia）
1月26日，澳大利亚日——Australia Day
　　　　印度共和国日——Republic Day（India）
1月28日，卢旺达民主日——Democracy Day（Rwanda）
2月4日，斯里兰卡国庆日——National Day（Srilanka）
2月5日，墨西哥宪法日——Constitution Day（Mexico）
2月6日，新西兰国庆日——Waitangi Day（New Zealand）
2月7日，格林纳达独立日——Independence Day（Grenada）
2月11日，日本建国日——National Founding Day（Japan）

2月16日，美国华盛顿诞辰——Washington's Birthday（USA）

2月18日，冈比亚独立日——Independence Day（Gambia）

2月23日，文莱国庆日——National Day（Brunei Darussalam）

圭亚那共和国日——Republic Day（Guyana）

2月25日，科威特国庆日——National Day（Kuwait）

3月3日，摩洛哥登基日——Enthronement Day（Morocco）

3月6日，加纳独立日——Independence Day（Ghana）

3月12日，毛里求斯独立日——Independence Day（Mauritius）

3月17日，爱尔兰国庆日——National Day（Ireland）

3月23日，巴基斯坦日——Pakistan Day

3月25日，希腊国庆日——National Day（Greece）

3月26日，孟加拉独立及国庆日——Independence & National Day（Bangladesh）

3月31日，马耳他国庆日——National Day（Malta）

4月4日，匈牙利国庆日——Liberation Day（Hungary）

塞内加尔独立日——Independence Day（Senegal）

4月11日，乌干达解放日——Liberation Day（Uganda）

4月16日，丹麦女王日——Birthday of Her majesty Queen Margrethe Ⅱ（Denmark）

4月17日，叙利亚国庆日——National Day（Syria）

4月18日，津巴布韦独立日——Independence Day（Zimbabwe）

4月19日，委内瑞拉独立节——Independence Day（Venezuela）

4月26日，塞拉里昂共和国日——Republic Day（Sierra Leone）

坦桑尼亚联合日——Union Day（Tanzania）

4月27日，多哥独立日——Independence Day（Togo）

4月29日，日本天皇诞辰——Birthday of His Majesty the Emperor（Japan）

4月30日，荷兰女王日——Queen's Day（The Netherlands）

5月9日，捷克与斯洛伐克国庆日——National Day（Czech & Slovakia）

5月17日，挪威宪法日——Constitution Day（Norway）

5月20日，喀麦隆国庆日——National Day（Cameroon）

5月25日，阿根廷5月革命纪念日——1810 Revolution Day（Argentina）

约旦独立日——Independence Day（Jordan）

6月1日，突尼斯胜利日——Victory Day（Tunisia）

西萨摩亚独立日——Independence Day（Western Samoa）

6月2日，意大利共和国日——Foundation of Republic（Italy）

6月5日，丹麦宪法日——Constitution Day（Demark）

塞舌尔解放日——Liberation Day（Seychelles）

6月6日，瑞典国庆日——National Day（Sweden）

6月7日，乍得国庆日——National Day（Chad）

6月10日，葡萄牙国庆日——National/Portugal Day（Portugal）

6月12日，菲律宾独立日——Independence Day（The Philippines）

6月14日，英国女王官方生日——Official Birthday of Her Majesty Queen Elizabeth Ⅱ (OK)

6月17日，冰岛共和国日——Anniversary of the Proclamation of the Republic (Iceland)

6月23日，卢森堡国庆日——National Day (Luxembourg)

6月24日，西班牙国王陛下日——His Majesty the King's Day (Spain)

6月26日，马达加斯加独立日——Independence Day (Madagascar)

6月27日，吉布提独立日——Independence Day (Djibouti)

7月1日，布隆迪国庆日——National Day (Burundi)

　　　　加拿大日——Canada Day

　　　　卢望达独立日——Independence Day (Rwanda)

7月4日，美国独立日——Independence Day (USA)

7月5日，佛得角独立日——Independence Day (Cape Verde)

　　　　委内瑞纳独立日——Independence Day (Venezuela)

7月6日，科摩罗独立日——Independence Day (Comoros)

7月11日，蒙古人民革命纪念日——Anniversary of the People's Revolution (Mongolia)

7月14日，法国国庆日——National/Bastille Day (France)

7月17日，伊拉克国庆日——National Day (Iraq)

7月20日，哥伦比亚国庆日——National Day (Colombia)

7月21日，比利时国庆日——National Day (Belgium)

7月22日，法兰国家复兴节——Rebirth of Poland

7月23日，埃及国庆日——National Day (Egypt)

7月26日，利比里亚独立日——Independence Day (Liberia)

　　　　 马尔代夫独立日——Independence Day (Maldives)

7月28日，秘鲁独立日——Independence Day (Peru)

7月30日，瓦努阿图独立日——Independence Day (Vanuatu)

8月1日，瑞士联邦成立日——Foundation of the Confederation (Switzerland)

8月4日，布基纳法索国庆日——National Day (Burkina-Faso)

8月5日，牙买加独立日——Independence Day (Jamaica)

8月6日，玻利维亚独立日——Independence Day (Bolivia)

8月10日，厄瓜多尔独立日——Independence Day (Equador)

8月15日，刚果国庆日——National Day (The Congo)

8月17日，加蓬独立日——Independence Day (Gabon)

8月19日，阿富汗独立日——Independence Day (Afhanistan)

8月23日，罗马尼亚国庆日——National Day (Romania)

8月31日，马来西亚国庆日——National Day (Malaysia)

9月1日，利比亚九月革命节——The Great 1st of September Revolution (Libya)

9月2日，越南国庆日——National Day (Viet Nam)

9月3日，圣马力诺国庆日——National Day (San Marino)

9月7日，巴西独立日——Independence Day (Brazil)

9月9日，朝鲜共和国日——Day of the Founding of DPRK

9月12日，佛得角国庆日——National Day (Cape Verde)

　　　　　埃塞俄比亚人民革命日——The People's Revolution Day (ethiopia)

9月16日，墨西哥独立节——Independence Day (Mexico)

9月18日，智利独立日——Independence Day (Chile)

9月22日，马里宣布独立日——Proclamation of Independence (Mali)

9月30日，博茨瓦纳独立日——Independence Day (Botswana)

10月1日，塞浦路斯国庆日——National Day (Cyprus)

　　　　　尼日利亚国庆日——National Day (Nigeria)

10月2日，几内亚宣布独立日——Prodclamation of the Republic (Guinea)

10月9日，乌干达独立日——Independence Day (Uganda)

10月10日，斐济国庆日——National Day (Fiji)

10月12日，西班牙国庆日——National Day (Spain)

　　　　　赤道几内牙国庆节——National Day (Equatorial Guinea)

10月21日，索马里十月革命节——21st October Revolution (Somalia)

10月24日，联合国日——UN Day

　　　　　赞比来独立日——Independence Day (Zambia)

10月26日，奥地利国庆日——National Day (Austria)

10月28日，希腊国庆节——National Day (Greece)

10月29日，土耳其共和国日——Proclamation of the Republic（Turkey）

11月1日，阿尔及利亚11月革命节——The Revolution Day (Algeria)

11月11日，安哥拉独立节——Independence Day (Angola)

11月15日，比利时国王日——King's Day (Belgium)

11月18日，阿曼国庆日——National Day (Oman)

11月19日，摩纳哥国庆节——National Day (Monaco)

11月22日，黎巴嫩独立日——Independence Day (Lebanon)

11月24日，扎伊尔第二共和国日——Anniversary of the Second Republic（Zaire）

11月28日，毛里塔尼亚独立日——Independence Day (Mauritania)

11月29日，南斯拉夫共和国日——Republic Day (Yugoslavia)

12月1日，中非国庆日——National Day (Central Africa)

12月2日，老挝国庆日——National Day (Laos)

　　　　　阿拉伯酋长国国庆日——National Day (USA)

12月5日，泰国国王日——Birthday Anniversary of His Majesty King Adolyadej (Thailand)

12月6日，芬兰独立日——Independence Day (Finland)

12月7日，象牙海岸国庆日——National Day (Ivory Coast)

12月12日，肯尼亚独立日——Independence Day (Kenya)

12月17日，不丹国庆节——National Day (Bhutan)

12月18日，尼日尔国庆日——National Day (Niger)

12月28日，尼泊尔国王生日——Birthday of H. M. King Birendara (Nepal)

参考文献

［1］邱英杰. 汽车商务礼仪［M］. 杭州：浙江科学技术出版社，2014.

［2］罗静. 汽车商务礼仪与销售技巧［M］. 北京：机械工业出版社，2019.

［3］孟晋霞. 汽车商务礼仪（第二版）［M］. 北京：清华大学出版社，2019.

［4］金正昆. 商务礼仪教程（第五版）［M］. 北京：中国人民大学出版社，2016.

［5］金正昆. 金正昆礼仪金说系列：社交礼仪＋商务礼仪＋职场礼仪［M］. 北京：北京联合出版公司，2019.

［6］北条九美子. 商务礼仪解剖图鉴［M］. 南京：江苏凤凰文艺出版社，2018

［7］杨路. 高端商务礼仪：56个细节决定商务成败［M］. 北京：北京联合出版公司，2016.

［8］李世化. 商务宴请礼仪规范［M］. 北京：企业管理出版社，2015.

［9］齐锐. 礼仪常识［M］. 北京：中国华侨出版社，2017.